Boeken van Adriaan van Dis bij Meulenhoff

Meulenhoff Editie

ADRIAAN VAN DIS

INDISCHE DUINEN

ROMAN

MEULENHOFF AMSTERDAM

Eerste druk september 1994
Negende druk februari 1995

Copyright © 1994 Adriaan van Dis en
J.M. Meulenhoff bv, Amsterdam
Omslagfoto A B C Press en ansichtkaart uit de collectie
G.Q. Meyer
Vormgeving Zeno
Foto op achterzijde stofomslag John Foley / S / Stills Press

Meulenhoff Editie 1421
I S B N 90 290 4075 0 / C I P / N U G I 300

De meisjes wilden de kust zien. Ze hoorden opgewonden stemmen op de gang en een luidspreker galmde over alle dekken: Nederland in zicht. De stoomfluit loeide, voetstappen bonkten op de trap, meeuwen krijsten. De meisjes klommen uit hun kooi en schoven de hutkoffer voor de patrijspoort. De kleinste mocht eerst, haar twee zusters tilden haar op. Ze drukte haar neus tegen het glas en zei: 'Alleen maar golven.' De ruit besloeg.

In de hoek van de hut, naast de deur, waste de moeder zich boven het fonteintje, het water spatte op de plankenvloer, ze nam haar handdoek van de haak en keek in de spiegel. Ze zuchtte, elke morgen stond ze bekaf op en het was een troost dat het dampende water ook de spiegel besloeg, zodat ze onder het afdrogen niet de diepe lijnen in haar gezicht hoefde te zien. Het was benauwd in de hut, ze liep naar de patrijspoort en draaide de vleugelmoeren los. Een zilte koude lucht stroomde de kamer binnen, de meisjes rilden en trokken een trui over hun pyjama aan. Een meeuw vloog langs, vadsiger dan het soort dat hun schip gewoonlijk volgde; dit moest een landmeeuw zijn. 'Nu ik,' zei het middelste meisje, ze duwde haar moeder opzij en stak haar hoofd door de patrijspoort. Ze trok een vies gezicht. Geen land te bekennen.

'Je moet naar omlaag kijken,' zei de oudste, 'Nederland ligt onder de zeespiegel.' Ze ging wijdbeens op de koffer staan, duwde haar billen naar achter en maakte een verrekijker van haar handen. Iemand klopte op de deur. Een kale man kwam binnen, hij was al aangekleed en hield een korte militaire jas in zijn hand. De kleinste rende op hem toe en sprong in zijn armen. Ze klemde haar benen om zijn middel en liet zich met uitgestoken armen achterover vallen: 'Justin, Justin,' riep ze, 'ik heb de Hollandse zee gezien!' Hij legde het kind voorzichtig op bed en knuffelde haar bruine buik. 'Dat is de Noordzee,' zei hij, 'nog een paar uur en we zijn in Amsterdam.' Hij kuste de moeder en bukte zich naar het middelste meisje. Ze dook opzij. 'Ada,' zei de moeder, 'zeg dag als Justin je groet.' 'Dag,' snauwde Ada. Ze liep naar het fonteintje en begon haar tanden te poetsen. De kale man haalde lachend zijn schouders op en liep naar het raam: 'Kom Jana, je vat kou', hij sloeg zijn arm om haar heupen en drukte haar tegen zich aan, 'je kijkt de verkeerde kant op, de kust ligt aan stuurboord.' De moeder zag in het tegenlicht hoe mager Jana's benen door haar pyjamabroek schenen.

Terwijl de meisjes zich aankleedden, haalde de man een oranje lint uit zijn broekzak. 'Vandaag is het een feestdag,' zei hij, 'prinses Juliana is jarig.' Dertig april, hoe kon hij het onthouden, zij telde de dagen niet meer, ze had geen idee hoe lang ze al onderweg waren; zelfs haar lichaam negeerde de kalender. Ze was misselijk en al eeuwen over tijd.

De moeder knipte het lint in drie gelijke stukken, de stijve stof knisperde onder haar vingers, het haar van haar dochters was te kort voor een strik. Voor ze aan boord gingen had een verpleegster alle kinderen kaalgeschoren; er heerste schurft in Palembang.

De meisjes konden niet wachten hun nieuwe land te zien, ze renden de gang op, dansten ongeduldig achter langzaam lopende passagiers en wurmden zich langs de trapleuning naar boven. Ze droegen een trainingsbroek onder hun rok en de moeder stond erop dat ze hun nieuwe houtje-touwtje-jas dichtknoopten, de capuchon op en het koordje vast onder de kin, ze vertrouwde de Hollandse lente niet, de kinderen zaten nog vol ziektes. Na Port Said was de ene epidemie na de andere aan boord gekomen, mazelen, roodvonk, kinkhoest. Warm kleden was het beste medicijn.

De moeder schuifelde achteraan, ze hield zich aan beide leuningen vast, traplopen ging haar slecht af, haar benen gehoorzaamden niet. Als ze 's morgens na het wassen een vinger in haar dij drukte, bleven er nog steeds putjes in haar vel staan. Ze slikte kalk en vitaminen, maar het oedeem liet zich niet verdrijven.

Vreemd, in zware tijden kon ze veel meer aan, maar aan boord waar ze luieren mocht was ze de laatste tijd te moe om naar de salons te lopen. De meisjes brachten haar avondeten op bed en Justin hield haar tot het donker gezelschap. Zodra de oudste ging slapen liep hij terug naar zijn hut.

Maar dit keer moest ze mee het dek op, ze wilde haar kinderen de eerste dorpen wijzen, hadden ze ooit een stenen pier gezien, een vuurtoren, sluizen, een zwart-witte koe? Ze huiverde, het was haar niet gelukt een passende overjas te vinden, het Rode Kruis had alleen maar kleine maten. Uit de jas die haar in Ataka werd toegeworpen knipte ze onderweg drie jakjes.

Het was druk op het hoofddek. Waar kwamen al die mensen opeens vandaan? Hele Indische families kleumden tegen de reling, de meesten hadden zich nog nooit in de salons vertoond en nu mengden ze zich tussen de Hollanders om een glimp van het onbekende land op te vangen. De moeder keek vol meelij naar de vrouwen in sarong en kabaja. Wie zo Nederland instapte, zou het nog moeilijk krijgen, dacht ze, daar hielp geen dikke deken aan.

Justin sloeg zijn jekker om haar schouders en wreef haar armen warm, ze leunde tegen hem aan, maar schrok van haar heupen die hard in zijn zij prikten. Ze schaamde zich, ze was nog sterk toen ze hem in Palembang ontmoette, al was ze vel over been. De wil tot vechten zat er toen nog in, maar sinds de Middellandse Zee achter hen lag, drukte de grauwe lucht het laatste restje energie uit haar lichaam. Haar hoektanden zaten los en ze vond grijze haren op haar kussen, uitgestelde schrik, maakte ze zichzelf wijs. Hoe was het mogelijk dat ze nachtenlang onder een Egyptische sterrenhemel had gedanst, opgetild door de muziek van een scheepsband die in Aden aan boord klom en in Port Said weer met een ander schip naar het zuiden zakte? Ze voelde zich veilig in zijn armen, hij kon goed leiden, maar zou hij ook een rol in haar leven spelen?

De volwassenen verdrongen zich bij de reling. Voor de kinderen bleef de kust achter broeken en lappen verborgen. Justin nam de kleinste op zijn schouders en de moeder wiebelde naast hem op haar tenen. Ze was een kop groter, maar zij zag even weinig als hij, een fijne regen kleurde alles grijs. De machines stampten op volle kracht, het schip draaide en de deining nam af, ze voelden de golven van achteren komen, de mensen wezen… daar, daar moesten de sluizen liggen. Een Ambonese motordrijver meende een molen te zien.

'Bij het eerste stukje Holland mogen jullie een wens doen,' zei de moeder. 'Een tekenboek,' riep de kleinste en ze trommelde opgewonden op Justins hoofd. 'Een stille wens, Saskia, anders komt hij niet uit,' zei de moeder. Ze haalde diep adem en deed een stap naar voren: 'Deze kinderen hebben nog nooit hun moederland gezien,' riep ze met luide stem, 'nu zijn zij aan de beurt, gun ze een kostbare herinnering.' Ze greep Jana en Ada bij de hand en boorde zich met veel pardon door een dikke rij mensen heen. Tot haar verbazing merkte ze dat er een Hollandse aardappel uit haar keel opklonk, in Indië waren haar harde klanken bijgeslepen, maar met haar geboorteland in zicht keerde de oude toon vanzelf terug. Ze vergat hoe ziek ze was, veegde met een weids gebaar een stuk reling vrij, greep nog een paar loslopende kinderen bij hun kraag en trok alles wat klein en onder de maat was naar voren. Justin en Saskia volgden gedwee.

De boot toeterde en juist op dat moment brak de zon door, een voorzichtige zon. Daar lagen de duinen, rijen dik, de wolken scheurden in het licht en het zand kleurde goudgeel. Niemand praatte, de meeuwen doken naar het land en de zon liet een schaduw over de duinen dansen, een wajangspel in de kou. Echtparen keken elkaar aan en zochten elkaars hand. 'Wat zijn dat?' vroeg Saskia. 'Duinen,' zei de moeder, 'Hollandse duinen', en haar stem trilde. 'Net cake,' zei Saskia. De omstanders lachten en huilden tegelijk. Een vrouw schraapte haar keel en begon spontaan te zingen: 'Waar de blanke top der duinen schittert in de zonnegloed.' Iedereen viel in, maar de meisjes hielden hun lippen stijf op elkaar, ze waren gek op cake en deden stille wensen. Justin keek hoog in de lucht, om te verbergen dat hij de woorden niet kende. Ook hij rilde, al was het meer van de kou dan van de emotie, hij begreep niet hoe de mensen een lauw straaltje een zonnegloed konden noemen.

De boot voer de sluizen in en het water zakte, maar het land zakte nog meer. De passagiers applaudisseerden. Er stonden mannen op de kade, ze zetten een loopbrug tegen de reling, gooiden hun tassen op het dek en vlak voor het opengaan van de deuren sprongen ze aan boord. De Ambonese motordrijver salueerde en de volwassenen dromden om de nieuwkomers heen. Dit was een plechtig moment, Holland kwam hen welkom heten. Maar de mannen pakten zwijgend hun tassen op. Een groet kon er niet af.

De kinderen zagen hun kans schoon en begonnen te joelen en te schreeuwen: wat een vette koeien, zulke monsters hadden ze nog nooit gezien, en zoveel kerken, zoveel vlaggen, allemaal voor hen. En de moeder onderwees: ja, dat was een wei en dat lage land een polder en die rafelige schuur met dat scheve dak een hooiberg, een voorraadkamer waar de koeien 's winters van aten. Ze herkende de geuren, dit land had haar gevormd. Je kon het aan haar zien, al was ze nog zo zwak en uitgeteerd, ze had handen om een kalf te kunnen keren. Haar vader was een hereboer en werd in haar geboortedorp De Taaie genoemd. Ze had zijn bouw en kon net als hij verdomd veel hebben. Het was verbazend hoe teer en klein haar meisjes waren, dat zoiets fijns uit een boerendochter kon komen, de ranke vingers, het platte neusje en de vouw om hun amandelvormige ogen – prachtige dochters waren het. Ze was verliefd op hun verschijning en ze leken zoveel bruiner in het Hollandse licht dan onder de tropenzon, pas hier zag je hun koelit langsep in volle glorie, ze hadden de gouden huid van haar man. Leken haar dochters dan in niets op haar? Zouden ze net als zij wel tegen de wind in kunnen fietsen en beet de vrieskou straks niet te hard aan hun vleermuisoren? Levertraan, dat was het eerste dat ze aan wal ging kopen. Wie het in Holland wilde redden, moest veel slikken.

En ze zouden het redden, want één ding hadden moeder en dochters met elkaar gemeen: aanpassingsvermogen. Als het erop aankwam schikten ze zich in alle omstandigheden. Ook op deze prinsessedag werd het bewijs geleverd: de loods had zijn kinderen mee aan boord gebracht en ze tekenden een hinkelspel op het dek, met een hel en een hemel zoals haar dochters het in Indië niet kenden, en kijk eens hoe goed ze zich aan de spelregels hielden, nog geen halfuur in het nieuwe land of ze kenden de vreemde regels al beter dan die kaaskoppen. Dat was de spirit en dat hadden ze van haar.

En toch was ze bang, zou ze het zelf wel halen? De onzekerheden vlogen haar aan, ze had geen geld, geen huis, haar gezondheid liet haar in de steek. Wat moest ze doen, hopen of berusten? De misselijkheid kolkte naar haar strot, ze dacht even dat ze onderuitging, maar Justins arm hield haar op de been.

De mensen keerden naar hun hutten terug, iedereen moest zijn handbagage halen en in de eetzaal op nadere orders wachten. Nog even en ze zetten voet aan wal, je kon de vlaggen al uit de torens zien hangen, nog even en de Hollandse bureaucratie zou hen bespringen. De aan boord gekomen mannen deelden formulieren uit, het waren ambtenaren, hun welkom bestond uit papieren. Wat moest ze straks invullen, gehuwd, gehuwd geweest?

De meisjes liepen achterstevoren de trap af. Met het wegvallen van de zeewind was het nog benauwder in de buik van het schip. Justin verdween naar zijn hut om zijn plunjezak op te halen, de moeder wilde nog even gaan liggen. Maar het was onrustig op de gangen, de ambtenaren inspecteerden de hutten. Toen de meisjes bij hun deur kwamen, zagen ze dat de hutkoffer was opengebroken. De moeder zocht een arm om zich aan vast te klampen en viel flauw.

Er was niets aan de hand, zei de scheepsarts, een appelflauwte, te veel emotie, meer niet. Wat vlugzout en moeder kon weer lopen. Oedeem, hij zag het, ja, en hij palpeerde haar lichtgezwollen onderbuik. Hij haalde een stetoscoop uit zijn tas en zette de chromen dop op haar buik. Een glimlach, nog eens voelen en toen een ernstig gezicht. 'Gaan jullie even de gang op,' zei hij tegen de meisjes. De dokter waste zijn handen en keek in zijn papieren. 'Wanneer heeft u uw echtgenoot voor het laatst gezien?'

'Begin '42,' zei de moeder.

'En heeft u al bericht ontvangen?'

'Nee, het Rode Kruis is erg vertraagd.'

'Als u thuis bent moet u zich grondig laten onderzoeken.'

Thuis, thuis, was er een thuis? Ze moest er niet aan denken naar De Taaie terug te keren, haar vader had het haar nooit vergeven dat ze zo jong naar Indië was vertrokken. Hij kende haar man en kinderen alleen van de foto's, hij had ze nog nooit in kleur gezien. Nee, nog even niet. Afstand. Dan maar ergens in een opvanghuis, ze zou haar eigen bonen doppen, al moest ze op haar knieën vloeren schrobben.

'En,' zei de ambtenaar in de eetsalon, 'waar denkt u heen te gaan?'

'Ik weet het niet,' zei de moeder.

'Familie?'

'Ik heb ze nog niet kunnen berichten.'

'Hoezo? Werkt de post soms niet in Indië?'

'Ik heb een klacht.'

'U kunt hier gratis telegraferen.'

'Ze hebben mijn thee gestolen.'

'Eerst de lijst, mevrouw.'

'Mijn koffer is opengebroken.'

'Mevrouw, u mag blij zijn dat u in Nederland wordt opgenomen.' De ambtenaar keek niet van zijn papieren op. 'Heeft u een voorkeur?'

Ze begreep hem niet.

'Het Noorden of het Zuiden, stad of platteland?'

Ze draaide zich om naar Justin, die met de meisjes giechelend de spoorstations van Noord naar Zuid opdreunde: 'Roodeschool, Groningen, Assen, Hoogeveen, Meppel…'

'Ik weet het niet,' zei ze.

'Er is nog plaats aan de kust.'

'In de duinen, in de duinen,' riepen de meisjes.

'En dat van die thee,' zei de moeder toen ze een paar weken later in de duinen woonden, 'vind ik erger dan drieëneenhalf jaar kamp.'

DOOD AAN DE FAMILIE

Zesenveertig jaar later stond ik aan het sterfbed van mijn halfzuster.

Ada stierf met open ogen. Ze zag iets wat wij niet zagen en wij zagen onszelf in haar tranen weerspiegeld – moeder, broer, zuster, zoon en man. We zwommen klein op haar netvlies en vlekten langs haar wangen weg. Toen brak het licht.

Saskia duwde haar zusters kaken op elkaar en probeerde haar lippen tot een glimlach te masseren; daarna drukte ze de oogleden naar beneden, in een vloeiende beweging. Je kon zien dat ze vaker de ogen van een dode had gesloten.

De familie stond sinds de vroege morgen om het sterfbed. Ada kon al dagen niet meer slapen, ze tolde in een kring van pijn en waken. We wilden haar niet in eenzaamheid laten gaan. Buiten wuifde het onkruid achter de gordijnen, de zon was al op haar andere zij gaan liggen en kinderstemmen klonken in de zomertuinen, maar hoe ik ook wegkeek en hoe ik me ook op andere geluiden concentreerde, Ada's reutel vrat door alles heen. Haar sterven was een taaie aangelegenheid.

Haar zoon Aram hield wijdbeens de wacht aan haar voeteneind. Zijn vuisten klemden zich om de rand van het bed, de knokkels wit, alsof hij zijn moeder van de dood weg wilde duwen. Hij was nog jong, net veertien, maar die dag was hij een man, stoer en ingehouden. Aram kromp ineen als Saskia een arm om hem heen sloeg, hij trok zijn vuist terug als zijn grootmoeder hem wilde strelen. Zijn lichaam trilde van verzet, de spieren in zijn nek klopten, het lukte hem niet langer zijn tranen te bedwingen, grote druppels spoten op de deken, krachtig en ver als het eerste zaad van een jongen. Ik vond het ongepast bij dit sterven aan zoiets levengevends als zaad te denken, maar Aram herinnerde me te veel aan de dagen van mijn vaders dood, en aan mijn groei van jongen tot man.

Ik was elf jaar toen ik mijn vader verloor, ik heb hem niet zien doodgaan, mijn moeder vond me te jong voor een bezoek aan het ziekenhuis. (Alsof ik geen ervaring met de dood had: ik prikte aangespoelde bruinvissen aan mijn stok en viste door teer verlamde meeuwen uit de branding.) Toch zag ik mijn vader voor zijn laatste uren vechten, ik luisterde goed naar de verhalen van mijn moeder en de meisjes. Je kon ook kijken met je oren.

Mijn vader was een wilde zieke, ik zag hem kronkelen van de pijn, hij trapte, sloeg zijn medicijnen van het nachtkastje en dreigde bijna te stikken. De verpleegsters moesten zijn zuurstofbril met pleisters vastplakken. Bril, mijn moeder sprak over een bril. Ik stelde me er een vliegeniersbril bij voor. Biggles in ademnood.

'Er zit een bril op zijn neus,' zei ze, terug van het ziekenhuis, 'hij zegt dat ik naar knoflook ruik.' We moesten een voor een ruiken, haar mond, handen... gewoon Moedergeur, de witte crème uit de pot met het blauwe deksel naast de wastafel, fris als altijd. 'Hij rook zijn eigen doodsgeur,' zei de huisarts later bij het condoléancebezoek.

Volgens de nachtverpleegster waren mijn vaders laatste woorden: 'De zee, de zee.' Hij had de pleisters losgerukt en stikte. De zuurstofbril ruiste op zijn buik. Mijn moeder kwam te laat om hem naar de boot te brengen.

In mijn fantasie veranderde mijn vader in een gebrilde zeeslang die door muren en dekens kon kijken, en toen ik me een paar jaar later voor het eerst bevredigde, zwom hij langs mijn voeteneind, sissend van afkeuring. Mijn zaad rook naar knoflook.

Arams tranen vielen op mijn hand. Wij ouderen snotterden maar wat, of lieten helemaal geen traan. Misschien kwam het door de schoonheid van Ada's uitgeteerde lichaam dat ik aan seks moest denken. Ze was mooi, al het ronde keerde naar binnen, haar botten gaven nieuwe lijnen aan haar schouders, armen en handen, en het vel van haar kin had zich in de holte onder haar kaak teruggetrokken. Ze was weer een Indisch meisje van zes of zeven jaar. 'Een kampkind,' zei mijn moeder.

Saskia sprak haar zuster moed in, vroeg of ze goed lag, of ze dorst had, en hoewel Ada niet meer praten kon en met haar ogen of lippen geen enkel teken gaf, vertaalde Saskia hardop haar wensen: 'Ja, ze wil nog wat drinken.' Ze druppelde water op een theelepel en liet het voorzichtig langs Ada's tanden wegvloeien. Ook haar tandvlees trok zich terug, ze had het gebit van een geraamte. Saskia bette haar klamme voorhoofd met een washandje en pakte een extra deken; haar zus kreeg het koud. Ze deed het liefdevol en getraind, ze was de enige in de familie die een zieke met bed en al kon verschonen. Het kwam ons goed te pas dat ze vroeger verpleegster was geweest, Ada wilde geen vreemde verzorgsters in haar huis. Je moest geroepen zijn om stervenden te kunnen begeleiden, vond Saskia: 'Gisteren wilde de dokter haar een dragee voor haar hart geven, zomaar, zo'n roze kanjer achter in haar keel. Laat mij dat doen, riep ik, jullie laten haar nog stikken. Ik heb de pil fijngestampt en in wat water opgelost. Ach, het zijn zulke klungels.' Ik voelde me te schuldig om het niet met haar eens te zijn.

Saskia verzorgde Ada al weken, ze kwam elke dag wassen, strijken, haar doorligwonden masseren en elke avond belde ze mij op om te zeggen hoe moe ze was en hoeveel ze voor haar zuster deed. Ik vertelde niet dat Ada op haar beurt bij mij klaagde: 'Ze verpleegt me het graf in. Ik ga niet dood. Als het slecht gaat is het tijdelijk, de dalen worden steeds kleiner.'

En de dalen werden kleiner, Ada kende geen ups meer, alleen nog maar downs, een rechte lijn bergafwaarts. Het bed liet haar niet meer los, haar vel wilde niet helen, ze verloor kilo's aan gewicht, raakte incontinent, haar benen zwollen op tot het vocht achter de longen kroop. Haar borsten teerden weg, maar de dood gaf haar twee bobbels water achter op haar rug terug. Leeftocht voor de reis. Saskia zag de lijkvlekken steeds groter worden, wij zagen ze niet, we roken haar dood niet, zoals zij, maar wij hadden er ook niet voor geleerd.

Ada slikte geen pijnstillers, ze wilde haar lichaam niet vervuilen. Geen chemotherapie, geen operatie, het ging om de kwaliteit van het leven. Alleen de natuur mocht haar helen: iscador-injecties, een maretak-elixer. Zoals de maretak een boom verstikt, zo moest dit elixer de kanker verstikken. Een symbolisch geneesmiddel van de antroposofen. Helaas, mijn zuster was geen boom.

Met het zwakker worden van haar lichaam moet haar geest wanhopig naar een anker hebben gezocht. De boekenkast achter haar bed straalde het uit: *Levensvragen, Zieleraadsels, De weg tot inzicht in hogere werelden*… het ene esoterische werk na het andere. En dan de drabbige kalenderplaten uit de onbespoten winkel: uitdijende heelals, vage wezens met aura's en chakra's, veel veegjes, weinig lijnen. Ach, het had ook wel iets vertrouwds, ons hele huis aan zee hing ermee vol. Onze moeder geloofde nu eenmaal dat er veel onzichtbaars tussen hemel en aarde zweefde, dat had ze zo in Indië ervaren, daar zat een gat in het heelal, en wie daar lang woonde en ervoor openstond, werd vanzelf een ingewijde. Elke verjaardag trok ze voor ieder kind een nieuwe horoscoop, ze stekte en zaaide bij vollemaan en in de kerstnacht legde ze een tarvobrood voor de zieken buiten, de kosmos zat dan vol positieve krachten. Onder zoveel zegen kon het brood niet meer bederven en wie ook maar iets mankeerde kreeg een ingestraalde boterham. Ook Ada ontsnapte niet aan haar portie.

Het was een wereld die bij de duinen hoorde en bij het goena-goena Indië waarvan de geuren nog lang om de hutkoffer hingen.

Saskia weigerde haar zuster iscador-injecties te geven. Toen Ada te zwak werd om het zelf te doen, gooide ze alle spuiten en ampullen in de vuilnisbak. De kanker was al te ver uitgezaaid, het had geen zin meer de woekering te vertragen. Als oud-verpleegster stelde ze haar talenten alleen in dienst van het leven, zei ze, aan martelen deed ze niet mee. Ze gebruikte grote woorden, ze sprak over haar eed aan Hippocrates en over haar respect voor de dood, die uiteindelijk toch onze meerdere was. Voor de blauwe maandag dat ze haar vak had uitgeoefend waren haar idealen er niet minder hooggestemd op geworden.

De laatste dagen van haar leven kreeg Ada voor het slapen één paracetamol.

Saskia hield de regie van haar zusters sterven strak in de hand. Polsslag, ademhaling, elke hapering werd met een opgestoken vinger waargenomen. Toen Ada's adem minderde en ze zich zichtbaar overgaf, verslapte ook Arams verzet, zijn stuurkunst kon zijn moeder niet meer redden. Hij liep de kamer uit en begon in de gang te voetballen. Maarten, zijn vader, die al sinds de vroege morgen naast Ada zat, ingeklemd tussen het bed en een uitgedroogde ficus benjaminicus, keek verstoord op.

En het duurde en het duurde, tot Saskia ons verbood de kamer te verlaten, ook Aram moest zijn plek innemen. Hij legde de bal onder het bed, keek naar zijn gebroken vader en rechtte zijn rug. De zon gooide een emmer licht in de achterkamer, ergens ver weg stormde een groep kinderen een tuin in, een reutel en Saskia zei plechtig: 'Ada is om...', ze nam haar zus bij de pols en keek op haar horloge, 'Ada is om kwart over vijf overleden.' Ze sloot haar zusters ogen en slikte een snik weg.

Maarten legde zijn hoofd op haar kussen. Wij trokken ons uit de kamer terug. Maar Ada dacht er anders over. Ze begon te schudden, haar man schoot met een ruk naar achter en de ficus verloor van schrik wat blaadjes. Haar borst deinde op en neer, schurend en piepend als een oude kar, maar ze ademde. Ze keek ons aan en huilde.

Saskia greep onmiddellijk in, ze drukte de oogleden ruw naar beneden en blies de tranen weg. Dit keer liet ze niet meer los, alsof de lijm moest drogen. De rigor mortis kreeg geen kans. 'Het zijn postmortale reflexen, schrik niet,' zei Saskia, 'heel normaal.'

'Misschien is ze nog niet dood,' zei ik.

'Ik heb honderden mensen zien sterven,' zei ze gekwetst.

Tegen zoveel autoriteit kon niemand op. Ada was dood. Wij kusten haar vaarwel en weer opende ze haar ogen... bruine diamanten. Een halfuur later blies ze haar laatste adem uit. Een adem uit niemandsland. En haar ogen werden bestofte kolen.

We trokken ons terug in de voorkamer en sloten de glazen schuifdeuren. Saskia bleef achter om het bed op te maken, ze haalde de dekens weg en trok het laken strak. Ada was nog maar een vouw in het wit. Ze gaapte naar het plafond, de glimlach wilde maar niet lukken. Toch was ze met een glimlach gestorven, na de pijn keerde even de vrede terug, ze moet iets heel moois hebben gezien, tot de dood haar met een grijns verstijfde.

De antroposofische dokter kwam langs (geitewollen sokken, sandalen en een ringbaard, soms kloppen alle clichés). Hij constateerde officieel de dood en verdween weer snel. Te snel, naar mijn smaak. Voorvoelde hij dat ik hem graag even apart wilde nemen? Deze man had Ada gesterkt in het ontkennen van haar ziekte en nu zat hij naast haar lijk de formulieren

in te vullen. Ik kon het niet nalaten hem een moordenaar te noemen, iets te luid. De familie werd er zo zenuwachtig van dat hij voor ik het wist de deur was uit-
gewerkt.

We wachtten op de begrafenisondernemer.

'Gecondoleerd allemaal samen,' zei meneer Korst. Ab
Korst van de Firma Verduyn ('Uw adviseur bij persoonlijk verlies' stond op zijn kaartje). Hij zette een
dikke zwarte tas naast de stoel en maakte een kleine
buiging waardoor zijn zwarte broek iets optrok en er
een haarloos stuk been blootkwam, wijtingwit. Hij
leek ook een beetje op een vis, uitpuilende ogen,
luchthapmond, week; zijn zwarte pak en vest glommen als een schubbenpantser.

'Tweeënveertig jaar in het vak, mevrouw,' zei hij
tegen mijn moeder, 'en nog weet je niet wat verdriet
is. Ik kan uw verdriet ook niet wegnemen, wel uw
zorgen iets verlichten.'

We knikten instemmend.

'Melk en suiker?' vroeg Saskia.

'Zeker graag, mevrouw, maar alvorens wil ik even
de overledene zien.' Meneer Korst ging naar de achterkamer en boog zich over het lijk.

'Hij zoent 'r,' riep Aram.

'Nee, hij ruikt,' zei Saskia. We waren allemaal blij
dat ze in de verpleging had gezeten.

'Ze is verrukkelijk, mevrouw,' zei meneer Korst terwijl hij zijn laatste slokje in het kopje liet rondklotsen

en in één teug naar binnen kiepte: 'Thuis of in de rouwkamer, meneer?'

'Ik denk dat Ada liever thuisbleef,' zei Maarten.

'Dan doen we dat toch,' zei meneer Korst, 'het is natuurlijk wel anders, bij ons ken je je wagen kwijt en onze rouwkamers bieden stemmige muziek en altijd verse bloemen.'

'Ik wil haar liever hier houden,' zei Maarten.

'Zoals u wilt, meneer, we zullen zorgen dat moeder er mooi bij komt te liggen.'

De kist. Meneer Korst vouwde een klapboek met zeven houtmonsters uit, alsof het om een nieuw parket ging. Maarten keek de andere kant op, maar mijn moeder legde kordaat haar vinger op het goedkoopste plankje. 'Deze,' zei ze, 'Ada hield van berken.'

'Eenvoudig, mevrouw gaat voor sober en strak?' vroeg meneer Korst. 'Dat respecteren wij.'

De volgauto's. 'Twee? Misschien toch één extra voor de bejaarde bezoekers, die worden dan tot aan de aula gereden. Vanaf de parkeerplaats is het nog een flinke wandeling.'

Grote aula, kleine aula? De kist laten staan of weg in een luik met oranje gloed? Enveloppen met zwarte of grijze rand? Koffie met of zonder cake? Wijntje? Alles kon, er viel nog heel wat te kiezen na je dood.

De urn. 'Meneer wilt geen urn? Aanwezig bij uitstrooiing, de ja of de nee en wenst meneer dan van de datum van uitstrooiing verwittigd te worden?'

Meneer Korst noteerde: 'Vijftig enveloppen in de polis, met honderd, komt er dus honderdvijf gulden bij. Een extra volgwagen, dat is dan tweehonderdvijftig erbij. Uitstrooiing boven zee misschien toch? Nee? De rozentuin maar doen dan? Blijft ook mooi binnen de polis. Eenvoudig heeft ook zijn charme,' constateerde hij toen het eindbedrag rood op zijn zakjapannertje oplichtte.

'En hoe staat het met de advertentie?' vroeg hij onder het opmaken van de offerte. Ik gaf hem drie teksten die we even voor zijn komst aan de keukentafel hadden opgesteld.

'Neem me niet kwalijk, meneer,' zei hij, 'u schrijft "na een kort ziekbed", wij adviseren altijd "na een kortstondig ziekbed", een kort ziekbed is in feite een bed van één meter.'

'Nog een kopje koffie?' vroeg Saskia.

'Ze was verrukkelijk, mevrouw,' grijnsde meneer Korst, hij streepte nog een woord aan. 'Is "alwaar" niet beter dan "waar"? en mag ik "met" veranderen in "mede"?'

'Liever niet.'

'Ik bedoel gezien de situatie, het is en blijft een plechtigheid.'

Ik stak een sigaret op – mijn eerste sinds maanden, gepikt uit Saskia's tas – en blies een pluim rook naar de glazen schuifdeuren. Ada verdween even uit het zicht.

'Ik leg er een stuk ervaring tegenover, tweeënveertig jaar in het vak, meneer. Heeft u al aan de muziek gedacht?'

'Ik wil hoorn spelen,' zei Aram.

'Zou je dat nou wel doen, jongen?' vroeg meneer Korst. 'Je zal verdrietig zijn hoor, vaak kennen de mensen hun eigen zenuwen op zo'n dag niet, je blaast er misschien naast. Wij raden het af, wij hebben er slechte ervaring mee.'

'Je mag op mijn begrafenis,' zei mijn moeder.

'Wij draaien een bandje van je, Aram,' zei zijn vader.

'Met twee pauzes van tien seconden ertussen graag, één voor het zitten en één voor het gaan,' zei meneer Korst. Aram liep stampend de kamer uit. 'Ja, d'r komt heel wat emotie bij kijken hè,' zei meneer Korst, 'ik heb laatst mijn eigen schoonmoeder begraven. Nou, dat is jouw pakkie-an zeien ze allemaal, ik heb d'r zelf afgelegd, koud kunstje denk je na tweeënveertig jaar. Nou, ik heb staan janken mevrouw, met een hele grote J.' Hij hield zijn rechterduim en -wijsvinger zo ver mogelijk uit elkaar. 'Ik stond er perplex van.'

'Ja,' beaamde Saskia, 'ik heb in de verpleging gezeten en honderden patiënten zien succumberen, maar familie is toch anders.'

'Op zeker, mevrouw, hier spreken twee oude rotten in het vak.' Meneer Korst schoof zijn stoel naar Saskia: 'Wat vindt u nou, moeten we er niet "kortstondig" van maken.'

Ze keek mij vragend aan: 'Misschien is het beter.'

'Op zeker,' zei meneer Korst.

Arams bal stuiterde in de gang.

Saskia had de dag van Ada's sterven al drie keer door-gekregen. Ze kreeg veel door de laatste maanden. Ze stond in contact met Sheila, een astronaute van de Voyager die een paar jaar geleden tijdens de lancering met de bemanning was verongelukt. Sheila vloog nu in een cocon om de aarde en had Saskia uitverkoren voor contact. Ada zou op een negende sterven en volgens mijn moeder kon dat zeker kloppen, negen is Mars, een getal dat de familie van dood tot geboorte beheerste. De negenmens is vurig en hartstochtelijk, zijn leven wordt gekenmerkt door moeite en strijd, maar hij is er niet bang voor, en zo was het. Haar bei-de mannen waren op een zevenentwintigste geboren, samen negen, de meisjes ook, en om de lijn door te zetten waren ze allemaal op een zevenentwintigste ge-trouwd. Zoals ook elk kind een A in zijn naam mee-kreeg, omdat A (= 1) voor zon, de geestelijke lichtdra-ger, staat (positief en scheppend). Eerst dacht Saskia dat het negen juli zou zijn, maar toen stierf haar werkster, ook een slag, maar de verkeerde.

Acht augustus belde ze de familie dat we ons op het ergste moesten voorbereiden. 'Zie ik je morgen nog?' had ze haar zus gevraagd toen ze de avond ervoor het strijkgoed in de kast opborg. 'Ja, hoezo?' had Ada ver-baasd geantwoord. De volgende dag stierf er een man bij Saskia in de straat. Ook dat raakte haar, hoewel ze de man niet kende. Een maand later zat ze bijna goed, Ada stierf op zes september. De maand klopte en van zo hoog en ondersteboven haal je een zes en een ne-gen makkelijk door elkaar.

Sheila bracht Saskia ook in contact met onze overleden vaders, haar vader en mijn vader, de eerste en de tweede echtgenoot van onze moeder. Ze waren niet alleen op eenzelfde dag geboren, maar ze heetten ook nog eens allebei Justin. Om ze uit elkaar te houden werden ze in de familie Just I en Just II genoemd.

Just I was een Indische jongen, zo heette dat als je bruin was en in Indonesië geboren, je bleef altijd een jongen, hoe imposant je er op de foto's ook uitzag in je donker groottenue met sterren en tressen en linten, bestikte kraag, helmhoed met witte pluimen en een degen bungelend langs je zij. Justin van Capellen, eerste luitenant van het KNIL, het Koninklijk Nederlandsch-Indisch Leger, zoon van een Hollandse planter en een inlandse vrouw.

Mijn vader was ook een Kniller, niet zo'n hoge, zijn uniform was maar een doodgewone battle dress. Een degen zou bij hem over de grond hebben gesleept want toen hij stierf waren zijn broeken mij al bijna te kort. Al was hij ondermaats, hij was een knappe vent, zelfs zijn kaalheid stond hem. Zijn schedel glansde katjangbruin, maar hij was lang niet zo donker als mijn moeders eerste man. Just II noemde zich tropengeel, kwam door het klimaat, zei hij, langs de evenaar filterde de zon dwars door je kleren heen. (Was zijn lichaam in de dood even geel als in het leven?)

Zijn familie was 'pur sang' gebleven, zes generaties lang in Indië en bovendien goed katholiek. Ik vrees dat dat belangrijk voor hem was, niet zijn geloof, want daar viel hij in het kamp al van af, maar de kleur van zijn vel. Hij zag zich het liefst als een Hollandse vent, geen jongen ('vent' ja, op z'n Indisch, als ik het zeg hoor ik zijn woorden als kroepoek in de olie spatten), hij ging al op zijn zestiende het leger in, toen ook al vent, nooit jongen geweest.

Hij moet mij vlak voor zijn vertrek naar Holland hebben verwekt, in Palembang, waar honderden repatrianten op verscheping wachtten. Je doet wat om de tijd te doden. Zo werd Just II ook de stiefvader van Saskia, Ada en Jana, de oudste van de drie meisjes, die al op haar achttiende naar Canada emigreerde. Al leken we niet op elkaar en al hadden we verschillende achternamen, in de duinen speelden we één familie. Woorden die de eenheid ondermijnden werden in huis vermeden. Stief en Half woonden alleen in nare sprookjes.

De astronaute gaf Saskia ook visioenen over haar vader door. Zo bleek Just I in vol ornaat klaar te staan om zijn stervende dochter op te vangen. Hij wachtte in een groen morgenlicht, onder een dak van waaierpalmen, een snoer dragers achter hem. Nog in de auto op weg naar het sterfhuis zag ze haar vader zijn koppel met degen omgorden. 'Hij blijft ons bewaken,' had ze haar moeder gezegd.

'Hij moet zijn terugkeer voor haar hebben uitgesteld,' reageerde mijn moeder nuchter, voor haar was de wereld een doorgangshuis, een komen en gaan van oude en nieuwe zielen.

Ook mijn vader liet zich niet onbetuigd. 'Je krijgt

de groeten van hem,' zei Saskia toen ik haar voor de eerste keer aan Ada's ziekbed zag. Ik had haar een paar jaar niet gezien en ik wist meteen weer waarom. Ze begon altijd over mijn vader, zo warm en bijzonder als hij was er niemand: de rijsttafel die hij kookte (je verbrandde je tong bij de eerste hap), de verhalen die hij aan tafel vertelde (wij deden 's nachts geen oog dicht van de angst), het sprokkelhout dat ze samen voor de haard gingen zoeken (zij moest alles dragen), de boeken die hij las (oorlogsboeken), de originele gedachten, de aristocratie van zijn geest (pijn is de beste leerschool, doodstraf voor alle landverraders en als het even kon alle socialisten tegen de muur, die hadden immers Indië voor een dubbeltje verkwanseld).

Ja, eigenzinnig was hij, hard soms, gaf Saskia toe, maar hij had beslist zijn zachte kanten. (Vandaar dat hij mijn moeders geld over de balk smeet, zich kleedde als een fat en nooit een donder uitvoerde, verwend koloniaal kreng dat hij was.) Maar zij, Saskia, had al vroeg zijn bijzondere eigenschappen gezien, zij begreep hem, zij waren gelijkgestemde geesten. Die strijd tussen gave en plicht, dat gevoel kende zij ook. Ze kreeg van hem haar eerste tekenles, hij leerde haar fotograferen en o wat had ze daar veel aan gehad. Ze deed verdomme net of zij uit zijn zaad ontsproten was, ze schetste zo'n ideale vader dat ik er nog jaloers op werd ook.

Saskia wist beter. Zo redderend om het sterfbed viel het me weer op hoe groot het litteken op haar linkerduim was. Een doorgesneden pees die haar belette een kopje bij het oor te pakken. Ze droeg de sporen van mijn vaders liefde op haar hand.

Meneer Korst had de formulieren ingevuld. ('O, de hele familie is uit Indonesië geboortig, de gordel van smaragd, onze beste klanten komen daarvandaan, warme mensen.') Na de laatste handtekening belden er twee kraaien aan de deur. De kist. Spaanplaat met berkefineer, massief viel niet binnen de polis. Even daarvoor had hij onze keuze telefonisch aan 'de jongens op de rouw' doorgegeven: 'En ach, doet er een hoes bij, alsjeblieft.' We zaten er allemaal bij.

Behalve een hoes sleepten de kraaien ook een koeltafel naar de achterkamer, er viel een weekend tussen dood en cremeren en mijn zuster moest nog vijf dagen goed blijven. We draaiden de rug van onze stoelen naar de glazen schuifdeuren en staarden naar buiten. Een paar buurtkinderen drukten hun neus tegen het matglas van de dubbelgeparkeerde lijkwagen, teleurgesteld dat er nog niets in lag. Saskia sloot de gordijnen, nu staarden we naar kaasdoek plooien en achter ons knarste een bed, piepten wieltjes, zoefde een rits en hoorden we meneer Korst commanderen: 'Voorzichtig, jongens, niet forceren.'

Ik zag te veel met mijn oren en liep naar de keuken om een tafellaken en punaises te zoeken. Toen ik het noodgordijn tegen de schuifdeur pinde, zag ik hoe meneer Korst een schone pyjama van mijn zusje uitvouwde, zijn dikke vingers hadden moeite met de knoopjes, ondanks de tweeënveertig jaar ervaring. Zijn handen trilden.

Ze zouden Ada mooi maken en meneer Korst kwam met nog wat laatste vragen. De bloemstukken. De rouw had nog een cataloog meegestuurd, als we daar nou uit bestelden. 'Gegarandeerd vers', hij hield ons enige kleurplaten met kruisen, kransen en ragebollen voor, opgestopt met asters en anjers, 'je hebt er welles, dan vallen de blaadjes al voor ze op de kist leggen. Meer dan verschrikkelijk.' Dat vonden wij ook, ik kon mijn ogen er niet van afhouden. Wat te denken van een bootje, een muzieknoot in witte anjers (Ada zong in een koor), of een bloemportret misschien? Sprekend naar foto, slechts duizend gulden, we stonden er versteld van wat je met bloemen niet allemaal kon zeggen. 'Wij snijden iets uit eigen tuin,' zei Saskia, ze had al een brok oase in huis gehaald.

De toespraak, wie deed de toespraak? We keken allemaal naar Maarten, die stil in een hoekje voor zich uit zat te mompelen: 'Zonder Ada, zonder Ada, hoe is het mogelijk.' Hij leed al jaren aan een slopende ziekte die zijn zenuwstelsel aantastte en kon nauwelijks meer lopen, de kwaal vrat ook al in zijn hoofd. Nee, het zou hem niet lukken iets te zeggen, misschien wilde ik namens de familie bedanken? Zo werd besloten en ik nam me voor eens flink uit te pakken.

'Houdt u het wel kort, meneer?' vroeg Korst.

'Nee, het wordt een lang verhaal.'

Meneer Korst bladerde door de voorwaarden: 'U hebt recht op vijfentwintig minuten aula, als u meer wil, zien wij de noodzaak van extra berekening.'

De kraaien vroegen belet. De heren waren met hun vak vergroeid, lijkwit en wat scheef in de rug van het tillen. 'Hoe wilt u de mond?' vroeg de opperkraai, 'ze is nu ietsjes open, heel natuurlijk, maar ze ken ook helemaal gesloten. Wat wilt u?'

We wisten het zo een-twee-drie niet, ik zocht naar Saskia's sigaretten en onze handen ontmoetten elkaar boven haar tas. We gaven elkaar een vertrouwelijk kneepje. Wanneer had ik haar voor het laatst aangeraakt? Sinds mijn vaders begrafenis (waar ik ook niet heen mocht, te gevoelig) had ik haar niet meer gekust. Ze huilde me toen te hard, mijn vader was van mij, ik zoende geen verraadster.

'Met de mond dicht zeggen de mensen vaak: nee... nee..., het is moeders niet meer,' zei de opperkraai. Als liefhebbers van het natuurlijke kozen we voor de ietwat open mond.

Een paar minuten later nodigde meneer Korst ons uit het werkstuk te bewonderen. Ada hoog opgebaard, in een met grijze stof omrande kist, half onder glas, haar zwarte haren droog en opgeborsteld, een beetje kleur op wangen en lippen, of misschien was het de weerschijn van haar roze pyjama waarop blauwe zwaluwen vrolijk tussen vergeet-mij-nietjes vlogen. Ze hield een portret van haar vader in haar handen, een idee van Saskia. Er lag een wit plastic schrift op haar voeteneinde, het condoléanceregister. Balboekje voor haar laatste partij.

Maarten pakte zijn fototoestel en flitste boven het glas, zo mooi had hij zijn vrouw de laatste maanden niet gezien. Het bromde onder de kist, steeds luider, de grond trilde mee, Ada rilde (ik ook) en het glas-in-lood rinkelde in de schuifdeuren. Meneer Korst kroop onder de kist, er was iets mis met het mechaniek. Terwijl de familie de mannen op hun knieën achterliet ('Het zal toch niet aan de koeling leggen, Ab?'), rolde Arams voetbal onder de kist vandaan. De bal liet een slijmspoor op het zeil achter. Iets lekte.

Morgen zou ik enveloppen komen schrijven.

Maarten bezat geen agenda, daar waren zijn dagen te leeg voor, geen adresboekje, niets, Ada hield de afspraken voor hem bij. Hoe haar vriendinnen heetten, wie er allemaal moesten komen, Maarten had geen idee; het was hem allemaal te veel. Hij wilde een stille crematie, morgen het vuur in en liefst niemand erbij. 'Ada, zonder Ada,' hij bleef het maar herhalen, als een dof gebed, meer kreeg ik er niet uit.

We begonnen met de familie, de aangetrouwde ooms en tantes. Aram wist wel waar ze woonden, maar achternamen kende hij niet. Na veel gebel ontstond er een vaag lijstje, nauwelijks goed voor één rij aula. Paste dit bij mijn zus van vroeger, bij Ada die altijd brieven schreef, die naar kampreünies ging en die nog elk jaar haar oude schoolvriendinnen zag? Ze moest toch ergens haar correspondentie bewaren. 'In de laatjes van de boekenkast achter de kist,' zei Aram.

Ik wilde die kamer niet meer in, de afgelopen nacht

had ik Ada keer op keer zien sterven, ze hijgde na in mijn oren. Eerst nog maar eens bij Maarten proberen. 'Waar wonen Namunia en tante Nikki?' vroeg ik.

'Namunia... wie is dat?'

'Jullie Marokkaanse werkster, zegt Aram.'

'Namunia, Namunia... nooit gezien.'

'En hoe kom ik aan die tante Nikki?'

Maarten haalde zijn schouders op: 'Ken ik niet.' Het glas-en-lood trilde erop los, de koelplank sloeg aan.

'De mevrouw die mammies leven in het kamp heeft gered,' verduidelijkte Aram.

'Hebben we al jaren niets van gehoord, die hoeft geen kaart.'

'Misschien moesten we haar toch iets laten horen.'

'Ja, ja.'

'En de naam van het koor?'

'Iets christelijks, geloof ik.'

Na een uur kruisverhoor vermande ik me en stapte de achterkamer binnen. Ik moest Ada's laden doorzoeken, misschien vond ik daar nog een adres, er zat niets anders op.

Stank en warmte walmden me tegemoet, alsof iemand een emmer slootwater op had staan. Saskia bleek de bloemen al in alle vroegte te hebben afgegeven, zonnebloemen met lang wild gras, natuurlijk, zoals we het wilden. Aram had ze voor de gaskachel gezet, maar de kachel brandde nog, want Ada had het koud toen ze stierf en nu waren de stelen pap. De koppen trilden. De koelplank vocht tegen de kachel.

Ada was in een nog onaangenamer staat geraakt: ze gaapte, anderhalf oog open, ook al probeerde de ficus met een laatste herfstoffensief het uitzicht te ontnemen. Ik blies de blaadjes van het glas en dekte haar gezicht met mijn zakdoek af.

In andermans laden snuffelen mag spannend zijn, het is onbetamelijk als het lijk ernaast ligt. Wat haalde ik niet overhoop: ansichtkaarten uit musea en vakantielanden, bonnetjes, knipsels, papieren souvenirs, kiekjes uit Indië – Ada op de veranda spelend met een wasbeer, Ada trots naast haar vader die een tijger heeft geschoten – en Ada half uitgegumd op een tekening samen met haar zusjes, drie meisjeskoppen met strik. 'Justin' stond eronder, in hetzelfde fijne handschrift waar mijn vader mijn schoolrapporten mee tekende. Het papier was bijna verteerd en kruimelde aan de hoeken. Ik vond ook stapels enveloppen waarvan het adres en de postzegels waren afgeknipt. Ik rook eraan, keek erin, las hier en daar een flard, liefdesbrieven uit de tijd dat ze als au pair in Londen werkte, met foto's van vriendjes van vroeger. Mijn handen trilden. Grafschennis. Ik deed mijn best niet verder te lezen, adressen zocht ik en ik mocht naar niets anders kijken.

Ik begon onderaan, op mijn knieën, mijn hoofd ter hoogte van de kist, maar hoe hoger de la, hoe meer ik Ada zag, onder mijn zakdoek uit piepend. Ik wilde niet kijken, maar haar lodderogen dwongen mij en ik betrapte me erop dat ik haar fluisterend om raad vroeg. Heb je dan geen adres bewaard? Nooit iets opgeschreven?

De bovenste la zat scheef en klemde, ik sloeg erop en trok en wrikte tot hij losschoot en uit mijn hand glipte, bijna op het glas van de kist. Er viel een waaier groene schriften op het zeil, door de zon vervilt en vergeeld. Eén schrift lag helemaal uit elkaar, de rugdraden zaten los, maar het was al eerder gehavend, er waren plaatjes en bladzijden uitgescheurd; de verdroogde stroken plakband lagen op de grond.

Ik raapte de blaadjes op, snel, om mijn ogen niet al te zeer in verleiding te brengen, tot ik het woord Bankinang las, de naam van het kamp waar mijn zusters en moeder jaren gevangen zaten. Dit mocht, dit kon ik misschien voor mijn toespraak gebruiken, en ik begon te lezen, zomaar, de eerste regel van een willekeurige bladzij.

'Overdag was het er snikheet en 's nachts koud. Er stonden vijf grote loodsen, zestig meter lang, één loods voor vijfhonderd vrouwen en kinderen, twee gangen, links en rechts slaapplaatsen, geen plekje voor jezelf, vier lampen, boven iedere ingang één, per persoon een tampatje van zevenenzestig centimeter breed en één meter negentig lang. Ik kon er net staan, mammie moest bukken. Wij deelden twee matjes met zijn vieren. Tante Nikki woonde boven ons, zij was van het hoofdbestuur en snurkte. Als ze 's nachts naast haar po plaste, regende het bij ons binnen. Verder overal bemoeials die je tante moest noemen. Ze pikten elkaars wasgoed, zelf gezien, en gaven ons kinderen de schuld. Leugenaars die…' De zin eindigde in een kras. 'Vrouwen onder elkaar erger dan Japanners!' had ze ernaast geschreven.

Dag Ada, zo herken ik je weer, lieve pestkop. Wat is dit, een poging tot dagboek? En waarom die flarden, zinnen zonder kop en staart?

Geen blad volgde op het andere, hele passages waren met bruine inkt weggeklad (ecoline, het rook nog naar school), aangevuld met opmerkingen in een duidelijk volwassener handschrift, alsof ze later met pen, schaar en plakband wraak op haar geheugen had willen nemen: 'Indisch = Indonesisch!' stond er een paar keer in de kantlijn, 'jappen' was doorgestreept en in 'Japanners' verbeterd.

'"Honger smaakt niet netjes," zegt mammie. Ik weet nu hoe je de smerigste dingen kan eten: je huig dichtklappen, niet ruiken en doorslikken. Ik denk altijd maar aan de twee Japanse soldaten in Fort de Kock die ons varkentje z'n keel doorsneden en het bloed voor onze ogen opdronken. Ik vond dat heel wreed en vies. Later heb ik ook gebakken bloed gegeten en een sapi-oog moeten uitpersen. Mammie durfde niet, maar er zat een halve liter olie in, konden we weer tijden mee bakken. Na geiteblaren met lijm smaakt alles beter.'

Koken in Indië, daar kreeg ik geen aula mee vol. Huilen moesten ze of lachen, maar het kamp? Nee, ik wilde geen dingen zeggen die de hele familie al wist, ook al werd er vroeger alleen maar over gelogen.

Ik ging op het zeil zitten, naast de grijze lap, in de

kilte van de koelplank, ook niet breder dan haar ouwe tampatje, en trok de andere schriften naar me toe. Sommige bobbelden van de ingeplakte knipsels en droogbloemen: teunisbloem, ruig viooltje, zeewolfsmelk, duinroos en het leeuwebekje, de flora van mijn geboortedorp.

Oorlog en school lagen door elkaar. Vellen bakvisproza, versierd met ingeplakte tijdschriftfoto's van Rock Hudson en één van Edmundo Ross, zingend voor een rode dubbeldekker: London is the place for me. Toen al. Nooit geweten dat mijn zus zo'n hartstochtelijk dagboekschrijfster was. Ook deze schriften moet ze later hebben gekuist; hoe volwassener haar handschrift, hoe strenger ze ingreep. Zelfs de filmsterren kregen er met de schaar van langs.

Eén schrift leek aan haar censuur ontsnapt, het oudste, naar het schoolse handschrift te oordelen, versierd met Van Nelle-albumplaatjes. 'Uit de Tropen,' stond er op het etiket, elke letter in een andere kleur, geheel in de bibberstijl der antroposofen.

'Ik ben in Malang geboren. Een oude inlandse vrouw heeft ons eens verteld dat malang onheil betekent. Toen mijn moeder dat hoorde is ze met een kaars om ons huis gelopen om de kwade geesten weg te jagen. Er zat wel een koentilanak in de mangaboom, een gemene duivelin waar de inlanders soms een karbouwekop aan offerden. Wij hebben er nooit last van gehad.'

Een schoolopstel, onbruikbaar. Ik bladerde ongeduldig door het schrift en bekeek de Van Nelle-prenten: wevende vrouwen, een Balinese danseres, stieren met een roze parasol op hun kop. Ze waren alleen aan de bovenkant vastgelijmd. Ik lichtte een van de prenten op en zag dat haar verhaal ook onder de plaatjes doorging. Was het wel hetzelfde verhaal? Haar handschrift was zo miezerig klein en zo geheimzinnig binnen de rechthoek van de plaatjes gehouden dat ik het alleen met toegeknepen ogen ontcijferen kon. Ik wilde opstaan en Ada recht in haar gezicht kijken om toestemming te vragen, maar mijn nieuwsgierigheid was groter dan mijn fatsoen.

'Wat zijn herinneringen? Ervaringen die je nog weet. Het meeste weet ik niet meer, vaak kan ik me helemaal niks herinneren. Vorige week was ik ziek en rilde van de koorts, toen wist ik weer dingen van vroeger. Wij zaten in drie kampen op Sumatra, eerst huisarrest in Fort de Kock met vijf families, toen een tussenkamp, daarna die verschrikkelijke Boei in Padang, een gevangenis waar al duizend mannen zaten en toen ook nog eens drieëntwintighonderd vrouwen en kinderen en later naar het barakkenkamp Bankinang in de binnenlanden, de getallen heb ik van tante Nikki. Ik weet alleen maar dat het naar pies stonk. Je deed er geen oog dicht van het gebulder van de zee, sommige moeders dachten dat het de schepen van de geallieerden waren die ons met hun kanonnen kwamen bevrijden.'

Ik had het geheimste van Ada's geheime dagboeken gevonden, ik tilde de andere blaadjes op, alsof ik onder haar rokken keek, en las verder.

'Wat ik nooit vergeet: Ik zie mijzelf in een geel jurkje met zwarte glasknoopjes, geruild voor een boek. Ik hoor de vrouwen die terugkomen van het hout halen. Ik lig in het ziekenhuisje midden op het terrein. Een tjitjak loopt tegen het gaas van mijn klamboe op, hij kijkt me zielig aan. Ga ik dood? Zo kijkt hij. De kamer stinkt naar pus. Er wordt een meisje binnengebracht dat in de warme as is gevallen, haar moeder heeft haar in een klamboe gewikkeld en nu zit het gaas aan haar vel geplakt. Ik ben misselijk, mijn buik loopt leeg. Ik krijg alleen maar thee met zout en peper. Een jap komt elke dag aan mijn bed. Hij is aardig, hij wil met me praten maar ik kan hem niet verstaan, hij spreekt een paar woorden Maleis. Hij neemt me op schoot en wrijft mijn kramp weg. Het mag niet van de Australische dokteres, ik laat hem toch zijn gang gaan. Hij belooft me naar het mannenkamp te brengen, daar zijn nieuwe medicijnen aangekomen die mij misschien beter kunnen maken. De dokteres en mijn moeder willen niet dat ik meega. Even later tilt hij me achter op een vrachtwagen, ik mag op zijn schoot. Mijn moeder huilt bij de poort.

Toen ik terugkwam heeft de jap mij twee klappers gegeven en een hele kool. Mijn moeder heeft mij geslagen, ik mocht nooit meer iets van hem aannemen, maar ze hebben wel alles opgegeten. Die jap deed het ook bij Els. Ze heeft het me pas op de boot verteld. We kregen altijd wat extra's als we op zijn schoot gingen zitten.

Ik weet niet hoe lang ik nog ziek ben geweest. Als ik ernaar vraag, zegt mammie dat de jappen lief voor kinderen waren. De rest ben ik vergeten.'

Hier was haar geheugen zelf een schaar geworden.

In hoeverre had ík herinneringen uit mijn hoofd geknipt? Klopte het beeld wel dat ik van mijn zuster had? Ada, de koelste, intelligentste van het stel, wars van emoties en modieus gedoe, had ik haar vroeger ooit over het kamp horen praten? 'Ik was te jong,' zei ze als iemand erover begon. Saskia wel, elk pijntje vond zijn oorsprong in Bankinang, bij regen gloeide haar rechterschouder altijd van het water halen. Ada stak bij zulke praatjes demonstratief haar vingers in haar oren, maar ze miste geen woord. Zei Saskia 'concentratiekamp', dan riep zij bits: 'Het was een interneringskamp', en waagde iemand Japanners met Duitsers te vergelijken, dan zei ze: 'Slaan is iets anders dan vergassen.'

En ook mijn moeder stond gezeur niet toe. Ik zie haar tijdens de afwas nog kwaad met de vaatkwast spatten, als na het zingen van de vrolijke kampliedjes ook maar een van de meisjes het waagde over de jappen te klagen: 'Jullie kunnen houthakken, vuurmaken, koken, slachten, naaien, verstellen, verplegen, bamboelijstjes maken, klapperdoppen beschilderen. Welk kind van jullie leeftijd leerde dat allemaal? Positief denken! Jullie leerden beter lezen en schrijven dan welk Hollands kind ook. De onderwijzeres was een professor. Dank zij het kamp hebben jullie een streepje voor.'

Strepen die krassen werden.

Maar die Els waar Ada over schreef, haar vertrouwelinge aan boord, welke vriendin kon dat zijn? Ik kende maar één Els van vroeger. Els Groeneweg, de notarisdochter uit Den Haag. Onze ouders waren met elkaar bevriend, haar moeder zat met de mijne in het kamp. Hij was onze paperassenman en hielp mijn moeder in haar strijd tegen het ministerie van Overzeese Gebiedsdelen. Er hoefde maar een bruine Rijksenvelop op de mat te vallen of Groeneweg kwam langs. Hij nam zijn eigen tikmachine mee, met een zilveren ring om elke toets, en zijn zinnen waren zo lang als het lint. Galmend las hij ze bij ons thuis aan tafel voor, brieven aan de minister, de Pensioenbond, en rekesten aan de koningin. Rekesten... wat een beelden komen bij dat woord naar boven, vader en moeder onder het gele licht van de lampekap, de rondjes rook uit de sigaar van de notaris, het slaan van letters op papier... wij bestookten Hare Majesteit met rekesten. Ons was groot onrecht aangedaan, zoveel begreep ik, maar mijn ouders droegen het in stilte. Als we klaagden, deden we dat plechtig.

De Groenewegjes waren rijk en deftig. Els droeg een zegelring (en mijn zusters haar oude kleren), haar vader reed in een glimmend zwarte Rover. Het halve dorp liep uit als zijn auto voor de deur stond, zo'n mooie zagen we zelden – met notehouten beslag en een handvol klokjes. Wij waren de groenteboer gewend, met zijn driewieler, en de DKW's van moffen in de zomer. Zodra de notaris klaar was, mochten alle kinderen een rondje over de boulevard, toeren in een zwarte hoge hoed.

Later zocht Els ons in haar eigen auto op, een blauwe MG met open dak. Ik als jochie achter in de kattebak, snuivend in haar blonde haren (en nog hoor ik het gepingel van haar zilveren bedeltjes bij het schakelen. Alle oude klanken komen terug. Mijn oor heeft het beste geheugen).

Els was mijn eerste stille liefde. Ze moest beslist een kaart krijgen.

De bel ging. Maarten riep om zijn wandelstok en Aram stoof de trap op. Ik verborg het Tropenschrift onder mijn overhemd, duwde de rest terug in de la en rende naar de deur. Als Maarten opendeed, stond er meestal niemand meer. Het bezoek draaide zich juist om, de achterbuurman met zijn zoon Pieter. Ze kwamen condoleren, Pieter was Arams beste vriend. Ik riep hem en hoorde boven een sleutel in een slot draaien.

'Wil je haar even zien?' vroeg Maarten, hij leunde als een dronkeman tegen de gangmuur. Zonder op antwoord te wachten ging hij hen voor naar de achterkamer. Ik waarschuwde dat het geen prettig gezicht zou zijn, de begrafenisondernemer moest opnieuw langskomen. Maar de buurman wuifde mijn bezwaren weg: 'Pieter zal eens zijn eerste dode moeten zien.'

Ik liep naar boven om Aram te zoeken. De vloerbedekking op de overloop was eruit getrokken, de kopspijkers zaten nog langs de plinten, van de echo alleen al kreeg je koude voeten. Ik was nooit eerder boven geweest en opende de eerste deur: de echtelijke slaapkamer. Ongelezen kranten, stapels niet-geopende post en een aan één kant beslapen dubbelbed. Ook hier kale planken, stof vlokte tussen de kieren. Maarten had gelijk, zijn kamer had in geen weken een werkster gezien.

De onbeslapen kant van het bed lag bezaaid met kladblokvellen. Een beverige hand had op elk vel een regel geschreven: 'Aram maakt te veel lawaai! Aram vervelend! Aram gehoorzaamt mij niet! Tafeltje-dekje bellen! Aram verzekering! Muziekles betalen! Aram moet helpen! Schoenen uit, 's middags geen hoorn! Met Ada naar Terschelling, nu reserveren! Aardiger tegen Aram doen!' Voornemens van een wormstekig geheugen.

Er hing een grote tekening aan de muur, een antieke prent leek het wel, geel en schurftig. Maar toen ik ervoor stond, bleek het een uitvergrote foto van een tekening te zijn, onhandig in perspectief, een studie in soberheid: een plankenvloer, vier opgerolde matjes, rieten wanden, vier blikken, een emmer en een bezem. 'Onze tampat in Bankinang' stond eronder. Dit was dus het hok dat mijn moeder met haar dochters deelde. Ik keek nog eens naar de tekening en herkende de eenvoud van Ada's huis.

Aram zat niet op zijn kamer. Het rook er naar ongewassen voeten en niet-verschoonde lakens, de grond lag bezaaid met boeken, bouwplaten en schoolschriften, de laatste bewijzen van zijn brave leven. Boven zijn schrijftafel hing een prent van koning Arthur en de ridders van de tafelronde en een affiche van een Romeinse vesting. Ridder wou hij vroeger worden, elk ridderboek was goed, als er maar niet te veel plaatjes in stonden want die waren thuis verboden. Hij hield er spreckbeurten over op de lagere school, in een zelfgemaakt kuras met kartonnen helm; daarom koos hij ook voor hoorn.

Boven zijn bed hingen de wapenfeiten van zijn stoute leven: een afgerukt verkeersbord, affiches van Guns n' Roses en heavy-metalgroepen met veel bloot, tatoeages en leer. Hij was ook met een spuitbus in de weer geweest. Het was te zien dat Ada de laatste weken geen trappen meer kon lopen. Aram, het belezen eitje, zo vriendelijk en voorkomend, met zijn pagekop, zesteens juchtleren schoenen en hansoppige kleren, had zelf het heft in handen genomen. Er lagen zelfs stripboeken op zijn bed. Alleen een in gebroken letters geschreven plakkaat bij zijn hoofdeinde herinnerde nog aan het tanend gezag van zijn ouders: 'Aardiger tegen pappa en mamma doen!'

Waar zat Aram? Niet in Maartens kantoortje – een kinderbureau met laden vol dinky toys, nu ik toch in andermans spullen neusde kende ik geen scrupules meer –, niet in de badkamer (plankharde handdoeken), niet op de wc (grauw papier). Hij reageerde niet op mijn roepen, tot ik iets in de gang hoorde kraken. Ik trok aan het touwtje van de uittrektrap, maar het luik gaf niet mee. Aram had zich op zolder opgesloten.

'Wil je niet beneden komen?' vroeg ik.

'Nee.'

'Pieter wacht op je.'

'Ik wil hem niet zien.'

'Waarom niet?'

'Daarom,' snikte hij.

'Ben je bang dat je moet huilen?'

'Ja.'

Wie zat daar? Hij zat daar, ik zat daar. Vechtend tegen de schaamte.

De dag na mijn vaders dood moest ik het de mensen zelf gaan zeggen. Mijn vader was niet met mijn moeder getrouwd en om die reden konden er geen kaarten worden verstuurd – het waren nog fatsoenlijke jaren. Eerst naar het postkantoor, wat je daar vertelde, wist het hele dorp binnen een halve dag. De filiaalhoudster, een dikke vrouw met een kartonnen buste, maakte zich los van haar loket: 'Arm kind,' zei ze, 'we verwachtten het al, hoe moet dat met jullie nou verder', en ze stempelde mijn wangen tussen haar borsten. Ik vertelde het aan de kruidenier, die 's morgens al naar drank rook omdat hij twee jaar terug zijn dochter aan de roodvonk had verloren, en hij drukte me tegen zijn bierbuik. Meneer Keij, kapitein-ter-zee in ruste, nam zijn hoed voor me af. Iedereen die ik op straat tegenkwam condoleerde me, en ik moest er elke keer verschrikkelijk bij huilen, niet omdat ik verdrietig was over de dood van mijn vader, maar omdat ik niet tegen hun medelijden kon. Ze gaven me de kans niet een man te zijn, ik wilde een vent zijn, een vent zonder tranen.

'Blijf maar, Aram,' zei ik, 'Pieter komt een andere keer wel weer.'

Pieter wachtte beneden op de bank. Hij keek glazig voor zich uit, zijn hoofd vol van zijn eerste dode.

Die nacht kroop de dood opnieuw in mijn dromen. Ik hoorde een fietstas tegen spaken tikken. De krantenjongen? In het uur tussen donker en licht komen de meeste dromen. En ik zag mijn moeder, jong nog, en toch oud zoals alle moeders in kinderherinneringen. Ze fietst gebogen tegen de wind in, op de fiets met rafeltassen waar ik me altijd zo voor schaamde. Ik ben elf en zit rechtop in bed, luisterend naar de geluiden van de nacht. Ik droom in een droom. Mijn vader ligt in het ziekenhuis te sterven. Hij vecht voor zijn adem, als een vliegenier in ijle lucht. Het ziekenhuis heeft gebeld: het is zover.

De kraan loopt, deuren kraken, fluisterstemmen op de gang. Stil, stil, ik mocht het niet weten, geen licht. Ik hoor fietsen op het tuinpad, het gepingel van tassen in spaken en daar gingen ze, mijn moeder, mijn zusters, zij wel.

Het stormt, de wind baljaart achter de luiken en het kraakt op de gang. Ik hoor schoenen op het zeil, ik herken de voetstap van mijn vader. Hij loopt naar mijn kamer en opent de deur. Daar staat hij, in zijn motorjas, zijn gezicht gedeeltelijk verborgen onder een rubbermotorbril, zijn ogen gloeien in het schijnsel van het angstlampje dat dag en nacht in het stopcontact brandt. Mijn vader gaat naast me op bed zitten, ik schuif een eindje op en ril van de kou die hij onder zijn leren jas mee naar binnen heeft genomen. Terwijl mijn moeder en mijn zusters zich over zijn sterven buigen, is mijn vader naar mij toe gereden. Wij zijn de dood te slim af. Mijn vader stroopt zijn rechtermouw op, het leer kraakt, hij doet zijn horloge af en houdt het tegen mijn oor. De zachtgroene lichtgevende wijzers kloppen als een hart. Doef, doef. Ik duw zijn hand weg, ik wil zijn horloge niet hebben. Het tikt te luid. Ik ben bang voor het giftige licht, het staal is kil en het bandje snijdt in mijn oor. Ik buk, duik weg, maar het lukt me niet om aan zijn hand te ontkomen. De hand die altijd slaat, een hand die als hij strelen wil me onverwacht knijpt. In zijn verraderlijke hand klopt een hart. Doef, doef.

De krant viel in de bus. Ik hoorde nog steeds doef doef. Mijn wekker tikte onder mijn hoofdkussen, ik had hem in mijn onrust van de plank aan mijn hoofdeinde gestoten. Zo gaan dromen met geluiden aan de wandel.

De laatste weken voor haar dood kon Ada geen leven meer velen. Aram en Maarten moesten op hun sokken lopen, hoorn werd er niet meer gespeeld. Verre kinderstemmen, de wind, de eerste blaadjes die tegen de ruiten dwarrelden, elk geluid irriteerde haar, zelfs een horloge deed pijn aan haar oren. Ze tikte op haar pols (zo dun, zo broos) en gebaarde me het af te doen. 'Ik draag geen horloge,' fluisterde ik. Toch hoorde ze wijzers tikken. Ada wist dat ik nooit een horloge droeg en ze wist waarom.

Want toen ik in de nacht van mijn vaders sterven wakker werd van de terugkerende fietsers, tikten er even later platte hakken op de gang, een koude wind trok door mijn kamer, mijn moeder, grauw in het licht van het lampje. Ze knielde bij mijn bed: 'Voor jou,' zei ze, 'nu ben jij de man in huis.' Ze hield een stalen horloge tegen mijn oor. Doef doef.

Ik heb het niet aangenomen.

Meneer Korst stond er versteld van: 'Er zijn wel honderd man en d'r kennen d'r maar zestig zitten.' Extra stoelen kon hij niet verzorgen, dan hadden we de grote aula maar moeten nemen (buiten de polis). 'En hoe moet dat met de cake?' vroeg hij.

Ik stopte hem honderd gulden toe: 'Veertig plakken erbij.' Korst was op zijn beurt ook de beroerdste niet, nou ik het vroeg wist-ie inenen nog van een partij klapstoelen achter het gordijn. De treur-tamtam had zijn werk gedaan: rijen vol kampvriendinnen. Mijn moeder klaagde over een lamme hand van het telefoneren, maar het was een pijn die voldoening gaf, al die gezichten van vroeger... hé, daar zat Nikki en gut, was dat Els niet? Ze zwaaide toen ze door mij naar de eerste rij werd geleid, ingehouden, maar toch, ze zwaaide, haar hand tegen haar buik gedrukt, als een teruggetreden diva die door haar trouwe publiek wordt herkend.

Ook het halve koor was aanwezig, de achterburen wisten de dirigent op te sporen. Wat een opkomst, nou alleen de muziek nog. Waar bleef de hoorn? We zaten klaar voor gesnik, maar er klonk geen noot. Meneer Korst kwam naar voren en wilde mij het woord geven. 'Muziek,' fluisterde ik. Hij boog voorover – ik zag zijn witte benen weer – en zei met een knik naar Maarten: 'Meneer wilt het niet.'

'Niks mee te maken, mijn zuster hield van muziek,' zei ik, 'u heeft toch wel iets liggen?'

Saskia begreep het probleem. Zo zag je maar, aan Maarten kon je ook níets overlaten. Ze had voor alle zekerheid een cd meegenomen, iets met violen, gaf dat? Hoorn had ze niet. Ze overhandigde meneer Korst een bruine envelop en hij liep er snel mee naar achteren. Aram gaf zijn vader een stomp.

Schoenen schuifelden zenuwachtig over de tegels, bezoekers keken ons vragend aan. 'Nu eerst muziek,' riep ik over de rijen heen. Een paar seconden later sijpelde er een zoet gejank door de aula, violen met tremor, het klonk als stroop op een zieke kies.

De schaamte gloeide in mijn nek, 'nu eerst muziek', hoe kreeg ik het uit mijn strot, dit was nog erger dan de Muzikale Fruitmand. Kon ik straks wel zeggen dat Ada een goede smaak had? 'Ze heeft muziek in haar huis gebracht en literatuur, ze hield het platte, materialistische en lelijke buiten de deur.' Zo had ik het de avond ervoor opgeschreven, ik wilde de Ada laten zien zoals ik haar van vroeger kende, niet de naar verlossing zoekende asceet die ze later werd. Het kostte me veel moeite op papier aardig en eerlijk te blijven, de hatelijkheden glipten telkens uit mijn pen.

De toespraak die ik in mijn handen hield was tot de helft teruggebracht, en terwijl de muziek speelde streek ik met mijn vingers over de krassen, een tastbaar bewijs dat ik mijn woede geen kans had gegeven.

Kon je dommer dood dan zij? Als ze zich meteen had laten opereren liep ze nu nog rond. Kanker bestond niet. Maartens ziekte bestond niet. Ze had voor hem een magnetiseur gevonden die twee keer in de week achter zijn rug kwam bidden. En helpen dat het deed! Maarten hoefde voorlopig geen stoeltjeslift of elektrisch karretje, dank zij die genezende handen deed hij een halfuur over vijftien traptreden en lag hij daarna een uur bij te komen op de bank.

Maar ik hield me in, ik zou huichelen met omfloerste stem, zoals het een grafspreker betaamt. Ik verlaagde me zelfs tot zweverige beeldspraak: 'Tijdens haar studie Engels verdiepte Ada zich in de Arthurromans, en zoals de ridders in die tijd naar de graal zochten, zo zocht zij in haar leven naar het hogere in zichzelf en anderen.'

Hoe loog ik het bij elkaar. Het hogere in anderen… Ze vervreemdde zich juist van de ander, de laatste jaren kwamen er nauwelijks nog oude vrienden over de vloer, ze ergerde zich aan hun hebzucht en hypotheekgeleuter, ze werd stroef in de omgang en harder, vooral voor zichzelf. Een lach in haar huis klonk als een vloek. Eén koekje bij de thee en trommel dicht, ze maakte van zuinigheid een sport, een soepjurk ging veertien zomers mee, geen beha, eenmaal per jaar een fles wijn in huis, bisschopwijn opgejazzed met een door kruidnagelen lek geschoten sinaasappel. Vrolijk kerstfeest.

Ze leefde steeds meer volgens strenge regels. Vroeg naar bed en met de zon weer op. Dweilen, poetsen, alles met de hand, onbespoten groente halen en van elk produkt de bijsluiter onder de loep op zoek naar giften en conserveringsmiddelen. Het paste bij haar gezondheidsmanie, dachten we, bij haar weefgetouw en haar hang naar 'eerlijke' materialen. Ada pleitte voor een nieuwe zuiverheid, ze at ook hoe langer hoe goorder, eten om te eten, gort met bonen, plezier op haar bord leek verboden. Ze verlangde naar een overzichtelijke eenvoud, naar ascese. Haar huis werd zo kaal als een tampat.

Ada was als de dood voor bezit. Ze wilde zich niet aard- en nagelvast aan een huis verbinden. Morgen kon het weer oorlog zijn, je moest elk moment kunnen vluchten. Zo zat het, na het lezen in haar dagboek viel alles op zijn plaats.

Ze vergeleek haar ziekte ook met ziek-zijn in het kamp. 'Ik heb al eens eerder op sterven gelegen en toen haalde ik het ook,' zei ze me bij mijn voorlaatste bezoek. Het filterlicht door de kaasdoekgordijnen herinnerde haar aan de klamboe in het kampziekenhuis en ze zette een foto van haar vader op het nachtkastje. Hoe minder toekomst, hoe meer ze zich terugtrok in herinneringen. Voor het eerst ook had ze met haar jongste zus over het kamp gesproken en ze had gehuild, een overwinning vond Saskia, tranen bij Ada... Ze beschouwde die tranen als een geschenk, een mooier loon voor haar verpleging bestond er niet.

De laatste weken wilde Ada eigenlijk geen bezoek meer ontvangen, het heden bestond niet meer, in haar gedachten was ze weer het kind, opgesloten in het lege wachten van het kamp, stilliggen en hopen op bevrijding.

Wanneer ik na lang aandringen toch even bij haar langs mocht komen, probeerde ik aardiger herinneringen op te halen. We bladerden door haar oude kunstboeken en spraken over mooie tentoonstellingen van vroeger, over de goede boeken die ze me liet lezen. En dan kon ik het niet laten haar een beetje te pesten, want zo open als ze vroeger voor vernieuwing stond, zozeer wees ze het nu af: popmuziek, Hollywood, bloot, ze rilde ervan. Een film was alleen goed als hij zwart-wit was en surreëel en twee uur duurde en door een zure criticus werd geprezen. Als ze mij zo'n film aanraadde, prees ik van de weeromstuit Airport I, II en III tegelijk. Ik maakte me volkser dan ik was en verdedigde de massacultuur met dezelfde argumenten waarmee zij het klassieke en elitaire verdedigde. Om haar te choqueren loog ik erop los. Had ik maar geweten dat ze als bakvis bij een foto van Rock Hudson zwijmelde.

Waarom verzette ik me zo tegen haar? Nu ze in een kist lag, kwam ik met verwijten, dat verdiende ze niet. Ik moest haar juist dankbaar zijn voor de vormende rol die ze in mijn leven had gespeeld. Van haar kreeg ik mijn eerste dichtbundel: *Dichters van deze tijd*; zij nam me mee naar mijn eerste balletvoorstelling: *De groene tafel* van Kurt Jooss – de eerste keer dat ik mannen met bobbels in hun maillot op het toneel zag springen – en ik zag met haar mijn eerste toneelstuk: Tennessee Williams' *Kat op een heet zinken dak.* Twaalf, veertien was ik. Veel begreep ik er niet van, alleen de hoofdrolspeler, die wrede vader, een doodzieke katoenplanter, dat was míjn vader en ik verbeelde me zijn zoon Brick te zijn, een gevoelige zoon, maar met genoeg lef om zijn vader op zijn bek te slaan.

Ada steunde me in mijn strijd tegen mijn vader. Ze durfde hem uit te lachen, spotte met zijn dwaze tucht. Daar lag onze band, het maakte ons voor altijd gezworenen. Ze schreef ook over hem in haar Tropenschrift: 'Mammies nieuwe man heeft op Java nog *onder* mijn vader gediend' – onder, ze vond het nodig het woord drie keer te onderstrepen. 'Als hij in mijn kamer komt, draait hij altijd mijn vaders fotolijstje om. Ik zeg niks, ik zet het gewoon weer goed. Hij denkt dat hij nog steeds in een kazerne woont, alles moet volgens de klok. Eén minuut te laat van school en ik krijg straf. Als hij driftig is, slaat hij je met zijn vlakke hand in je gezicht, op-en-top sergeant-majoor. Zijn lievelingsstraf is opsluiten in de badkamer. Soms zit ik daar een halve zondag te schrijven, laatst heeft hij mijn schrift verscheurd. Ik toon te weinig respect, zegt hij. Voortaan neem ik mijn fluit mee. Hoe kalmer ik blijf, hoe kwader hij wordt.'

Deze passage schreef ik drie keer over en streepte ik

elke keer weer door. Je wilt het toch gezellig houden op zo'n dag.

De violen werd de nek omgedraaid, ik ging achter de katheder staan, vouwde mijn toespraak uit en zag hoog tegen de bakstenen achtermuur het lampje van een camera branden. Een wakend oog? Hield disc jockey Korst mij in de gaten? De acteur in mij prees Ada's fijnzinnigheid en moederlijke kanten: 'Maarten eiste zorg en aandacht, Arams opvoeding eveneens, en ondanks haar eigen ziekte leefde ze intens mee met haar zuster Jana in Canada, van wie we binnen niet al te lange tijd ook afscheid moeten nemen. Ada, de dienende, altijd aanwezig, nooit op de voorgrond.'

Een siddering trok door de aula. Jana ook ziek? Bijna niemand wist het nog en we wilden er deze dagen niet aan denken, maar uit een telefoongesprek dat ik kort na Ada's overlijden met haar voerde, begreep ik dat ze nog maar een paar weken te leven had. Kanker. Mijn moeder ontkende het en bestookte haar oudste dochter met diëten, ingestraald brood en de nieuwste homeopathische rimram. Jana slikte het allemaal braaf, ze hield haar dood toch in eigen hand. Ze had kanker in haar eierstokken en liet zich behandelen tot haar eerste kleinkind was geboren. Over twee maanden was het zover, dan zou er nieuw leven in haar armen kloppen, nog even en ze mocht eindelijk dood.

Ik vond dat ik het deze dag moest zeggen, er werd al genoeg verzwegen en toegedekt: 'Het is onrechtvaardig dat een kind zo jong zijn moeder verliest. Het is onrechtvaardig dat mijn moeder twee dochters moet verliezen die ze in de oorlog met veel opoffering in leven heeft gehouden. Kinderen die nu uiteindelijk toch onder haar handen wegkwijnen, kapot en uitgeteerd. De natuur is niet rechtvaardig.'

Natuur, geen god, geen reïncarnatie, de mens als een chemisch proces, dat en niks anders.

De cake was verrukkelijk en meneer Korst sprak met volle mond. Hij overhandigde mij het condoléanceregister, de linten en de zilveren lijst waarin Ada's vader had gezeten: 'Wij mogen geen externe metalen verbranden.' Ik begreep het. Als 'dank en herinnering' kreeg ik een video-opname van de plechtigheid. 'Meneer wilt dat niet? Maar dat is te doen gebruikelijk, een geste van ons bedrijf.' Even later kwam hij ook nog met Saskia's cd aanzetten, een kroondisk uit de serie Muzikale Meditaties, vioolfantasieën die volgens de tekst achterop 'de stille onrust van de verrotting van waterlelies' verbeelden.

Ik was de laatste in de rij familieleden die de condoléances in ontvangst mocht nemen, ik schudde vele handen en kreeg natte zoenen van oude dames die zich tante noemden en die ik nooit eerder had gezien.

Els Groeneweg herkende ik meteen. Blond, hoog in de heupen, hazelnootogen, lachrimpeltjes en nog altijd een Indisch sausje in haar stem. Ik kon mijn tranen niet meer inhouden, de verliefdheid sloeg meteen weer toe. Bovendien leek ze sprekend op mijn

vriendin, blond, zelfde lach, zelfde ogen, zelfde figuur, hoe was het mogelijk dat ik in mijn onderbewuste naar mijn eerste liefde had gezocht. 'Wat erg
van Jana,' zei ze, 'zij was eigenlijk mijn grote vriendin.
Ik wilde altijd dat ze met Joost zou trouwen, mijn
oudste broer. Maar hij is vorig jaar overleden.'

'Dus als jij je zin had gehad, was Jana nu weduwe,'
zei ik.

'Een gelukkige weduwe,' zei ze lachend en in gedachten zoende ik haar rimpeltjes. 'Jammer dat het
tussen die twee nooit wat geworden is. Ze mochten
elkaar graag. Ik heb nog stapels brieven van haar.
Misschien moet je ze eens inzien. Jana is uit Nederland weggevlucht, er is geen ander woord voor, maar
daar heeft ze ook niet echt geboft. Wat heeft dat kind
toch een rotleven gehad.'

Gevlucht? Waar had ze het over? Jana, het lievelingetje van mijn vader. Ze vond Nederland te benauwd,
als zoveel gerepatrieerde jongelui uit Nederlands-Indië. Ze wilde naar Australië, maar dat lukte niet, daar
was ze te bruin voor. Uiteindelijk werd het Canada. Ik
dacht juist dat mijn moeder haar in die plannen
steunde, je moest als vrouw je kansen grijpen, weg uit
dit benepen kikkerland, ze was zelf ook jong uit huis
gegaan. Om de zomer zocht ze haar op en keerde terug met een gebakken permanent en een gebloemd
nylon broekpak. Alleen daarom al voelde ik nooit behoefte mijn zuster op te zoeken.

En nu bleek ze opeens gevlucht. Els wilde er verder
niet op ingaan. We wisselden telefoonnummers uit

en beloofden gauw een afspraak te maken.

Tante Nikki kende ik alleen van naam, ze was in de negentig en had zich per taxi uit Overijssel naar de Randstad laten rijden. Ze kon nauwelijks lopen en wankelde van arm tot arm tot ze zich aan mij vastklampte en me naar de dichtstbijzijnde stoel trok. 'Ik ben voor Letje gekomen,' zei ze, 'ik voelde een dwang, ik moest hier zijn.'

Ik had nog nooit iemand mijn moeder bij haar kindernaam horen noemen, gewoonlijk was ze Lea voor haar vrienden. 'Dat is heel aardig van u,' zei ik.

'Je weet dat je moeder en ik in hetzelfde kamp zaten?'

'Ja.'

'Je moeder vertelde me eens dat je het zo raar vond dat ze altijd naar onze koempoelan ging. Reünie, weet je wel. Je kon maar niet begrijpen dat we daar zoveel plezier met elkaar hadden. Maar weet je, je moeder putte kracht uit onze ontmoetingen. Letje lijkt flink, maar ook zij liet de moed weleens zakken. Ik moest haar altijd opporren, als een ouwe kachel ja.' Ze schudde aan mijn pols en haar speeksel spatte in het rond. 'Zonder haar oude vriendinnen zou ze het niet volhouden, ze keert altijd weer vol energie naar huis. Je weet, het moreel in Bankinang was heel hoog en die kracht komt op onze reünies altijd weer boven. Eén keer had ze het bijna opgegeven, ze verzorgde zich niet meer, at nauwelijks, ze lag maar op haar tikar en wachtte, bereid om over te gaan. Oedeem ja, en vocht in haar longen. Jana moest haar rol maar overnemen.

Letje, zei ik, denk aan je meisjes, hou vol, Letje, je hebt hier nog een taak. En nu moet ze het ook volhouden, ze zal nog minstens tien jaar leven. Aram heeft haar nodig.' We keken allebei even naar Aram die nog een halve rij rouwenden voor de boeg had. 'Jullie hoeven je geen zorgen over Ada te maken, ze is in goede handen. Maar jullie moeten snel naar Jana, zoveel tijd heeft ze niet meer en ze mist jullie nu, zij wil ook rouwen, ze heeft jullie nodig.'

'Mammie en Saskia willen volgende maand gaan.'

'Nu,' het klonk als een gebod, 'ik zie volgende week een vertrek. En jij moet mee, je bent nog nooit bij haar langs geweest. Kom.' Ze trok aan mijn pols alsof het vliegtuig buiten wachtte. 'Jana was jouw tweede moeder, ze heeft je na je geboorte goed verzorgd, je moeder was te zwak.'

Ze zag aan mijn gezicht dat ik absoluut niet van plan was naar Canada te gaan, wat moest ik daar? Ik had Jana sinds haar vertrek maar twee keer vluchtig teruggezien en zulke goede herinneringen had ik niet aan haar. Je body met sneeuw wassen in de winter. Leuke moeder. Het zou herfst zijn als mijn moeder ging en dan sneeuwde het al in New Brunswick.

'Jij gaat, of je nou wilt of niet. Ik heb het allemaal al gezien. Jana kan je nog veel over je vader vertellen.'

Tante Nikki pakte me bij beide polsen en keek me strak aan. 'Je hebt zijn ogen,' zei ze.

Ik probeerde me van haar los te maken, maar ze hield me stevig vast, ik knipperde met mijn ogen, maar ze dwong me haar aan te blijven kijken.

'Je vader had ook goede eigenschappen. Je denkt dat je hem haat, maar als je hem alleen maar zou haten zou je niet zijn wie je nu bent. Je hield ook van hem en hij hield van jou. Hij verwachtte zoveel van je, je was zijn enige zoon. Hij moet honderden foto's van je hebben genomen. Maar hij was ook ziek, ik weet het. Ik heb gezien hoe je als kleuter naar hem opkeek, hoe je hem bewonderde en naar zijn liefde hunkerde.' Tante Nikki glimlachte om mijn verbaasde gezicht. 'Ja, dat ben je misschien vergeten, in de eerste jaren na de oorlog kwam ik nog weleens bij jullie langs, Letje moed inspreken, maar toen ik naar het Oosten verhuisde en mijn benen niet meer wilden, zag ik je alleen nog maar op de kiekjes groeien die ze meebracht naar de reünies.'

Ik kon me haar niet herinneren en toch moet ze vroeger even imponerend zijn geweest, struis als ze was, met haar bruine priemende ogen.

'Sta je toe ook aan zijn aardige kanten te denken. Ze zitten ook in jou, als je alles in hem haat, haat je ook jezelf.' Ze zei het streng en met een grote zekerheid, en hoewel mijn hele lichaam zich tegen haar verzette, ging er toch een grote rust van haar uit.

Ze wenkte naar Aram, die eerst niet durfde, maar na herhaald wenken opgelucht op ons af kwam lopen. 'Zo, mijn jongen,' zei ze, 'je mag je gelukkig prijzen met alle bagage die je moeder je heeft meegegeven.' In mijn ooghoek zag ik Maarten bekaf op een stoel zitten, hij schudde elke hand die naar hem werd uitgestoken en keek erbij alsof hij van voren niet wist dat hij van achteren bestond. Welke rol zou hij voortaan in Arams leven spelen? Niemand nam hem nog serieus, en ook al had hij zijn heldere momenten, in het gesprek over de toekomst van zijn zoon werd hij nauwelijks betrokken.

Tante Nikki legde haar hand op Arams pagekop. 'In de aula voelde ik ook een hand op mijn hoofd,' zei Aram, 'heel raar, ik voelde dat iemand naast me kwam zitten en zijn hand op mijn haar legde. Een man in een uniform, heel griezelig.'

'Dat heb je goed gezien, jongen,' zei tante Nikki. Ze greep hem trots bij de arm en ze liepen samen naar de cake.

Arme Aram, dacht ik, gezond verstand, derde klas gymnasium en ook al aangeraakt door hoger sferen. Ik stak een sigaret op en slenterde naar de gang.

Maar mijn moeder liet me niet gaan: 'Zo, ben je daar eindelijk, kom, er is nog zoveel familie die je even wil spreken.'

'Ik kan geen familie meer zien,' zei ik, 'ik ben aan mijn tax.'

'Er zijn Van Capellens die je nog nooit hebt ontmoet, helemaal uit Groningen.' Ze sprak over de familie van haar eerste man, na de oorlog uit het oog verloren, midden jaren zestig als spijtoptanten uit Indonesië teruggekeerd en nu als nieuwe ooms en tantes door mijn zusters ingelijfd.

'Spaar me,' zei ik.

Mijn moeder ging recht voor me staan, tas voor haar buik, handen in de zij. 'Je weet dat Just er ook was.'

'Welke Just?'

'Just van Capellen, Ada's vader.' Ik kon alleen maar heel diep zuchten. 'Hij stond achter de kist, in zijn uniform. Hij hield Ada in zijn armen. Hij is haar helemaal komen halen.' Zwaarder geschut had ze niet in huis. Ze vocht tegen haar tranen.

'Fijn voor d'r,' zei ik. Ik liep naar buiten. Op naar de rozentuin, lekker door de as trappen.

Aan het eind van de gang stond meneer Korst een verse groep begrafenisgangers op te wachten, hij zag dat ik wit van emotie was en schudde me vaderlijk de hand: 'Ach de dood, meneer, we maken het allemaal mee, als je maar lang genoeg leeft.'

2

AKTE VAN ONTKENNING

De hele familie kon doodvallen. Troosten haalde niets uit, ieder trok zich terug in zijn eigen verdriet. Maarten keek me glazig aan als ik iets tegen hem zei, hij had geen idee wat we na de crematie allemaal in zijn huis zochten. Terwijl wij koffie zetten, schoof hij een kant-en-klaarmaaltijd voor Ada de oven in en hij begreep niet waarom hij Tafeltje-dek-je moest bellen voor één portie minder. Hij hield zich aan het op de keukendeur geplakte leefschema.

Aram deed hoekig en stug, elk vriendelijk woord schudde hij van zich af, hij nam zijn eten mee naar boven en sloot zich op met heavy metal.

Vooral mijn moeder vluchtte in een schimmenwereld. Het was pijnlijk om te zien hoe een intelligente vrouw zich aan zoveel onzin vast kon klampen. Ada mocht dan dood en tot as zijn, voor mijn moeder bleef ze voorlopig onder ons. Haar geest was nog niet klaar om te gaan, zei ze, er viel nog veel te regelen:

verzekering, voogdij, verpleging voor Maarten. Ada had elk gesprek over de toekomst vermeden. Maarten durfde niet, zij vond dat híj moest beginnen en nu zou ze er vanuit de andere wereld op toezien dat alles toch nog in orde kwam.

Vroeger kon ik nog om mijn moeders houding lachen, we hadden er ook nauwelijks last van, daar was ze naast alle wazigheid ook te nuchter voor. We trokken wekelijks een tarotkaart of wierpen een muntje van de *I-Tjing* en zij legde uit wat ons te wachten stond, we giechelden om de vage spreuken en vergaten de uitkomst. De kosmos kon vibreren wat hij wou, we mochten onze plichten niet verzaken. Echt geloven deed ze er niet in, ze keek wel in de efemeriden om te zien hoe haar sterren stonden, maar als de uitslag haar niet beviel, schoof ze het gewichel weer even makkelijk terzijde. De sterren neigen, ze beschikken niet. We deden er ook nooit cynisch over, we zagen het als een vrolijk familiespel, meer niet; cynisme deed haar pijn en ze had al zoveel pijn geleden. Wie zoveel naars had meegemaakt, mocht met sterren spelen.

Maar de laatste tijd liepen werkelijkheid en magie steeds meer door elkaar, vooral sinds ze in handen was gevallen van twee seancende dames uit haar verzorgingshuis. 'Heerlijke dames,' vond ze, 'met mieterse contacten.' Een was in haar vorige leven een gehandicapt kind geweest en later struikrover. 'Ze heeft toen tientallen mensen gedood, wat die niet goed heeft te maken, ze moet veel dingen overdoen in het leven, daarom wil ze mij ook helpen. Ik heb reuze veel steun aan haar.' De ander ontmoette in de bus een Hindoestaan die ze uit een vorig leven herkende. 'Nu komt hij elke week bij haar op de thee. Een heel interessante vent, hij kan materialiseren. Hij is een gezondene, hoe vind je die, zomaar in de bus.'

'Ada moet in vrede vertrekken,' zei mijn moeder, 'laten we haar zoveel mogelijk bijstaan, niets is zo erg als een onrustige ziel.' Nog de middag na de crematie droeg ze mij op alle officiële papieren te sorteren. 'Ada zal ons in deze troep een weg wijzen,' zei ze. Ik moest me bedwingen haar te vragen of haar dolende mannen niet een handje konden helpen. Het KNIL, paraat tot na uw wil.

Het verdriet had mijn moeders laatste restje nuchterheid weggespoeld, zonder verzinsels redde ze het niet. Sinds Saskia haar onder de crematiecake vertelde dat ze Ada de avond voor haar dood twee slaappillen had toegediend – buiten de dokter om in de vla fijngestampt en druppel voor druppel langs haar tanden, beweerde ze dat haar dochter aan een overdosis was gestorven.

'Het kwam door die pillen, hè Saskia?' vroeg ze wel vijf keer achter elkaar op de terugweg in de rouwauto.

'Het gaf haar de kracht om dood te gaan,' zei Saskia, 'ze kon niet meer slapen van de pijn, ze was te moe om te sterven.'

'Ja, maar die pil, die pillen hebben haar uiteindelijk de das omgedaan.'

'Kanker, het was kankerrrr,' snauwde ik achter

haar rug. Mijn woorden spatten in haar nek en haar speciaal voor de gelegenheid aangeschafte paarse hoed dook naar voren.

Mijn moeder draaide zich geschrokken om: 'Waarom zo hard jij, je maakt met je woorden alles kapot.'

Ze kreeg haar zin, ik zou haar laten voelen hoe keihard ik kon zwijgen. Eenmaal in mijn eigen huis trok ik de stekker van de telefoon eruit en liet niets meer van me horen.

Alleen Aram speelde me parten. Ik wilde hem uit dat sterfhuis halen, hem verwennen, nieuwe kleren voor hem kopen, zijn stinksokken in de ton voor het Oostblok proppen, hem overladen met materie. Misschien moest hij bij me komen wonen. Ik probeerde me een leven voor te stellen van altijd op tijd thuis, thee om vier uur na school en stamtijden overhoren. Maar het zou niet gaan, ik kon hem bezwaarlijk van zijn oude school afnemen en tegen zijn vader zeggen: Vrouw dood, geef die jongen ook maar hier, we stoppen jou in een tehuis. Ik veranderde mijn testament – alles voor Aram – en mat de zolder op om te kijken of er niet een extra kamer viel te bouwen.

En terwijl ik in mijn hoofd ruimte voor mijn neefje maakte, zag ik hem door de kale gangen van zijn school lopen, de slaap nog in zijn ogen, zijn haar in pieken rechtop, niemand om te controleren of hij netjes de deur uitging. Zou hij verslagen zijn of trots? Een dooie deed het vroeger altijd goed op school: fluisterende klasgenoten achter je rug, een groet van het meisje dat je daarvoor nooit zag staan. En was er een beter excuus voor spijbelen en slechte cijfers? Maar hoe lang hield hij het vol? Zijn houding, zijn bonkig gedrag, alles herinnerde me aan mijn eigen jonge rouwen.

Daar stond ik op het speelplein, een kring van jongens om me heen en ik vertelde over de dappere dood van mijn vader. Ja, hij leed aan een heel geleerde ziekte, *De Duinbode* schreef over hem, niet met name, maar als patiënt. Hij was de eerste uit de streek die een commissurotomie onderging. Een wat? Precies, dat is Latijn. Een professor boorde zijn hartklep open, hij ging er zomaar met zijn vinger in. Een mes dwars door zijn hart! En ik trok mijn hemd op en wees de snee aan die de professor in zijn borst had gezaagd, helemaal rond op een paar centimeters na. Ik speelde mijn vader, die ook te pas en te onpas zijn body ontblootte om zijn litteken te laten zien. Eindelijk een wond die hij durfde te tonen, beter dan het wild vlees op zijn rug, dit was een trotse wond, een onderscheiding bijna, belangrijker dan zijn medailles. Ze trokken het knipsel uit mijn hand: jeumig, voor een hartoperatie moest je in het ijs, anders wou je bloed niet stollen, acht uur onder narcose en de boel tikte gewoon door. Mijn vader was een medisch wonder!

Maar de klep scheurde los, de verpleegsters waakten dag en nacht, ook pleisters hielpen niet. Mijn vader werd weer blauw en geen professor kon hem redden.

Ik was de held van het speelplein, een doorboord

hart, daar had zelfs de grootste opschepper niet van terug. Mijn vader zat thuis zonder baan, er was anders weinig reden om trots op hem te zijn, dood kon ik eindelijk over hem opscheppen.

Alleen, ik sprak niet helemaal de waarheid, hij was al een jaar geleden geopereerd, zijn hart klopte weer prima. De kou kreeg hem te pakken, een doodgewone Hollandse kou. Mijn vader stierf aan de A-griep.

Zelfs tijdens de rituelen van de dag kwamen mijn jongensjaren weer boven. Onder het scheren zag ik me naar mijn vader kijken (ik heb zijn kin) – dat stond mij later dus ook te wachten, een gevaarlijk mes, kokend water, kwasten en grimassen. Maar toen mijn baard opkwam, wist ik niet meer hoe ik het mes moest vasthouden. Het was de eerste keer dat ik mijn vader miste, zo'n zes jaar na zijn dood. Er was geen man in huis om mij mannendingen te leren. Nog weet ik niet goed naar welke kant je een lamp of een schroef losdraait, de gebruiksaanwijzing van elektrische apparatuur drijft me tot wanhoop. Van wie moest Aram de dingen nu afkijken? Zijn sukkelvader bood geen enkel voorbeeld, strompelen en vergeten kon iedereen.

Ik besefte dat ik niet om Ada rouwde, maar om mijn vader. Ik dacht dat ik hem goed in bedwang had, vastgestampt onder zoden van cynisme, en nu piepte hij plotseling uit zijn graf. Jaren was mijn haat een houvast, alles wat ik deed of naliet kwam voort uit verzet tegen mijn vader. Hij beroepsmilitair, ik lakte mijn nagels om aan de dienst te ontsnappen. Hij een man van de klok, ik zonder en als het even kon te laat. Kracht, spieren, zweet, hoe zwak hij zelf ook was, hij spelde de sportpagina's; ik moest al kotsen bij het zien van een voetbalschoen. Mijn haat was een bron van energie.

Nuances stond ik mij niet toe, ik weigerde verder over hem na te denken, maar met de jaren merkte ik dat ik meer eigenschappen van hem had dan ik leuk vond, en als ik het zelf niet wist was mijn familie er wel om me erop te wijzen. Ook ik kon niet met geld omgaan, ook in mij woelden drift en wellust, ik had zijn charme, zijn praatlust en zijn neiging tot over-drijven. En hoeveel hekel ik ook aan die eigenschap-pen had, het lukte me niet ze allemaal te weren. Al scherend zag ik mezelf meer en meer op hem gaan lij-ken. Langzaam drong het tot me door dat ik mijn va-der slecht kende.

Sinds Ada's dood rijpte voor het eerst een vaag be-grip en juist dat maakte mij zo kwaad, ik wílde de man die me elf jaar had vernederd niet begrijpen.

Ik verliet mijn huis niet meer en dook in het verle-den, ik lag maar en dacht maar en vermorste mijn tijd. Mijn vader zeurde in mijn hoofd, hij begon over vroeger te praten. Het lukte me niet hem met drank te verjagen, uiteindelijk verzoop ik zijn stem in een bit-ter zelfbeklag.

Een week later was ik zo dom de stekker in het stop-contact te steken. Ik kon de wereld weer aan. En Saskia rook het. De telefoon: 'Ja, ik wil je toch even zeggen, je moet weten, ik moet het kwijt, maar praat er met niemand over en zeg vooral niets tegen mammie...' Ze nam een dramatische pauze, haar stem was hees van tranen en ik merkte hoe gespannen ik in de hoorn kneep. 'Ja,' zei ik kil, 'spreek vrijuit.'

'Ik loop bij vijfenveertig.'

'Bij wat?'

'Bij vijfenveertig, Centrum '45. Ik ben in behandeling, drie keer in de week een vis-à-vis, alleen maar huilen, ik moet alleen maar huilen.' Ze huilde, in lange halen, snakkend naar adem, ik zei niets en wachtte aan de andere kant van de lijn, té lang. Saskia gooide de hoorn op de haak.

Ik belde terug. 'Jaah,' stervend klonk ze. 'Vertel,' zei ik. Het gesnotter begon opnieuw. Dit keer schrok ze van zichzelf en hernam zich.

'We praten ook, hoor,' zei ze met een verontschuldigend lachje, 'er komt zoveel los, o, je hebt geen idee, eindelijk, kon Ada dit maar meemaken. Wist je dat de meeste ex-kampkinderen jonger sterven dan gemiddeld? Wetenschappelijk bewezen. We hebben ons voor de buitenwereld altijd aangepast, maar vanbinnen ging de oorlog gewoon door.' Ze zei het langzaam, ze had het meer gezegd.

'Vind je er baat bij?' vroeg ik. Het lukte me nauwelijks goed te luisteren, zozeer ergerde ik me aan de hulpverlenersclichés: 'Onverwerkt leed openleggen... lang verdrongen schrikbeelden die naar boven komen... Indische identiteit hervinden... na vele jaren oorlog nog steeds op zoek naar bevrijding.'

Amper twee toen ze het kamp inging, en ze had er de beste herinneringen aan.

Wat zullen die lui daar blij met haar zijn, dacht ik. Last van de oorlog? Stort uw hart maar uit, hebben wij ook. Nu de ware slachtoffers beginnen te dementeren, vallen de gaten in onze agenda's. Er is al genoeg werkeloosheid in ons vak. Wij helpen u en u helpt ons. Pik in die klant.

'Ze hebben jaren niet naar ons willen luisteren,' zei Saskia.

'Kom nou, je struikelt over de hulpverleners.'

'Weet je nog toen de Molukkers die trein kaapten? In die week ben ik wel drie keer op het station gefouilleerd, één keer moest ik plat op de grond liggen. We zijn outsiders, ze zullen ons er altijd aan herinneren dat we anders zijn, we horen nergens bij.'

...

'Waarom zeg je niets?' vroeg Saskia.

'Wat moet ik zeggen, je haalt twee zaken door elkaar.'

Saskia antwoordde met tranen. 'We hebben veel te lang gezwegen,' zei ze.

'Het is goed dat je geholpen wordt,' zei ik. Ik hoorde haar een sigaret aansteken en stak er zelf ook een op. Eindelijk durfden we ons te ontspannen.

'Ik heb mammie zoveel te vragen, maar zodra ik over het kamp praat, begint zij over haar eigen kwaaltjes. Ze zegt dat ik overdrijf.'

'Ja?'

'Er zijn nog zoveel blinde vlekken…'

'Blinde vlekken.'

'We hebben er toch recht op te weten wat er is gebeurd…'

'Ja.'

'Ze weigert erover te praten. Vergeten, zegt ze…'

Zeg ja, herhaal het laatste woord en ze lullen door, een simpele psychiaterstruc. Onderwijl kan je geest aan de wandel… Saskia's verwijten kwamen me bekend voor. Haar moeder wilde niet naar haar luisteren en hield zich nu net zo doof als de Nederlanders kort na haar repatriëring. Een klacht over het kamp en de mensen begonnen over hun eigen sores te praten. Wat had ze toen niet moeten slikken: 'Ach, jullie kolonialen hebben het lang zo erg niet gehad, lastig hoor, een paar jaar zonder baboe, maar toch altijd mooi weer en aan elke boom groeide een banaan. Vergelijk dat eens met onze hongerwinter, wij hebben tulpebollen moeten vreten.' Mijn moeders leed was tweedehands leed, ze was moe gestreden.

Ruim een jaar na de oorlog vernam ze officieel dat haar man was overleden, daarna moest ze jaren met het ministerie vechten voor achterstallige soldij en pensioen. 'Een Indische jongen die in de oorlog de kant van de Hollanders koos, kom nou. Heulden niet alle opgeleide Indo's met de Japanners en de Indonesische nationalisten?'

'Maar hij had de Nederlandse nationaliteit,' zei mijn moeder, 'hij vocht voor koningin en vaderland, hij ging in het verzet.'

'Verzet tegen de Japanners? Maar mevrouwtje, dat bestond niet! De Nederlanders werden geïnterneerd, ze konden zich helemaal niet verzetten.'

Ze moest vijf jaar op haar pensioen wachten. Na veel moeite wist notaris Groeneweg getuigen op te trommelen die konden bewijzen dat haar man aan de goede kant vocht. Meer nog, hij werd ineens tot oorlogsheld gebombardeerd, rehabilitatie volgde in de krant en Justin van Capellen kreeg postuum de hoogste militaire onderscheiding.

'Te laat,' schreef mijn moeder de minister terug, 'voorgoed te laat. Eerst heb ik me jaren voor mijn man moeten schamen en nou mag ik zijn heldendom kopen.' Voor zesendertig gulden en twintig cent kon ze de versierselen van de Militaire Willems-Orde toegestuurd krijgen. 'Prik maar op uw eigen borst.'

Mijn moeder deed er het zwijgen toe, vijftien augustus, de dag waarop de Japanners capituleerden, kreeg een kruis op de wc-kalender. De tweede lente in Nederland kocht mijn vader zijn eerste Nederlandse vlag: vier mei halfstok en vijf mei in top. Verder vlagden we nooit, ook later niet op dertig april, de dag van aankomst in het nieuwe vaderland, de nieuwe koninginnedag. Wij vlagden niet voor Nederland, maar bij de oorlog wilden we horen.

Onze moeder klaagde niet. 'Positief denken,' zei ze, over het kamp sprak ze dan ook zelden. En als ik ernaar vroeg: 'God kind, honger ja, altijd honger en dat is een raar gevoel, hoor, maar verder hebben we wat afgelachen. Soedah, laat maar.'

En nu ging de dochter met de pijn van de moeder aan de haal.

'Ja, ja,' zei ik, en Saskia huilde.

Tussen het snikken door begreep ik dat ze niet alleen bij de psychiater liep, ze ontmoette er een hele club generatiegenoten, samen ervaringen uitwisselen en je onbegrepen voelen. Het merendeel had in een Japans interneringskamp gezeten, maar er waren er ook na de oorlog geboren. 'We hebben allemaal zwijgende ouders, dat geldt voor alle kinderen.'

'Kinderen?'

'Kinderen van toen,' zei Saskia, 'en jij moet ook.'

'Ik heb nergens last van.'

'Maar thuis, aan zee, met je vader, bij ons hield de oorlog toch nooit op?'

Ik was meteen weer bij het gesprek. Blijf af, dacht ik, mijn vader is van mij. 'Komt het door Ada dat je nu zo met het kamp bezig bent?' vroeg ik.

'Nee, al lang moet ik zomaar huilen, om de stomste dingen. Als ik bij de kruidenier langs de babyvoeding of de luiers loop, schiet ik vol, die lachende smoeltjes op de etiketten, ik weet niet wat het is. Wij zijn nooit kind geweest, misschien is dat het.'

Sinds een week of wat hield ze het niet meer, de huilbuien kwamen steeds vaker. Haar man schoof het op de menopauze. 'Ik droom alsmaar dat ik een kind ben, niemand om me heen, alleen achter prikkeldraad. Elke nacht word ik gillend wakker. Ik transpireer verschrikkelijk, ik kan me niet concentreren en zonder seresta doe ik geen oog dicht. Heb jij dat niet, ken jij dat gevoel niet?'

'Ik heb de oorlog niet meegemaakt.'

Zij zuchtte, ik zuchtte. Verkeerde chemie, al van kinds af ergerden we elkaar.

'Een maand of wat terug ging ik met Ada naar een tentoonstelling over het Indisch verzet,' vervolgde ze met herwonnen moed, 'er was ook een vitrine gewijd aan Pa van Capellens groep. Ze hadden een foto van hem in gevangenschap, zo mager, ik herkende hem niet in zijn blote bovenlijf, een levend skelet, samen met drie anderen. Daarnaast hing een foto van hetzelfde groepje, waarschijnlijk gemaakt en verspreid om het verzet af te schrikken, ditmaal geknield, in uniform... Zonder hoofd. Zijn hoofd lag voor zijn knieën op de grond. Ik kon zijn ogen zien, ze keken recht in de camera, ondersteboven, twee zwarte vlekken zwemmend in het oogwit, heel verbaasd. Zijn boord zat nog keurig om zijn nek en je zag zijn spieren zitten, witte draden in een gapend strottehoofd. Er liep een straal bloed over zijn jasje.'

Het werd stil aan de andere kant van de lijn en ik zag in een flits haar vader ingelijst op de hutkoffer staan, een foto in gala-uniform, met bestikte kraag en helmhoed met pluimen.

'Gatverdamme, dat heb ik nooit geweten.'

'Wij ook niet, mammie heeft het ons nooit verteld. De beul stond er lachend naast, zo'n vuile geniepige rotjap. Het bloed droop van zijn zwaard.'

'Maar waarom zoek je dat soort dingen op?'

'Ik moest het zien. Ik heb er recht op te weten wie mijn vader is. Gefusilleerd, zei mammie, zo stond het in het boek van de Oorlogsgravenstichting. We weten niets over hem. Op die tentoonstelling las ik dat hij twee jaar guerrilla heeft gevoerd, ze hebben radiostations opgeblazen, wissels onklaar gemaakt, treinen laten ontsporen. Fantastisch. En weet je wat er in Japanse karakters onder die foto stond? "Verraders krijgen hun gerechte straf." Hoe durfden ze. Mijn vader was een held.'

Een sukkel, dacht ik, hij vocht voor de verkeerde partij, koos de zijde van het land dat zijn land had ingepikt en verzette zich tegen de nationalisten. De geschiedenis heeft hem geen gelijk gegeven. Om haar te troosten zei ik: 'Een vader om trots op te zijn.'

'We mochten niet eens trots op hem zijn. Mammie heeft hem altijd doodgezwegen.'

Ik was te verbluft, het lukte me niet nóg iets aardigs te zeggen.

'Ik vind het zo erg dat we elkaar niet meer zien, straks zijn alleen wij over, je bent toch mijn enige broer.' Ada had ons bij elkaar gebracht, vond ze, en om haar te eren moesten we het contact herstellen. Haar therapeut stond er ook achter. 'Hij zegt dat we moeten praten, samen het rouwproces verwerken. We gaan een autonoom functionerend persoon van me maken.'

Ik had werkelijk met Saskia te doen, ondanks haar gesnotter en geacteerde toon.

'Kunnen we geen ontmoeting arrangeren,' zei ze, 'ik moet je nog wat over je vader vertellen, er is een stem uit het verleden opgedoemd.'

O god, Sheila de astronaute was zeker weer bezig. De telefoonhoorn kleefde in mijn hand. 'Kom naar mijn huis,' zei ik zo vriendelijk mogelijk, 'dan zie je eens hoe ik woon.'

'Nee,' zei ze beslist, 'ik wil je huis niet zien. Je hebt ons nog nooit uitgenodigd.'

'Dan haal ik je op en rijden we naar zee, langs ons oude huis, en maken we een strandwandeling?'

'Nee, daar wil ik nooit meer heen. Ik wil het dorp in mijn hoofd houden zoals het was, ik durf niet te zien hoe het veranderd is.'

'Er is niets veranderd, het is er nog even leeg en lelijk als altijd.'

'Het bos tegenover ons huis is weg, heb ik gehoord. Ik wil naar een bos.'

We kozen voor het bos achter de duinen. De volgende dag zouden we gaan. Praten en een pannekoek. Ik houd van wandelingen met een doel.

Lagen Saskia's problemen niet veeleer aan de oppervlakte? Haar mislukte artistieke carrière, haar slechte huwelijk? Ze zeurde al jaren over scheiden en nam zich telkens voor weer te gaan schilderen, zoals vroeger, toen ze 's zomers haar aquarellen op de boulevard uitventte. Het halve dorp roemde haar talent en de tekenleraar kon haar niets meer leren. Saskia was de artiest van de familie, ze wilde maar één ding: van school af en naar de kunstacademie.

Mijn vader had zich altijd tegen haar artistieke

aspiraties verzet. Een meisje kon maar beter de verpleging in. Eerst een beroep waar je op terug kon vallen, liefst met pensioen, daar ging het in het leven om. Hij sprak uit eigen ervaring. Saskia saboteerde, ze schilderde haar schoolboeken vol, trok een strak truitje aan, nam de pijpen van haar spijkerbroek in en toupeerde een Brigitte-Bardotkapsel. Mijn vader was toen al te ziek om zich eraan te ergeren, dat deed ik in zijn plaats. Ze spijbelde van school en moeder stopte haar stiekem geld toe voor lessen bij een echte kunstschilder. Haar doeken verstopte ze bij de buren en aan tafel mocht geen spatje verf haar vingers kleuren. Zonder dat mijn vader het wist deed ze toelatingsexamen voor de kunstnijverheidsschool. Hij was nog niet dood of ze zocht haar kwasten bijeen en vertrok. In één seizoen van twee kwelgeesten verlost.

Ze vond een zolder, begon te schilderen en maakte affiches tegen de atoombom (die onze moeder thuis verscheurde want de bom op Hiroshima had haar leven gered). Saskia bloeide in haar verzet en kreeg een eigen expositie. Niets verkocht. Van de ene dag op de andere ging ze de verpleging in. Teleurgesteld. Ze trouwde, kreeg een dochter en verhuisde naar een bungalow in het Gooi. Haar man, een sul en vooral rijk, had zo zijn eigen smaak, hij hield van landelijk antiek. Hun eerste salontafel was een wagenwiel.

Ezel en kwasten gingen naar zolder. Al na een paar jaar wilde ze bij hem weg, maar ze durfde niet, ze mocht haar kind geen vader afnemen, dat zei mijn moeder tenminste, want ik sprak haar nooit. Maar ze was ook te bang om alleen te zijn en te afhankelijk van zijn geld en de weelde waarmee hij haar overlaadde. Sindsdien probeerde ze als een deftige dorpsdame te leven – tuinieren, bridgen en collecteren voor alles wat lijdt. Elke zomer liep ze weg om bij haar moeder uit te huilen – zenuwthee, *I-Tjing* en een seance bij de vriendinnen – na een week kwam haar man haar weer halen en schikte ze zich opnieuw in haar lot. Zo ging het al jaren. Allemaal de schuld van de oorlog.

De wind trok de zeerook aan flarden en we zagen ons oude huis al van ver tussen het grijs opdoemen, een breed rood dak tegen de duinenrij. Saskia wilde niet dat ik erlangs reed, maar we moesten wel, er was geen andere weg naar het bos en toen ik naar de nok wees: 'Kijk hoe groen het koperen klokhuis is verweerd', keek ze de andere kant op, naar de kale vlakte aan de overkant waar een torziekte jaren geleden de dennen had geveld, het gemoerde uitzicht dat ze juist niet had willen zien.

De voortuin was geheel verzand, zonder beschutting kreeg de wind er vrij spel. Voor de oorlog was het een Duits koloniehuis geweest, vandaar de bel boven op het dak; na de bevrijding werd het genaast en aan vier repatriantengezinnen toegewezen. (Iedereen bruin, op mijn moeder en mij na. Elke zomer wreef de zon mij mijn tekortkoming in: zeven kleuren roze en dan vervellen, een sproetneus tussen Indischgasten, geen gouden huid zoals zij.)

'Het ziet er beter onderhouden uit dan vroeger,' zei ik, 'dik in de verf.' Ik kon niet nalaten even voor ons huis te stoppen. Hoe groter de chaos om me heen, hoe meer ik aan heelte hecht.

Saskia draaide zich voorzichtig om, de tranen biggelden over haar wangen, haar ogen weigerden het goed te zien. 'Kom je hier vaak?'

'Voor mij is er maar één strand en dat is hier. Ik houd van dit landschap, de bruingroene helm achter de duinen, de plukken zandhaver, blauwe distels, gele teunisbloem, het zilver van de abelen, het zwart van de dennen. Als ik niet kan slapen, denk ik aan die kleuren, bij de tandarts concentreer ik me op dit landschap.'

'En je zei altijd dat je hier ongelukkig was?'

'Niet in de duinen. Tot mijn knieën door het stuifzand, stok in de hand en dwalen. Hier vond je een horizon zonder mensen.'

'Wij waren er ook nog.'

'Jullie wilden niets zien, jullie waren blind. Kijk, op die hoek ben ik nog buiten westen geslagen.' Ik moest de wasem van de zijruit vegen, de koele zeewind liet onze adem dampen.

'Wij hielden van je vader. We hebben hem zelf voor mammie uitgekozen.'

'Hoe kom je erbij, onze vaders kenden elkaar uit het KNIL. Mijn vader zou je moeder helpen jouw vader op te sporen, maar hij heeft op de verkeerde plek gezocht, ik werd geboren. Maak het niet mooier dan het was, gewoon de vrouw van zijn meerdere verleid en met jong geschoten.'

Saskia sloeg een denkbeeldig pluisje van haar Hermes-sjaal, weer welden de tranen op. En ik had me nog zo voorgenomen zacht en voorzichtig te zijn. 'Wij hebben hem begin '46 voor het eerst ontmoet, toen we op repatriëring naar Holland zaten te wachten, in een groot huis ergens in de Europese wijk van Palembang. Het was er propvol, tien families, alleen maar vrouwen en kinderen, alles wat je aanraakte plakte. Niemand mocht het terrein af, koken deden we in de tuin, we kweekten onze eigen oebies en speelden achter een muur van atap.'

'Atap?'

'De oudsten sneden er stiekem kijkgaten in om iets van de straat op te kunnen snuiven. Wij waren er niet weg te slaan, mannen gluren, ik had nog nooit een man in burger gezien en als er een groep voorbijkwam en we gilden te hard, duwden de volwassenen ons weg om zelf te kijken. Mammie was in alle staten, ze maakte zich zorgen over de familie in Holland, ze had geen cent, alles verkocht, tot haar laatste ring toe. Het leger weigerde haar uit te betalen zolang er niets over onze vader bekend was. De mensen op het Rode-Kruiskantoor konden haar ook niet helpen. We hoorden allerlei tegenstrijdige verhalen, de een had hem in Noord-Sumatra gezien en weer een ander op een schip van Borneo naar Java. Alles was mogelijk, er waren een paar soldaten van zijn regiment in Oost-Java krijgsgevangen gemaakt, later bleken dat Hollanders te zijn. We hadden begrepen dat Pa van Capellen vermoedelijk nooit was geïnterneerd, als de

jappen zich aan de regels hielden mochten halfbloeden buiten de kawat blijven. Wie vijfentwintig procent of meer Indisch bloed had werd niet als Nederlander beschouwd.'

'Je bent goed op de hoogte.'

Saskia keek me gekwetst aan. 'Op therapie hoor ik
veel van zulke verhalen.'

'En al dat Maleis.'

'Ik volg een cursus, het maakt deel uit van mijn
identiteit, ik kies voor dat traject.'

Ze pakte haar handtas van de achterbank en haalde er een luxe opschrijfboekje uit, duur leer met een
vergulde ballpoint in een lus, een snuisterij voor de
vrouw die alles heeft, en ze schreef drie Maleise woorden voor me op: *oebie* = zoete aardappel, *atap* = riet-
mat, *kawat* = hek. Les één voor beginners, alsof ik niet
goed snik was. Haar gemanicuurde nagels aaiden het
papier, en de woorden leken vloeken, herinneringen
aan armoe door een rijke hand gespeld, een hand die
in geen jaren een aardappel schilde, en ook haar ringen vloekten, smaragd in goud gevat, tropenkleuren,
groen tegen bruin, als het ooit weer moest kon ze er
maanden van eten.

'Toen de oorlog uitbrak, hadden we veel meer pig-
ment dan nu,' zei Saskia, 'maar dat hield ons niet buiten het kamp. We woonden tussen de Hollandse militairen en kregen meteen huisarrest. Ik benijdde de
inlanders die buiten vrij konden gaan, ik wilde niet
bij de kaaskoppen horen, ik hoorde bij de bruine
mensen en toch moest ik achter het hek. Ik kon dat
maar niet begrijpen.'

Haal je de koekoek, dacht ik, je was nauwelijks zindelijk. Maar ik zou zacht zijn en zwijgen.

'Gek, nu ik eraan terugdenk, besef ik dat ik me toen misschien voor het eerst bewust was van mijn bruine vel.' Ze tikte zich op de borst, ik had haar nog nooit zo zichtbaar trots over haar afkomst horen praten. 'Vijfentwintig procent. Op de kampzondagsschool zongen we: "Ik zie een poort wijd openstaan" en dan zag ik allemaal bruine kinderen in een vrije hemel lopen. Ik droomde ervan tussen de benen en jurken van de houtcorveeërs naar buiten te glippen, mee met de inlandse smokkelaars die aan de andere kant van het hek scharrelden. Pas later begreep ik dat het daar nauwelijks veiliger was.'

Het werd klam in de auto en Saskia's parfum begon op mijn zenuwen te werken. Ik draaide een raampje open, maar het moest meteen weer dicht. Ze wandelde met haar gedachten in Indië, zei ze, de koude zeelucht leidde haar af.

'Toen de oorlog begon, was Pa van Capellen op een geheime missie naar Borneo. Mammie stelde ons gerust en zei dat hij ergens ondergedoken zat. Maar waar? En waarom had hij zich dan nog steeds niet gemeld? Zoeken haalde niks uit, de post werkte niet goed, het was het begin van de Bersiap-tijd, de grote zuivering. Veel Indonesische nationalisten stonden vijandig tegenover de Hollanders. Sumatra was onveilig, er werd overal gevochten, vrouwen en kinderen moesten zo snel mogelijk worden gerepatrieerd. Als er nieuws kwam hoorden we dat wel in Holland.

Een bestuursambtenaar wist mammie te vertellen dat Pa van Capellen met een paar andere Indo-manschappen in het verzet was gegaan. Mammie kon niet tegen die geruchten, sommige Hollanders beweerden juist dat hij een verrader was. Hoe moest ze het tegendeel bewijzen? Mammie wist niets, ze had geen enkel officieel papier.

We hadden geen kleren of linnengoed meer om te ruilen. De Engelsen gaven ons jappenuniformen, walgelijk, maar we moesten wel, mammie naaide er moddergele jurkjes van. Zelf liep ze in een legerbroek die als een ballon om haar derrière hing, vastgemaakt met een witte ceintuur met roestvlekjes om de gaatjes. Dat weet ik nog precies. We hadden alleen geen schoenen, er zaten geen kinderschoenen in het Rode-Kruispakket, we droegen houten kleppers met brede leren banden.

Onze wijk werd door de jappen bewaakt, dit keer om ons tegen fanatieke opstandelingen te verdedigen, de oude vijand als beschermer. We hoefden gelukkig niet meer te buigen, maar ik was toen banger dan in het kamp. Je hoorde 's nachts schieten en je rook de geur van brand in de stad. Na verloop van tijd namen de Britten de bewaking over. Schuin tegenover ons woonde een groep mannen, in een oude missiepost of zo. Ze voetbalden in de voortuin, vooral 's avonds maakten ze veel lawaai, muziek tot diep in de nacht. Alle moeders spraken er schande van, maar als wij in bed lagen zongen ze in de tuin zachtjes de liedjes mee.

Wij meisjes moesten beslist bij dat huis uit de buurt blijven. De vrouwen die daar kwamen waren slecht. Toen we wat meer bewegingsvrijheid kregen, liepen we er overdag voorzichtig langs, slechte mensen kijken. Niets spannends te zien, veel oude mannen, sommige gewond op stretchers onder het zinken dak van de veranda, andere liepen op krukken. Zwervers waren het, grauw, in vodden, niet de droommannen waar onze moeders 's avonds over spraken en met wie ze voor de oorlog zo goed de rumba konden dansen. Ze leken op de Dood van Pierlala, krom, met ingevallen buiken.

Eén man stak tussen alle anderen uit, hij droeg een hagelwitte broek met een vouw en splinternieuwe zwarte schoenen. Dat moet een danser zijn, dachten wij, je hoorde de ijzertjes onder zijn zolen tikken. Ik had nog nooit zulke glimmers gezien, wij kenden alleen linnen schoenen met een uitgespaarde grote teen, kleppers en laarzen. De danser groette ons en sprak Jana aan, vriendelijk, zonder de knipoog en ranzige grapjes die de geallieerde soldaten maakten. Hij slenterde vaak in de buurt van het pleintje aan het eind van de laan, waar hij door het hek met de inlanders stond te tawarren. We bewonderden zijn schoenen en ik mocht met mijn blote voeten op zijn tenen staan en dan dansten we een rondje. Hij verwende ons met lekkers dat hij bij de inlanders lostroggelde. Ik herinnerde me niets van mijn eigen vader, maar ik vond het heerlijk om zo dicht bij een man te zijn. Veel kinderen in ons huis kregen in die tijd een vader terug, er werden vrachtauto's vaders uitgedeeld, ik dacht dat wij er ook een mochten kiezen. Dat hij Justin heette maakte het alleen maar makkelijk hem in te lijven. Ja, we waren toen alle drie verliefd op hem. Die man werd later dus jouw vader.'

Saskia keek me afwachtend aan. Wat wilde ze? Moest ik me in haar armen storten en haar snikkend bedanken dat zij mijn verwekker uitgekozen had?

'Toen hij onze achternaam hoorde, zei hij dat hij onze vader nog van zijn opleiding kende. We gingen het mammie meteen vertellen, maar ze had geen fut om naar hem toe te gaan. Elke keer als we Justin zagen, hoorden we hem uit. Hij was bokskampioen geweest en kon prachtig tekenen. We hebben voor hem geposeerd en de tekening aan mammie gegeven. Natuurlijk nooit meer teruggezien, weggegooid zoals alles van vroeger. We vonden dat ze mee moest om hem te bedanken, maar ze schaamde zich voor haar jappenbroek. Jana dwong haar bijna, zij was de postiljon, zij noemde Just gewoon bij zijn voornaam. Zoveel scheelden ze niet. Ze is nog bij de nonnen om een jurk gaan bedelen en toen ze nul op het rekest kreeg, heeft ze een laken van hun waslijn gestolen, dat heeft ze me later opgebiecht. Mammie maakte er een overgooier van.

Ze ontmoetten elkaar bij het pleintje, Jana had dat zo geënsceneerd. Mammie op de bank, je vader bij het hek en achter het prikkeldraad twee handelaars. En wij maar onze handen ophouden: gecondenseerde melk, een lap stof, een blikje chocola, alles op moeders schoot. Hij gaf haar ook een bloem en een brief en ze nam alles aan, maar mee uit dansen wilde ze niet. Dat vond ze ongepast. Ze wachtte op haar man, ze wist nog niet dat ze weduwe was en je vader vond ze maar een jongen.'

'Je hebt een goed geheugen,' zei ik, 'overgooier, zwarte schoenen, roestvlekjes op een ceintuur...'

'Juist de kleine dingen blijven je bij.'

'Je was zelf nog klein.'

'Vijf, bijna zes.'

'En toen al politiek inzicht.' Ik wantrouwde het hele verhaal. Ik zette de auto ruw in zijn eerste versnelling en reed naar het bospad, een paar honderd meter achter ons koloniehuis. Aan het eind van de doodlopende weg lag een parkeerplaats, maar ik stopte niet, ik scheurde vol gas het pad op. Ik stelde hier mijn eigen regels. Het zand stoof tegen de zijruit, de motor loeide. Als kind had ik hier vaak Duitsers uit het mulle zand helpen duwen, dit keer reed ik mezelf vast. We keken elkaar boos aan, wat mij betreft waren we uitgepraat en dat terwijl de wandeling nog moest beginnen.

'Ada heeft me dit verhaal verteld,' zei Saskia verontschuldigend, 'maar je weet hoe dat gaat, je hoort het en je beleeft het opnieuw. Het is ook míjn geschiedenis.'

Om aan mijn kille vragen te ontsnappen haalde ze plotseling een envelop uit haar tas en legde die op mijn schoot. 'De stem uit het verleden,' zei ze, 'hier, een brief voor jou.'

Mijn oude achternaam stond op de envelop, de familienaam van mijn vader. Zolang hij leefde, heette ik zo en ook later nog op school, maar zodra ik ging studeren, koos ik voor mijn moeders meisjesnaam. Ik wilde niet meer aan die man herinnerd worden en aangezien hij toch nooit met mijn moeder was getrouwd, had ik daar het volste recht toe. Ik dacht hem zo voorgoed uit mijn leven te schrappen. Bovendien was het geslacht van mijn moeder veel ouder. Behalve bastaard ben ik ook een snob.

'Hij is opengescheurd,' zei ik.

'Hij is naar Ada's huis gestuurd, naar het condoléance-adres, Maarten begreep het niet.'

'Van wie is het?'

'Lees, lees maar voor. Met een Indisch accent, dat kan je zo goed.'

'Geachte Heer,

Het kost me moeite u met heer aan te spreken omdat ik u als baby op mijn schoot heb vastgehouden, maar ik neem aan dat u flink gegroeid bent en ik hoop voor u dat u ook aanspraak op het woord "HEER" kunt maken. Allereerst wil ik u mijn deelneming met het overlijden van uw halfzuster betuigen. Ik herinner me Ada veel beter dan ik mij u herinner. Ada was een eigenzinnig meisje. U zult vast van haar gehouden hebben. De band tussen halfbroers en halfzusters kan heel intens zijn, dat weet ik uit eigen ervaring.

Het moet ook een shock voor uw moeder zijn, brengt u haar vooral mijn condoléances over. De reden waarom ik u schrijf is de volgende: waarom ondertekende u uw zusters overlijdensadvertentie niet met uw eigen achternaam? Waarom bedient u zich van uw moeders meidennaam? Al kon uw vader door oorlogsomstandigheden dan niet met uw moeder huwen, hij heeft u wettelijk erkend. Hij was bijzonder trots op u toen u geboren werd. Ik herinner mij dat nog heel goed want ik ben een halfzuster van uw vader.

U verloochent uw afkomst. Uit kringen rond uw moeder heb ik vernomen dat u zich geregeld laatdunkend over uw vader uitlaat. Ik begrijp dat u er geen prijs op stelt contact met de familie van uw vader te onderhouden, u suggereert tevens dat wij Indisch bloed hebben.

Uw vader was een hoogstaand man en een dapper militair. Een oud geslacht, gelieerd aan het gerenommeerde Leidse lakenhuis, al sinds 1827 in Batavia, en zuiver Arisch tot in het verste gelid.

Uw grootmoeder Didier, mijn moeder, was een Française uit een adellijk geslacht. Wij zijn absoluut niet Indisch. Dit moest mij van het hart. Hoogachtend,

Mevrouw E. Taylor-van Bennekom
P.S. Neemt u absoluut contact met mij op.'

'Wie is die engerd?' vroeg ik.
    'Volgens mij moet zij je tante Edmee zijn.'

'Edmee? Nooit van gehoord.'

'Ze woonde op Cyprus en was getrouwd met een Brits officier, oom Jeremy, een stijve man met snor en pijp. Ze zijn één keer bij ons aan zee geweest, zij was een mondaine vrouw. Dat je dat niet meer weet! Ik zal haar nooit vergeten want ze droeg een hoed met een voile voor haar ogen, heel chic.'

'En ook nog eens zuiver Arisch.'

'Je was vier, of vijf. Raar, nou ja, niet iedereen kan zich van die leeftijd iets herinneren. Misschien heb je het verdrongen.' Ze kon een bittere lach niet onderdrukken.

We lieten de auto in het zand staan, mijn drift was gezakt, maar daarmee ook de fut om hem weer los te duwen.

Tijdens de wandeling vroeg Saskia of ik een arm om haar heen wilde slaan. Ik deed het, al moest ik me inhouden haar niet van me weg te duwen. Ze was te duur gekleed voor de natuur, te opgemaakt, de weelde kleefde aan haar heupen. En dan die plooirok om haar reet, een kadet in een lampekap. Ik koos algauw voor de smalle zijpaden, waar het mul was en waar je elkaar moest loslaten.

De herfst was al in het duinriet gekropen, groen en geel wisselden in de wind, een droge zomer had de struiken rood gekleurd, de duindoorns bogen onder de oranje bessen. Voorbode van een strenge winter, meende Saskia, we vroegen ons af hoe koud het was in Canada en of Jana in de winter of in de Indian summer sterven zou. Ik gunde haar een dood in lauwe dagen, Saskia hoopte dat ze de sneeuw nog mee mocht maken.

Het was ons nooit gelukt het ergens over eens te worden. Als kinderen maakten we altijd ruzie: zij zag mij mokken voor een vol bord, verwend, in welvaart opgevoed. Ik voelde me buitengesloten en mocht niet delen in het Indische verleden. Zij was jaloers op mijn vrede, ik was jaloers op haar oorlog.

Maar het lag ingewikkelder, begreep ik in het theehuis waar we onderweg uitrustten. De zeenevel was onder onze jassen gekropen en we bestelden warme chocola en pannekoek. (In frituurvet gebakken. Ik liet de helft staan, zij at hem op. 'Ik kan geen eten weggooien,' zei Saskia. 'Ik wel, ik gooi elke dag eten weg. Dat is mijn offerande aan de welvaart.')

We kozen een tafel naast de open haard – het eerste vuur van het seizoen – en ik vroeg haar of zij en haar zusters er goed aan hadden gedaan mijn vader uit te kiezen.

'Hoezo? Hij zorgde goed voor ons,' zei Saskia.

'Hij vernederde je.'

'Soms, als ik iets misdeed.'

'Dertig seconden te laat aan tafel, zestig seconden te laat van school.'

'Hij was een man van de klok.'

'Hij sloeg als een klok.'

'Mij niet.'

'Goed, hij dreigde je en je slijmde met hem om zijn woede te ontlopen. Je masseerde zijn nek met tijgerbalsem, perste zijn broek. Je bedelde om zijn liefde.'

'Jij was jaloers.'

'Ja,' zei ik met volle mond, 'mijn vader was van mij, hoe gemeen hij ook was. Jullie speelden hem tegen mij uit. Of je heulde met hem als hij zijn woede weer eens op mij koelde en dan voelde ik me in de steek gelaten, of jullie maakten hem achter zijn rug belachelijk en dan schaamde ik me. Wie op hem neerkeek, keek ook op mij neer. En mijn vader genoot van dat spel, we kronkelden onder zijn hand.'

'Maar hij was ook bang voor ons. Als je hem aanraakte dook hij ineen. We hielden van hem en hij kon het niet verdragen.' Saskia keek me wanhopig aan, haar schouders angstig opgetrokken, de handen uitgestoken, haar hele houding smeekte om begrip. We begrepen dat we concurrenten in de liefde waren, daarom gunden we elkaar het licht in de ogen niet. Ik wreef met mijn duim over haar linkerduim, over het litteken dat mijn vader haar had toegebracht. Te veel met haar vork gezwaaid en pats, een tik met het kipmes. Een ongelukje, een driftige uithaal, meer niet, hij wist niet dat de scharesliep langs was geweest. Het gebeurde voor mijn tafeltijd, ik lag nog in de wieg.

Over één ding waren we het eens, voor het eerst: misschien vochten we nog wel het meest om onze moeder. Onze eeuwig verzoenende moeder, ziende blind en Oostindisch doof. Ze wist zich altijd aan de strijd te onttrekken, ze zweeg of suste ruzies en praatte ieder naar de mond, onverschillig wie gelijk had, ze zocht voor alles een excuus.

'Zij was nog het bangst voor hem,' zei ik.

'Ze durfde geen partij te kiezen,' zei Saskia.

'Als het erop aankwam wel, ze liet Jana achter zijn rug emigreren en hielp jou met extra schilderlessen.'

'Toen hij al op sterven lag ja, en het was niet eens haar eigen besluit, ze heeft er een medium voor geraadpleegd.' Een herinnering ontspande haar gezicht: 'Ik vergeet nooit hoe ze op een avond van een seance thuiskwam en me voor het slapen die bevrijdende woorden influisterde: Je moet naar de kunstacademie. *Moet*, zo was het letterlijk doorgekomen.'

'Waarom heb je die school eigenlijk niet afgemaakt?'

'Dat heb ik thuis nooit durven vertellen,' zei ze. 'In mijn tweede jaar kreeg ik een expositie in een galerie van een vriendin. Ik wilde iedereen laten zien wat ik maakte. Sepia was mijn kleur, ik werkte nog abstract, monochrome schilderijen op een groot wit vlak. Er lag geen idee aan ten grondslag, zo voelde ik de dingen toen, die kleur moest eruit.

Mijn vriendin had een van mijn composities op de uitnodiging gezet. Kort daarop werd ze door een vriend gebeld. Hij had de prent aan een Japanse vriend laten zien, die hem prachtig vond, hij was net in Nederland komen wonen en wou iets westers aan de muur. Mijn vriendin belde me meteen op, wat ik ervan vond, of die Japanner ook mocht komen? Prima, zei ik. Laat mijn oude vijanden maar dokken. Ik vond het reuze spannend. Maar toen ik die man op de dag van de vernissage gebogen naar mijn werk zag kijken, kreeg ik ter plekke een angstaanval. In een flits begreep ik wat ik met mijn schilderijen had proberen te zeggen: angst, opsluiting, atap muren, de gesloten deuren van de poort. Ik ben weggerend en heb dat werk nooit terug willen zien. Daarna durfde ik jaren niet meer te schilderen en toen ik later voorzichtig weer begon, maakte ik liever een veilig landschapje dan iets wat te dicht bij mijn gevoel lag.'

'Vandaar de verpleging.'

'Clean en wit.'

'En gehoorzaam aan mijn vader.'

'Ja en nee. Toen mammie naar een verzorgingsflat ging, vond ik bij de verhuizing een envelop achter in haar linnenkast. Er zat niks in, maar er stond wel iets op geschreven: Saskia moet naar de kunstacademie. Wat is dit? vroeg ik. Ach, nu kan ik het je wel vertellen, zei ze, maar wat was ik die avond van de seance verschrikkelijk geschrokken. Het medium kreeg een schriftelijke boodschap door, haar hand en pen werden door een hogere kracht bestuurd. Dit is het handschrift van je vader.

Ik weet dat je er niet in gelooft, maar ik denk dat mijn vader mij die doeken liet maken, hij wilde dat ik mijn angst uitschilderde, maar ik heb toen niet doorgezet. Ik wilde twee vaders gehoorzamen, de jouwe en de mijne.'

We namen de brede paden terug, mijn arm om Saskia heen geslagen. Ik trok een oranje schop van een brandpaal en groef een sleuf onder mijn achterwielen, ja jetzt geht's los, ook dat ging nog, en we duwden samen de auto uit het zand. Vier handen op de kofferbak, roze naast bruin en toch één met mijn moeilijke zuster.

'En, nog bericht uit het hiernamaals gehad?' vroeg ik mijn moeder thuis door de telefoon.

'Nee, niks bijzonders.'

'De geesten laten je toch niet in de steek?'

'We krijgen geen contact.'

'En die Hindoe van je seancevriendinnen, dat was toch een gezondene, kan hij geen lijntje leggen?'

'Dat was een oplichter, hij is er met haar tafelzilver vandoor. Nee, Ada is nu te moe.'

'Moe? Denk je dat ze haar stoffelijk omhulsel heeft meegenomen?'

'Natuurlijk niet, haar geest is moe. Vergeet niet, ze heeft een zware tijd achter de rug en dan die slaappillen.'

'Zeg, wie is Edmee?'

'Welke Edmee?'

'Ik heb hier een brief van een mevrouw die zich de halfzuster van mijn vader noemt.'

'Gut, ken je die niet? Zij is de jongste van het stel. Edmee is uit het tweede huwelijk van oma Didier, die is toen toch met een advocaat hertrouwd? Een Van Bennekom, advocaat van kwaaie zaken uit Batavia, hij had het verschrikkelijk achter zijn ellebogen. Gut die Edmeetje, dus die is ook weer boven water gekomen.'

De brief, Edmees verwijten, het was geen verrassing voor haar. 'Je kunt breken wat je wil, uiteindelijk zoekt familie elkaar toch weer op,' zei ze, 'het is een mystieke band, een mycelium-draadje met je bron.'

Doorhakken en omspitten, scheur je los van die gekken, spoel je geheugen met ongebluste kalk en vergeet je familie, vergeet ze voorgoed... het lag voor op mijn tong, maar ik wilde een goede zoon zijn en zei: 'Wat heerlijk om er een tante bij te krijgen.'

'Als je haar maar thuislaat. Ik hoef haar niet meer te zien.'

'Wanneer heb je haar voor het laatst gesproken?'

'Gut, eeuwen geleden, op je vaders begrafenis.'

'Hoe weet ze dan hoe ik over mijn vader denk?'

'Kom zeg, daar zeur je al je hele leven over, je laat geen gelegenheid voorbijgaan om dat rond te bazuinen, geen kampvriendin die het niet weet. Je hebt van die lui die alle reünies aflopen. En iedereen weet toch dat het niet botert tussen je vaders familie en de onze.'

'Iedereen behalve ik.'

'Ze vonden de meisjes te Ambonees. Waanzin. Justin van Capellen was de zoon van een Menadonese.'

'Waar gaat dit over?'

'Ambonezen zijn familieziek, enorme klitters. De Hollanders keken erg op ze neer omdat ze hier bij elkaar in kampen bleven wonen of met veertig man in één huis. Ach, je kent de broers en zusters van je vader, reuze op hun vel, ze voelen zich allemaal superieur. Na zijn dood wilden ze niets meer met ons te maken hebben.'

Hoe kwam ze erbij? Teer verwijt Pek dat het zwart is. Frisse familie. En dat hoorde ik nu pas.

'Je vaders kant geneerde zich voor ons,' zei ze opgewekt, 'jij was een onwettig kind en voor roomsen is dat een doodzonde. Daarom beschouwden ze je ook niet als een van hen.'

Ik wist niet wat ik er allemaal van moest geloven. Mijn moeder had de neiging de familiegeschiedenis telkens te herschrijven als er weer eens een weggemoffeld feit uit de vergetelheid naar boven borrelde. En het begon aardig te gisten. Sinds ze ouder en vager werd, sprak ze zich in haar leugens steeds meer tegen. Wie liegt en niet door de mand wil vallen, moet een goed geheugen hebben.

Mijn vader kwam uit een groot katholiek gezin, hij zei het zelf, dus dat nemen we maar aan: zes kinderen, en dan tel ik Edmee niet mee. Hij was de oudste en net tien toen hij zijn vader verloor. Iets met zelfmoord, maar het fijne was me natuurlijk nooit verteld, ik nam me voor mijn moeder ook over deze zaak uit te horen. Behalve mijn vader repatrieerden er nog een broer en twee zusters naar Nederland, de anderen bleven bij hun hertrouwde moeder en stiefvader achter in het naar onafhankelijkheid strevende Indonesië. Pas in de jaren vijftig, toen de omgeving hun daar te vijandig werd, emigreerden ze via Nieuw-Guinea naar Australië.

Omdat mijn vader al op jeugdige leeftijd het huis

uit werd gestuurd, onderhield hij slecht contact met zijn familie. Het verbaasde me dus niets dat zijn in Nederland wonende broer en zusters na zijn overlijden nooit meer iets van zich lieten horen. Familie, het kwam en het ging en ik miste ze niet, maar later, zo na het eerste scheren, werd ik toch nieuwsgierig. Waar zaten ze en wat konden ze mij over mijn vader vertellen? 'Geëmigreerd,' zei mijn moeder toen, 'de rest achterna, de hele clan zit in Australië.' Het klonk aannemelijk en ik liet het erbij.

Met mijn vader stierf ook Indië in huis. Mijn moeder wilde er niet meer aan herinnerd worden en dat kwam niet alleen door het kamp, maar vooral door de familierompslomp en alle lange tenen. In haar eerste huwelijk had ze al ervaren hoe moeilijk het was om in een bruine familie te trouwen, ze voelde zich nooit helemaal geaccepteerd. Hoezeer ze als jong Hollands meisje ook haar best deed Maleis te leren en zich de nieuwe cultuur eigen te maken, haar mans familie zag haar toch als een bedreiging en liet niet na haar fijntjes buiten te sluiten. Het was welletjes. Indië lag achter haar.

Weg dus mijn exotische ooms en tantes met hun rollende rrr-en en goudgele ringen en de klemtóón op de motór. De kris, de batiklap en de sterke verhalen gingen terug in de hutkoffer. Voortaan dampte er geen rijst meer op tafel, maar tot snot gekookte aardappel.

Mijn vader was altijd de kok in huis geweest. Hij was te arm om veel in te brengen, maar de wadjang en stoompan waren van hem, hij kon het tijdens de ruzies niet genoeg herhalen: zelf uit Indië meegenomen. Zondag was rijsttafeldag en elk kommetje klonk als een eiland: bami, lombok, sajoer, seroendeng, atjar, ketimoen, half-Portugees. De keuken was zijn archipel. Werk buitenshuis kon hij niet aan – 'mijn klep lekt, ja' – en soms had hij het zo benauwd dat hij middagen hijgend op de divan lag, maar hoe zwak ook, koken zou hij. Met een schort voor was hij tenminste nog iets van een vent.

Hij onderhield een ingewikkeld netwerk met Indische toko's die hem van boemboe en pisangblad voorzagen, noodzakelijk om zijn kleefrijst in te knellen. Mijn moeder mocht hooguit groentekoekjes bakken, geweekt brood met kliekjes. Na zijn dood proefden we waarom: ze kon absoluut niet koken. Pas als student op kamers ontdekte ik dat een gekookt ei vanbinnen niet blauw hoeft te zijn.

Mijn moeder verlangde naar overzichtelijkheid. Ze gumde mijn dode vader uit en voortaan was ik helemaal van haar en haar familie: taaie boeren, Waldenzen, zestiende eeuw. Maar als de Hollanders rot deden over de kleur van mijn zusters hoorde ik bij Indië.

Zo ging het en zo bleef het. Tot mijn moeders leugenwereld ruim een jaar geleden even dreigde in te storten. Een gezwel zat haar dwars en ze moest naar het ziekenhuis. Bang dat ze dood zou gaan gaf ze me de avond voor de operatie een langwerpige verzegelde envelop mee. 'Hier heb je recht op,' zei ze met een bleek stemmetje, 'je mag hem pas openmaken als ik er niet meer ben. Beloof je dat?' Ik beloofde het, maar mijn nagel krabde al aan de lak. 'Nee, kijk me aan, je moet het me plechtig beloven.'

Ik trok de deur achter me dicht en scheurde de envelop open. Er zat een officieel document in, met een oranje belastingzegel en een stempel van notaris Groeneweg, ook alweer jaren dood. Had onze weldoener ook wat met mij uit te vechten? Ik hoorde bedeltjes rinkelen en autoklokjes tikken. Misschien een legaat van een miljoen.

'Verklaring' stond er boven het document getikt en met de hand: 'Afschrift van Notariële acte. Opgemaakt te 's-Gravenhage, de tiende augustus negentienhonderdzevenenvijftig.' Een maand voor mijn vaders dood. Een bericht van de rand van het graf.

'Comparant verklaarde: "op dertig Januari negentienhonderdtweeënveertig, ben ik zonder het maken van huwelijkse voorwaarden en mitsdien in algehele gemeenschap van goederen in het huwelijk getreden met mevrouw Sophia Munting, voor zover bekend verblijvend in Indonesië, adres onbekend, terwijl geen zekerheid bestaat omtrent haar al of niet in leven zijn; op twee Maart negentienhonderdtweeënveertig ben ik met oorlogsbestemming vertrokken en heb ik nadien mijn genoemde echtgenote niet meer teruggezien; op zevenentwintig november van datzelfde jaar, tijdens mijn afwezigheid, is uit mijn genoemde echtgenote een tweeling geboren, wier wettigheid ik ontken maar welke ontkenning niet geldig verklaard kon worden omdat mevrouw Munting weigerde een acte van berusting af te geven; ----------

----

------------het is mij niet bekend of uit genoemde mevrouw Munting meerdere kinderen zijn geboren... -------"' Enzovoorts, enzovoorts.

Duistere zinnen, kon comparant niet duidelijker zijn? Toen ik de houtenklazentaal voor een tweede maal tot me door liet dringen – midden in de gang van de afdeling Chirurgie – merkte ik dat er aan het document een verrassing kleefde. Aan de achterkant zat een met de hand geschreven briefje vastgeplakt: 'Acte van ontkenning, 19 augustus 1951' had iemand in de kantlijn geschreven. Vermoedelijk het handschrift van de notaris, want de handtekening naast het stempel kwam in inkt en lijn met de overige regels overeen.

In deze akte liet mijn vader eveneens ontkennen de verwekker van de tweeling te zijn. Ondanks de bemiddeling van een advocaat in Batavia was het hem niet gelukt Sophia Munting tot andere gedachten te brengen: 'Een tiental brieven zijn uitgegaan maar mevrouw Munting heeft zich niet de moeite getroost te antwoorden.' Een eender lied met andere woorden, alleen: in deze akte kreeg het tweetal ook een naam: Roeliana en Roediono.

Circus KNIL presenteert.

Al tijdens mijn vaders leven wist ik dat hij voor de

oorlog in Indië was getrouwd, na de oorlog bleek zijn vrouw onvindbaar en om die reden kon hij nooit met mijn moeder trouwen. Ook het gerucht van kinderen was me bekend, maar die waren jaren na zijn vertrek geboren. De familieversie, tot zover niets nieuws.

Maar wat was dan de reden de envelop zo lang achter te houden? Dacht mijn moeder soms dat die kinderen wél van hem waren? Ik bestudeerde de verklaring andermaal: Maart '42 met oorlogsbestemming vertrokken... in november '42 worden Roeliana en Roediono geboren, krap negen maanden later. Mijn moeder kon ook rekenen. Ik stond paf.

Graag had ik rechtsomkeert gemaakt en haar eens flink naar de waarheid willen vragen. Wat maakte het uit dat ik mijn zojuist gedane belofte had verbroken, zij was ook niet in haar laatste leugen gestikt. Maar behalve boos voelde ik me vooral klein en vernederd: ze zag me nog steeds niet voor vol aan. Hoe was het mogelijk dat, nu ze haar buik opensneden, ik mijn vaders kinderen in mijn schoot geworpen kreeg? Een tweeling... twee wat? Zusters? Broer en zus? De broer die ik me vroeger altijd had gewenst? Een jongen met wie ik onder de dekens mijn dromen deelde, die me een kontje gaf bij het klimmen en me redde als ik te dicht langs het drijfzand liep. Die avond kreeg ik hem per uitgestelde post.

Misschien handelde mijn vader volkomen te goeder trouw en was hij de onschuld zelve – wie weet wat voor schandelijk leven Sophia Munting in de verwarring van de eerste oorlogsdagen leidde –- maar waarom deed mijn moeder er zo geheimzinnig over en waarom liet ze deze documenten zo lang liggen? Als ik die envelop niet had opengemaakt, zou ik het nog steeds niet hebben geweten.

Mijn moeder hield van afstand, onaangenaam nieuws liet je even liggen, zoals we ook een door de dorpsstroper gevangen haas lieten rotten voor hij de smoor in ging. Dit keer wachtte ze wel erg lang. Neus dicht en de gang uit.

Toen ik in de lift de papieren weer in de envelop stak, zag ik dat er iets in potlood op de buitenkant geschreven stond: 'Voor mijn zoon, opdat hij het later zal begrijpen.' Mijn vaders handschrift. Op dat moment wist ik het zeker.

Ik rende de parkeerplaats van het ziekenhuis op, vol energie om dezelfde nacht nog naar Indonesië te rijden – ik was zelfs zo dwaas bij een benzinestation naar een wegenkaart van het land te vragen –, ik wilde Sophia Munting opsporen, de tweeling omhelzen. Nooit eerder durfde ik erheen te gaan, bang voor valse sentimenten, bang om in het gezwiep van palmbladeren de klappen van mijn vader te horen, om te pedis te eten en mijn snottertranen echte te noemen. Bleef mijn moeder maar in de operatie, dan kon ik van haar centen een mooi ticket kopen.

Ze ging niet dood. Waldenzen worden honderd. Het gezwel bleek goedaardig en na een maand liep ze weer als een kieviet. Met haar kwaal verdween ook mijn boosheid, ik liet de zaak sloffen. Indonesië kon altijd nog, bij nader inzien was het me toch te veel het land van mijn vader. Familie, een nieuwe broer en zus? Het bleef half, van welke kant je het ook bekeek. En hoe minder ik ze zag, hoe beter het me ging.

Geen woord over de envelop natuurlijk. Een zegel op ons beider lippen. Familietrekje. Mijn naam was haas. Afstand. Adellijke afstand.

Wel liet ik door een jurist uitzoeken wat de rechtsgeldigheid van de documenten nu precies was. Nul. Notaris Groeneweg leende zijn naam en papier voor de goede zaak, een stempel en een klodder lak om mijn vaders gekwetste eer te redden. De papieren leken me eerder voor mijn moeder bestemd, troostbrieven om haar nog eens zwart-op-wit te laten weten dat zijn wettige vrouw Sophia Munting hem op alle fronten tegenwerkte. Een scheiding zat er op geen enkele manier in. Hij kon tot zijn spijt niet voorkomen dat zijn eerste vrouw ook zijn erfgenaam bleef.

Het was niet alleen om de schaamte van het concubinaat dat mijn moeder geen overlijdensadvertentie durfde te plaatsen, we mochten ook geen slapende honden wakker maken, misschien lag Sophia Munting ergens op de loer. Ze had immers recht op haar deel.

Een deel van niks, want wat hij naliet kwam uit mijn moeders portemonnee: een fototoestel, een horloge, dertig jasjes en broeken, een bundel dassen en twintig paar schoenen (mijn vader toonde graag zijn goede smaak en zij schikte zich daarin, de afdankertjes van haar antroposofische vriendinnen waren

haar goed genoeg). De jasjes gingen naar de Waldenzen. Zijn schoenen ontgroeide ik het eerst, in de om-
slagen zat nog de nodige rek en mijn hele puberteit
liep ik met een vouw in mijn broek.

De eerste weken na zijn dood durfde ik nauwelijks
naar buiten, bang voor de boze heks die op mijn dertig broeken aasde. Jana, te oud voor zulke verhalen,
vertelde ons dat Sophia Munting ook kinderen had,
dat wist ze al in Palembang, maar het gerucht werd
door mijn moeder terstond ontzenuwd: die eerste
vrouw was er met een andere man vandoor gegaan.
Ze had zich in de kali gewassen, en dat betekende in
Indië zoiets als scheiden voor de mohammedaanse
wet. Niemand wist er het fijne van, alleen dat zulke
gebruiken voor het ministerie van Overzeese Gebiedsdelen niet golden, daar was ons land te christe-
lijk en te fatsoenlijk voor. Eén ding stond vast: van ka-
liwater kwamen kinderen en die waren niet van mijn
vader.

Na de brief van mijn halve tante kwam de verontwaardiging over Roeliana en Roediono opnieuw in
alle hevigheid op. Ik had hun aanwezigheid al die tijd
afgedaan als een komisch nummer, maar dit keer was
de tijd rijp om open kaart te spelen. Te veel nieuwe
feiten lagen op tafel. Ik was benieuwd hoe mijn moeder zich hieruit zou redden. Eerst maar eens bellen,
misschien lukte het ons eerlijk te zijn als we elkaar
níet in de ogen keken.

Ik vroeg: 'Zeg, die Roeliana en Roediono, moet ik die ook tot mijn familie rekenen?'

'Wie?'

'De kinderen die mijn vader bij zijn wettige vrouw heeft verwekt.'

Ze vond me te grof, ik zei de dingen weer te hard en waar doelde ik op, over welke luitjes had ik het? Ze veinsde me totaal niet te begrijpen. Envelop, ziekenhuis, notaris... 'ja, ja,' zei ze vaag. Ze kon er ook niet boos om worden dat ik de envelop had opengemaakt. Leugenaars onder elkaar hebben nu eenmaal lak aan beloftes.

'Ik heb nooit geweten wat er in die envelop zat,' zei ze, 'hij is zo van de notaris in een la verdwenen.'

'Ja, ja,' zei ik vaag.

'Kijk me eens aan,' vroeg ik mijn moeder een paar dagen later toen ik haar in haar flat opzocht, 'je wist het toch?'

'Nee, heus, ik heb nog nooit van die Roedie en die Roelie gehoord.' En ook zij telde de maanden op de knokkels van haar hand. Negen. 'En nog wel op een zevenentwintigste geboren, zeven en twee is negen, Mars,' zei ze lachend, 'het is wel een getal dat bij onze familie hoort.'

Soms hield ik echt van mijn moeder.

Familie. Je wordt gemaakt, in liefde, geilheid of verveling. Je vreet je aan je moeder vet, je wilt eruit, de koek is op, de knapzak barst. Je scheurt je los, de stront komt mee en je laat haar bloeden van de pijn. Het eerste kamp ligt achter je.

En dan de klap om te horen of je leeft. Je pist. Kop onder de kraan, een bakerdoek en een warme adem die je haar droogblaast. In de armen van je moeder, een trap, tepel in je mond en zuigen maar. Je moeder huilt. Dit heet geluk.

Je vader is trots, hij tilt je omhoog, de wereld is te licht, duizelig licht. Je zusters komen om beurten in je knijpen. Verdomd, hij is echt, die gaat niet meer weg. Je hoort het niet, woorden zeggen niets en evenmin gebaren en grimassen. Maar voelen kan je, de liefde, de verwachting en de angst, een gloeikruik aan je voeten, een rubbermat en spelden in je luier.

Ze wegen je, acht pond twee ons, gevangen in een net, er worden distributiebonnen op je uitgeschreven. Je bent wat waard. Weer ga je de lucht in, balancerend op je vaders opgestoken hand, dit wordt je eerste foto. Je staat er huilend op, je bent geen held.

Je lust je moeders borsten niet, je spuugt, krijgt korsten om je mond. Je moeder voelt zich schuldig, ze was te zwak toen ze je baarde, daar komen kwakkelkinderen van. Je vader is teleurgesteld. Je houdt hem uit zijn slaap, bent bang in het donker en voor de schaduw die beweegt. Het is winter en je zusters wassen je met sneeuw. Zo word je hard.

Er stroomt een kwade wereld door je fontanel naar binnen. Je ziet je vaders ogen, zwart, ze dwingen je tot staan en vallen. Je eerste bult wordt met een koude rijksdaalder teruggeduwd. Je kunt het, één hand aan de box, de andere hoog uitgestoken: Mussolini groet zijn landgenoten. Dat wordt je tweede foto. Moeder troost je, suja suja, en de karnemelk is zuur.

Je groeit te snel, je schouders trekken krom. Je vader rekt je spieren op, je krijgt je eerste mep, maakt kennis met zijn stok. Je moeder naait uit zijn soldatenjekker een stekelige korte broek. Ze zetten je zijn pet op, je marcheert om de tafel op het tikken van zijn liniaal. Je zusters klappen met het ritme mee, je moeder kijkt vertederd toe. Je bent al bijna man, je bent al bijna zoals hij.

Familie, ze maken je kapot.

3

VERDUISTERD OOG

Canada riep. Saskia hoorde weer stemmen: Jana's einde was nabij. Sheila de astronaute gaf opnieuw een negen door, het kon in oktober of november zijn. Mijn moeder gokte op oktober. Ook al liet Jana's eerste kleinkind nog weken op zich wachten, zíj had haar koffer al gepakt, ze zag ertegenop twee keer te moeten rouwen, liever alle begrafenissen achter elkaar, zo bleef ze in de stemming.

Ik bedankte voor de eer, zonder mij zouden het sterven en baren ook wel lukken. Mijn oudste zus mocht dan mijn tweede moeder zijn geweest en mij de eerste levensjaren hebben geluierd en geschrobd, ze was een vreemde voor me geworden en haar toekomstige dood deed me niet veel, hoe tragisch ik het ook voor mijn moeder vond. Ik was negen toen ze overhaast getrouwd naar Canada vertrok. Sindsdien had ik haar maar twee keer teruggezien – voor mijn vaders sterven en voor mijn moeders ziekbed – en beide keren was ze met tegenzin overgekomen. Ik schreef haar nooit, haar kinderen kende ik niet en het weerzien met haar man Errol was me niet al te best bevallen. Wat moest ik daar? Haar jaarlijkse kerstbrief stond vol onnozelheden, de bijgesloten foto's deden pijn aan mijn ogen. Vette kinderen en een zorgelijke echtgenoot in een interieur van roodgevlamd Canadees eiken, met reistrofeeën aan de muur.

Errol zat jaren op de grote vaart, hij kwam ook uit Indië, een toffeesliert uit een koloniehuis aan de andere kant van de boulevard. Ons dorp wemelde van door de oorlog op drift geraakte mensen, het rijk had alle lege zomerhuizen voor hen gevorderd en waar 's winters dekens voor de erkerdeuren hingen, woonden de Indischgasten. Hoe meer dekens, hoe Indischer. Bij Errol bleef geen raam onbedekt. 'Maar we zijn helemaal Hollands hoor,' kon zijn moeder op verjaarspartijen niet genoeg herhalen. Resultaat: Jana kreeg in Canada twee Chinese kinderen, geel, met een door de wind weggewaaid neusje en een geheimzinnige plooi om de ogen. Die kolonialen rommelden maar raak.

Jana hield niet van Holland, zo ging het verhaal in huis, zij en mijn vader misten hun geboortegrond het meest: een vruchtentuin met manga- en djamboebomen, aarde waar je een afgekloven pit in liet vallen en die een oogst teruggaf, natte aarde, blaren en verrotting, de bruine geur van de eilanden. Ze konden maar niet wennen aan die Hollandse grijze luchten en gure winters aan zee, de dikke kleren en donkere huizen, niet mooi wit gekapoerd, zoals mijn vader dat noemde. Als wij 's zomers na vieren in de tuin thee dronken en de duinen achter ons gloeiden, mijmerden zij over lauwe zonsondergangen. De lingsir koelon, het mooiste licht in Indië, het uur voordat de zon wordt geslacht en rozerode schaduwen uit de struiken kruipen. Kasian, in onze regen kon je niet dansen en 's morgens dampten de bomen niet om het huis. En ja, in Indië was de hemel 's morgens groen.

'Die twee hadden altijd heimwee,' zei mijn moeder, 'ze konden samen snikken bij een oude foto. Jana is een rimboekind, ze is ver van stad en mensen opgegroeid, we trokken toen van buitenpost naar buitenpost. Ze was nooit een poppenmeisje, haar varkentje moest overal mee.'

De zomer na haar eindexamen trakteerde mijn vader Jana op een Solex-tocht door Nederland. Ze wilden zien wat ze in Indië op school uit hun hoofd moesten leren, door het groen-groen-knollen-knollenland van Roodeschool naar Roosendaal en de Koninklijke Militaire Academie in Breda, een kasteel met een slotgracht en flanerende cadetten, ja, ook daar moesten ze heen, en de Twentse bergen, de Holterberg, de Galgenberg, de Tankenberg, want ze verlangden zo naar ijle lucht en vergezichten. We zaten allemaal gebogen over de kaart, mijn vader trok een pirouettespoor van rode lijnen, dit was hun nieuwe vaderland, veel kleiner dan Sumatra, ze zouden elke uithoek gaan ontdekken.

Hoe teleurgesteld kwamen ze niet terug, een week regen en tegenwind, te weinig horizon en te veel hekken, en dan die bobbels in het landschap, dat mensen zoiets bergen konden noemen! Mijn vader plakte de reis in het familiealbum. Jana kleumde op alle foto's.

Na een paar natte weken en verdacht vaak Errol over de vloer had Jana haar besluit genomen: trouwen en emigreren. En wie deed het niet in die dagen? De melkknecht trok met zijn verkering naar Amerika, een joodse familie koos voor Zuid-Afrika, klasgenoten vroegen emigratiefolders aan, de voorlichtingsbus reed met een filmprojector langs de dorpen. Tien miljoen Hollanders op een kluitje, voor wie jong was en de ruimte zocht lagen de kansen overzee.

Jana ontving grote enveloppen met de post en de rijkste landen stuurden ook kalenders op. Ik hing een plaat met drie rode bergen boven mijn bed – The Three Sisters. Jana vulde samen met mijn moeder alle formulieren in en oefende in het geheim haar Engels bij de radio van de buren. Alleen Canada nam haar aan, daar letten ze niet op kleur. Mijn vader wilde er aan tafel geen woord meer over horen. 'Slecht voor zijn hart,' zei mijn moeder.

Een zomer later poseerde Jana in een witte jurk voor ons koloniehuis. Notaris Groeneweg reed het bruidspaar in zijn zwarte auto. Een andere trouwfoto vond ik niet in het familiealbum. Geen selamatan, geen ooms en tantes, beide families wilden het sober houden. Mijn vader was te ziek voor feest. De dokter gaf hem wekelijks injecties. 'Hij had zich erbij neergelegd,' vertelde mijn moeder later, 'de medicijnen hielpen goed.'

Een vrachtwagen bezorgde een krat voor de overtocht en Errol timmerde een deksel in de gemeenschappelijke gang. Mijn moeder breide dikke truien, Jana hield een strooptocht door de kasten: Waldenzer zilver en zondagse borden met een gouden rand, beddegoed, de pannen van het Rode Kruis, al onze rijkdom verdween in het krat. Els Groeneweg kwam een Makkummer spaarvarken brengen, je zag de rijksdaalders door de spleet. Jana moest beloven dat ze hem stuksloeg, scherven brachten geluk. Onze grootvader gaf twee albums oude foto's mee, ook daar stond Jana overal op. De buren bleven niet achter, iedereen droeg bij. Ik klom dagelijks op de keukentrap om te zien hoe vol haar schatkist werd.

Mijn vader lag op de divan, bitter dat zijn oogappel hem ging verlaten. Zijn lippen trilden blauw. Errol was toch geen partij voor Jana, een jongen uit een huis met dekens voor de ramen! Wat een weekheid en een onfatsoen, wij trotseerden de Hollandse tocht. En wat kon zo'n jongen, wat moest je met zeevaartschool in Canada? Hij mompelde zijn woede weg en aan tafel vaardigde hij nieuwe regels uit: geen getimmer meer in huis, absolute stilte op de gang. Maar de verhuizing duldde geen uitstel, de bootreis was al geboekt.

Errol klom op het krat, bond een washand om de hamer en sloeg plank voor plank het deksel vast, ik gaf de spijkers aan en Jana propte de houtwol terug. De hamerslagen weerkaatsten in de gang. Ik kromp bij elke tik ineen en bewonderde Errol om zijn moed. Jana giechelde van de zenuwen.

We hoorden hem niet, maar plotseling stond hij achter ons, ongeschoren en wankel van het lange liggen. Twee vuisten bolden in de zakken van zijn kamerjas, zijn zwarte ogen brandden in zijn hoofd. Zonder een woord te zeggen liep hij op Errol toe. 'Kom van die kist af,' commandeerde hij. Errol legde zijn hamer neer en sprong naar beneden. Mijn vader greep hem bij zijn kraag, haalde rechts uit en sloeg hem op beide wangen, met vlakke hand, zo sloeg hij altijd, zijn vingers gloeiden wit op Errols konen. Ik schaamde me, maar was ook opgelucht, zelfs grote jongens lieten zich door hem slaan.

Het werd een pijnlijk afscheid, mijn vader sloot zich op in zijn slaapkamer en Jana wilde niets meer van hem weten. We aten dagen groentekoekjes. Errols ouders groetten ons niet meer, mijn pa was mataglap, zeiden ze. Zo leerde ik mijn huismaleis: *mata gelap*, verduisterd oog, een blinde woede waarbij het je zwart voor de ogen wordt.

Toch moet mijn vader een foto van hun vertrek hebben genomen. Mijn moeder heeft hem nog, weggestoken achter in haar album. Het jonge paar met koffers en krat voor een vrachtwagen. Errol kijkt weg, Jana strak in de lens. Onzeker, maar mooi. Als ik me haar zo voor de geest haal, raakt ze me meer dan ik toe wil geven. Ze was mooi, de mooiste moeder in huis, dat wel.

De ochtend dat mijn moeder met Saskia naar Canada vertrok, schrok ze op uit een vreemde droom. Ze belde me er al vroeg voor uit bed: 'Het stormde en je vader spande twee reddingspaarden in, jij keek toe in je oliepak. Je klom met moeite in de sloep, zo klein was je. Je vader pakte de roeispanen en de paarden trokken jullie door de branding. De golven spatten over je heen en toen de zee kalmer werd en de paarden terugzwommen, zag ik dat jij de oudste was en Aram het kind. Jullie roeiden samen weg. Vreemd, alsof de golven jou tot een volwassen man hadden gewassen. Je haar was grijs van het schuim.'

Godzijdank niet kaal, dacht ik.

'Denk je dat het iets betekent?' vroeg ze.

'Dat ik onder geen beding naar Canada ga en hier blijf om op Aram te letten. Ik zal als een tweede vader voor hem zijn, een rots in de branding.'

Ze vertrok gerustgesteld naar Canada.

Ik ging een zondag met Aram naar het strand, sinds de begrafenis had ik niets meer van me laten horen.

'Weet je wat ik zo gek vind,' zei Aram in de auto. 'Dat ik Ada helemaal niet mis.' Zijn zeiljas kraakte en zijn zaklantaarn lag op zijn schoot; we zouden naar de oude bunkers gaan.

'Misschien komt dat nog. Ik miste mijn vader pas toen ik niet wist hoe ik me moest scheren.'

'Wat zou ik moeten missen?' Zijn rechterhand streek even langs zijn wangen, ik zag het in mijn ooghoek, zoals ik ook de vlekken op zijn broek zag, zijn ongepoetste schoenen en zijn vuile nagels.

'Muziek, jullie speelden toch mooi samen?'

'Ik heb mijn hoorn al weken niet aangeraakt. Als ik oefen moet ik aan haar denken en dat wil ik niet. Is dat erg?'

'Hoe bedoel je?'

'Ik vind het soms wel een beetje fijn dat ze er niet meer is.' Aram stootte me aan, trok de rits van zijn jas open en liet me zijn T-shirt zien, een ridder in een harnas, uit zijn vizier kroop een bloedende slang. Rubber opdruk, het kostte me moeite mijn ogen op de weg te houden en ik móest er even aanzitten. De slang kleefde. '*Evil Sabbath*, van mijn eigen zakgeld gekocht.'

'Zou Ada dat echt erg gevonden hebben?'

'Ze was bang dat ik er doof van werd. Ze haatte heavy metal, ordinaire muziek vond ze het, fascistisch geschreeuw. Stom, wel een mening maar niet luisteren, ik mocht haar nooit eens laten horen wat ze nou echt zingen. Pieter en ik smokkelden de cd's naar boven en dan speelden we ze heel zachtjes. Bij hem thuis mag het wel hard. We zijn juist tegen geweld, we laten de wereld zien zoals hij is. Dat hell en devil is alleen maar voor de schrik.' Aram keek stil uit het raampje. Er stond een flinke wind, de jonge helm sloeg plat tegen de duinen, maar het was een heldere dag en de zon blikkerde op de motorkap. 'De laatste jaren waren niet zo leuk, mijn moeder maakte zich over alles zorgen.'

'Ook over jou?'

'Over mijn vader en mij. Ze vond me brutaal. Maar Maarten kan niks en ik mag niks. Ik moet bij hem zitten, mijn huiswerk maken en thuisblijven. Ik praat te hard, loop te hard, eet te snel, ik mag 's avonds geen muziek maken, hij kan nergens tegen. Mijn vader is een hele oude man.'

'We zijn even oud, geloof ik.'

'Maar hij is ziek, hij durft niet eens langs het strand te lopen.'

Ik zette mijn auto voor het hek van het moffenpad, een steenslagspoor naar de bunkers achter de zeereep, verboden terrein tegenwoordig, in bezit genomen door de waterleiding. We trokken ons er niets van aan, prikkeldraad omhoog en bukken, deze duinen waren van mij, ik kende deze grond, het drijfzand naast de grasmoerassen, de onderaardse kolken die na een storm soms bovenkwamen, niet ongevaarlijk, maar daarom juist, deze leegte zat voor altijd in mijn kop gekaart. Als we aangehouden werden zou ik de duinwachter op mijn grondrecht wijzen.

Aram stoof voor me uit, naar links, naar rechts, als een hond voor de jager. Hij was blij een dag van zijn vader verlost te zijn. Aan Ada's ziekbed had hij moeten beloven goed voor hem te zorgen, hij bracht elke week de was naar de wasserette, een grote tas vol, want Maarten plaste een beetje in zijn broek, en 's avonds moest hij zijn vader voeren. Alleen de laatste happen, als de lepel hem te zwaar werd. We wisten allemaal dat het zo niet langer kon. Maar Maarten

wilde van geen verandering weten. Één door mij mee-
gebracht vederlicht wegwerpbestek wierp hij in de
vuilnisbak. Liever dood dan plastic. Alles bleef bij het
oude. Saskia kwam tussen haar therapie door wat helpen, mijn moeder legde de kaart met haar vriendinnen en las dat deze toestand voorlopig toch de beste
was.

We liepen over de fundamenten van de bunkers, ze
waren afgebroken, half in het zand lag nog een gebla-
kerd stuk beton. Wat hadden we hier een fik gestookt
met de zomerwezen uit de stad en het vuur met liters
plas geblust en onze pikken opgemeten. Nog rook ik
de pis. 'Ik had best soldaat in de oorlog willen zijn,'
zei Aram, 'bunkers bombarderen.'

'Met mensen erin?'

'Nou, dat hoeft niet, bloed lijkt me erg griezelig.
Maar schieten is mooi, boem, alles in puin.' Hij rende
om de brokstukken heen en liet twee volle handen
zand in de wind opwaaien. Waar het neerviel, glin-
sterde iets in de zon. Ik bukte en raapte een koperen
huls op.

'Uit de oorlog?' vroeg Aram.

'Of van een stroper.'

'Ik denk dat het een Duitse kogel is. Mag ik hem
hebben?'

Ik blies hem schoon en liet horen hoe je erop flui-
ten kon door langs de rand van de huls te blazen. Een
ijzige toon klonk over het duin, ik was het nog niet
verleerd.

'Een Wunderhorn,' zei Aram. Hij stak de huls in

zijn broekzak. 'Ada vindt dit vast niet goed, ze hield niet van oorlog.' Hij keek me ernstig aan. 'Soms ben ik bang dat ze me ziet en dat ik haar pijn doe.'

'Dood is dood. Doden kunnen niet kijken en hoe ouder je wordt, hoe meer hun gezichten voor je vervagen.'

Ik zei het zo beslist als ik kon, daar in mijn vale duinen, waar het zand en de wind mijn ogen deden tranen. Ik hield van deze leegte die mij telkens naar zich toe zoog en waar het ondergrondse vol gevaar en kolken zat, ik liep er het dichtst bij mijn vader.

We stormden het duin op, Arams zandhand in de mijne, we vielen en kropen naar de top, achter ons lag de wildernis tegen de dennenzoom en voor ons een schuimende branding. Er dook een zwarte vlieger boven het strand op en neer, twee jongens dansten onder aan het touw. We gingen zitten, schouder aan schouder, het zand pikte tegen zijn zeiljas. Met deze wind bond ik briefjes aan mijn vliegertouw, hemelbrieven aan mijn dode vader. Ik hijgde en kreeg een hoestbui, sinds Ada's dood rookte ik er weer stevig op los. Het kon me niets meer schelen, ik had gezien waar een gezond leven toe kon leiden. Ik moest bijna kotsen van benauwdheid, god, wat voelde ik me oud, en toch maakte ik me geen zorgen. Ik was te blij dat ik geen kind meer was.

Nadat ik Aram voor zijn somber huis had afgezet, vroeg ik me voor de zoveelste keer af of ik niet toch voor hem moest gaan zorgen. Ik had het idee al even vaak verworpen. Mijn vriendin zag me aankomen, ik liep al acht jaar achter haar aan, maar ze vluchtte de halve wereld rond. Ze was literair agent, eeuwig lezen en een zoentje tussen de regels door. Om een nieuwe zoon zat ze niet verlegen. Bovendien hield ze niet van problemen, sinds Ada's overlijden liet ze zich maar weinig zien. Ze stuurde elke dag een briefje met de fax (haar meest gebruikte woord was 'straks'). Ik deugde niet voor regelmaat en kinderen; trouwens, ik woonde ook te klein. Aardige oom op afstand, meer bracht ik niet op.

En toch, wat zou het niet een mooie wraak op vroeger zijn, een kind opvoeden en nooit slaan. Maar heavy metal in mijn huis, graffiti op de muur? Zou ik in staat zijn hem vrij te laten in zijn smaak? Ik zou het slechte voor hem willen weren en hem daarmee in zijn vrijheid beknotten. Het ontbrak me aan geduld hem zijn eigen fouten te laten maken. Mijn vriendelijkheid was een pose, ik kende de dwang achter mijn stem, de verzwegen vloeken, het zwart in mijn ogen en mijn ingehouden drift. Ik kon niet eens voor een hond zorgen.

Wat was ik niet van mezelf geschrokken toen ik een paar jaar geleden een jonge hond in huis nam, een wandelvriend voor in de duinen, een harig kind dat regelmaat in mijn dagen bracht. Hij had twee kruinen op zijn kont, twee ogen leken het wel, zo hield hij me altijd in de gaten, al keek hij bij elke top of bocht braaf om of ik wel volgde. Ik noemde hem Janus omdat hij twee gezichten had.

Met Janus moest het beter gaan dan met mijn eerste hond, een speelse bastaard die nooit aan een echte naam was toegekomen. We woonden nog aan zee en ik vond hem op de waterleidingvlakte, waar de wind het drijfzand met een droge ribbellaag bedekte. Geen idee hoe hij daar kwam, ik hoorde hem janken, lang en hoog, al van ver riep hij om hulp, en toen ik aan kwam rennen had hij zich al tot zijn buik vastgegraven, hij dreigde in zijn eigen kuil te zinken. Het was gevaarlijk op die vlakte, één stap en de grond zoog aan je schoenen, alleen langs de aangeplante helm was het veilig, waar het zand voldoende was ingeklonken. Daar liepen de stropers ook.

De hond gleed tot zijn voorpoten in het drijfzand, ik hield me met één hand aan de helm vast en probeerde hem zo dicht mogelijk te naderen. Ik hing boven het ribbelzand en met mijn andere arm hengelde ik een tak voor zijn bek. Het dier beet zich vast, maar de tak roetsjte telkens uit zijn tanden. Hij proestte de rafels uit en zakte weer verder, uiteindelijk gaf mijn gedroomde broer hem toch een zetje en trok ik hem met een ruk naar me toe. Zijn likken rook naar vis en hij liep dankbaar achter me aan.

Verder dan de gang kwam hij niet, geen stinkdier in het koloniehuis! Hij liet zich niet verjagen en wachtte braaf onder ons keukenraam. We gaven hem te eten, ook mijn moeder en mijn zusters vonden hem lief. Na twee dagen klopte mijn vader een teil met zeepsop, we wasten hem en hij mocht blijven. Een hond, een hond, wij hadden een hond die konijnen ving en die aangespoelde vissen vrat. Een vriend met wie ik vluchten kon, we gingen samen de geheime bunkergangen in.

Maar in huis hield hij zich niet aan regels en manieren, mijn hond was een alleskluiver. Een pyjamabroeken- en pantoffelvreter met een voorkeur voor mijn vaders dure schoenen, het was een echte jutter, hij zette zijn tanden in alles wat hij vond. Toen hij er na dreigen en slaag niet mee ophield, gaf mijn vader hem aan de strandvonder mee, die zou hem een dorp verderop aan de vissers geven. Het was besproken en begrepen, een duinhond kon niet tegen muren, bij de vissers van het noorderstrand had hij beslist een beter leven.

Een paar dagen later kwam ik hem weer in de duinen tegen, alleen en stinkend. Hij herkende me en liep kwispelend mee. Maar dit keer was mijn vader onverbiddelijk: geen water, geen kom rijst, niet eens een doos voor de nacht, niks kasian, hoe ik ook smeekte. Nog dezelfde avond bracht hij hem terug naar de strandvonder en die heeft hem achter in de schuur in een jutezak verzopen.

Mijn nieuwe hond mocht schoenen kluiven zoveel hij wilde en hij kreeg zelfs een aai als hij op het strand zijn rug in een kadaver wreef. Janus was een hondenhond, hij hield wel van me, maar hij hield nog meer van honden. Hij wilde altijd met ze spelen en als hij thuis in mijn werkkamer lag, luisterde hij met gespitste oren naar een verre blaf. Mijn binnenleven was hem veel te saai, hij zuchtte onder mijn bureau, gaap-

te, geeuwde, liet stinkende winden en keek me smekend aan tot ik hem mee naar buiten nam, naar de
hondedrollenwei, lekker snuiven en dansen om de
sporen van zijn vrienden. Janus kwam uit een kennel,
hij was gewend aan veel geblaf en aan dringen om de
voerbak. Hoe meer honden om hem heen, hoe geluk-
kiger hij keek.

De stilte thuis beklemde hem en hij weigerde te
eten. Het fijnste blik, de malste biefstuk, Janus bliefde
het niet. Ik maakte me zorgen en mijn hond voelde
het, zodra ik naar de keuken liep vluchtte hij weg. Hij
vermagerde zichtbaar.

De dierenarts adviseerde gedwongen voeding en
daar zat ik, op mijn knieën, een tube vleesprut in mijn
hand. Janus hield zijn tanden op elkaar, aaitjes, lieve
woorden hielpen niet. Mijn handen trilden, ik duwde
de tube achter zijn hoektanden, voorzichtig eerst en
langzaam harder. Ik kneep in de zijkant van zijn kaken, zijn wangen stulpten over zijn lippen en ik sloeg
hem. Scheldend, schreeuwend, links en rechts op kop
en kaken, ik sloeg hem met de vlakke hand.

De keuken zat onder de smurrie en Janus jankte
achter het fornuis. Hoe ik hem ook als een dwaas
mijn excuses aanbood, hij kwam er niet meer achter
vandaan. Na uren kroop hij doodsbang te voorschijn,
ik troostte hem, probeerde hem nogmaals te voeren,
aaide, aaide en toen sloeg ik weer. Ik haatte mijn handen, ik haatte mijn drift. Ik wilde hem groot en vet
slaan.

'Overlaad hem met liefde,' zei een hondenkenner

bij wie ik te rade ging, 'eens zal hij eten, geen hond hongert zich dood.' We probeerden het opnieuw, zoethond braafhond, maar het lukte niet. Tot ik ontdekte dat Janus wel samen met andere honden at. Ik nam zijn voer mee naar het hondenweitje en langzaam kreeg hij daar de smaak te pakken. Pas na weken at hij ook alleen.

Thuis nam hij nooit een hap waar ik bij was en als ik toch keek, al was het door een kier, dook hij schuldig achter het fornuis. Het vertrouwen was voorgoed geschonden. Ik hield van hem, dat dacht ik tenminste, maar twee zomers later gaf ik hem aan een hondenrijk gezin. Janus keek me te schuldig, en als ik terugkeek draaide hij zijn kop van me weg. Hij was bang voor het zwart in mijn ogen en door zijn ogen werd ik bang voor mezelf.

Het huis van Els Groeneweg lag ook aan een duin, maar dan de versteende duinen van Zuid-Holland, waar door hebzucht elke zandkuil was verkocht en volgebouwd. Nu woonden alle rijken er even lelijk.

Haar huis rook naar een ouderwetse zondagmiddag, de sajoer kerrie krulde door de gang en de spekkoek stond op tafel. 'Alleen een kopje thee,' had ik haar door de telefoon gezegd, eenmaal binnen moest ik blijven eten, haar man was op zakenreis en ze wilde me verwennen. Ze wist dat het afliep in Canada en dat het aan me knaagde dat ik niet was meegegaan. 'Ik heb in gedachten ook voor Jana gekookt,' zei ze, 'we zullen dicht bij haar zijn.'

Els liep van de keuken naar de tafel, ging zitten, vouwde haar benen over elkaar, stond weer op, rende naar de gang, en in het voorbijgaan tekende haar jurk de hoeken van haar heupen. 'Ik word oud,' zei ze, want ze vergat de lepels en de diepe borden.

Ik zuchtte bij het zien van haar dansende blonde haar, haar rimpellach en hazelnootogen. De dalende zon spoelde door het grote raam naar binnen, het leek alsof we samen in een oude foto zaten, zo lui trok de schaduw langs de witte muren, en de kleine palm in de rieten mand groeide in het late licht. Haar kamer was een tropenkamer.

Ik woog de lepel in mijn hand en zat stil verliefd te wezen. Erger nog, ik wou heel klein bij haar zijn, bloot op haar heupen liggen, mijn adem tussen haar borsten blazen en haar benen om mijn dijen voelen. Ze zwierde om de tafel en haalde een ingelijste tekening van de muur.

'Ken je dit?' vroeg ze.

'Dat ben jij toch?'

'Zie je niets bijzonders?'

De potloodlijnen waren scherp en dun en ik moest de tekening schuin naar het licht houden om de contouren goed te kunnen zien. Ik vond het maar een matig ding, ook al waren mond en ogen goed getroffen, ze moest het zijn.

'Heeft je vader gemaakt,' zei ze, 'zijn handtekening zit onder het passe-partout.'

Hoe lenig zijn hand ook was, het was hem niet gelukt Els' springerigheid te vangen; ze zat getemd onder het glas.

'Hij kon goed tekenen,' zei ze.

'Natekenen.'

'Heb jij niks van hem?'

'Nee, bij ons heeft hij de muur nooit gehaald.' Ik voelde me betrapt, raar dat iemand bewonderend over zijn tekeningen sprak terwijl wij er thuis op neerkeken. Zelfs zijn aardige dingen moffelden we weg.

'Kijk niet zo streng,' zei ze, 'ik dacht dat je het leuk zou vinden.'

Na de sajoer leidde ze me naar een hoek van de kamer waar een kabinet vol foto's stond, haar leven in een zilveren lijst. We bewonderden haar vader voor zijn zwarte Rover, Els in haar MG, moeder naast broer Joost in luchtmachtuniform, een kromgetrokken grootmoeder in sarong en kabaja, de honden en de poezen, drie planken uitgestald geluk. Ze pakte een kleine foto op: Els en Jana in zomerjurk, een varken aan een touw tussen hen in.

'Fort de Kock, vlak voor de oorlog,' zei ze.

'Ik wist niet dat je Jana al zo lang kende?'

'We zaten in dezelfde klas. Onze moeders tennisten samen. We waren onafscheidelijk, we hebben de jappen zien binnenmarcheren in hun gele flodderuniformen en samen al die soesa meegemaakt: ramen afplakken met verduisteringspapier en naar school met een wadjang op je hoofd en een gummetje tussen je tanden voor de bommen.'

Els opende een la en trok een vergeeld katoenen lapje uit een doos met losse foto's en papieren, ze snoof eraan en probeerde het om haar rechterpols te schuiven. 'Mijn kentekenbewijs,' zei ze, 'moesten we buiten van de jappen dragen, mijn moeder heeft er nog een stukje aangenaaid zodat ik het als een identiteitsbandje om mijn arm kon doen.'

Eliza Groeneweg stond er in drukletters onder een opgenaaide rode bol met een witte ster in het midden. Het nummer en de Japanse karakters waren nagenoeg verbleekt. Ze schoof het bandje verder om haar arm. 'Toch iets vetter geworden,' zei ze toen het bij haar elleboog bleef steken. 'Ik heb alles nog uit die tijd. Voordat wij het kamp ingingen heeft mijn vader een koffer vol aktes en paperassen bij een van zijn klerken achtergelaten. Na de oorlog kreeg hij alles weer terug, stom geluk.' Ze trok de la uit het kabinet en zette hem op de tafel. 'Kijk, Jana's smokkelbriefjes.' Ze hield een hand papiertjes op.

Kattebelletjes over eten, wat ik er zo in de gauwigheid van zag, klachten over rotte groente, stinkvlees, van alles te weinig, nooit meer kenjang – 'genoeg', vertaalde Els toen mijn wijsvinger bij dat woord bleef steken.

'Je bent een echte totok, hè, jij weet niets. Hier, er zitten hele leuke bij, over het verschil tussen onderluizen en wandluizen, het was haar taak die dingen dood te knijpen. Ze schrijft ergens dat ze naar bittere amandelen ruiken.'

'En daarna?' vroeg ik ongeduldig. Ik wilde alleen maar weten waarom Jana uit Nederland was weggevlucht.

'Ach, dit is een heel verdrietig briefje.' Ze las door zonder op te kijken, 'hier zegt ze dat ze me mist.' Ze wreef het kippevel van haar armen. Ik bestond niet meer. '...kalm maar Janaatje, kalm maar, ik kom eraan...'

'Maar jullie zaten toch bij elkaar in het kamp?' vroeg ik voorzichtig.

'Pas later. Zij ging veel eerder dan wij. De meeste Europeanen waren al opgepakt en in een paar grote huizen ondergebracht, jouw moeder en zusjes ook. Warrige dagen. Ajò, ik weet het niet meer zo goed. Er werden mannen opgepakt, maar er waren ook families die schuilkelders in hun tuin groeven om onder de grond op de Britten te wachten, ze zouden ons elk moment bevrijden, dat was het gerucht. Wij bleven gewoon in ons eigen huis.'

'Maar waarom smokkelden jullie dan?'

'Ons gezin hoefde niet te worden geïnterneerd. Wij hadden aan twee kanten een Javaanse grootmoeder en waren dus officieel Indo-Belanda's, pseudo-Nederlanders, halfbloeden. De jappen hielden zich daar op Sumatra niet zo aan, maar mijn vader kon dat met zijn gezag ook allemaal bewijzen. Papieren, zegels, stempels, daar waren de jappen gek op. Voor de oorlog stopte iedereen zijn inlandse oma's in de doofpot, maar onder de jap wisten de mensen niet hoe gauw ze ze te voorschijn moesten toveren.

Ik mocht twee keer in de week eten naar je moeder brengen. Kijk, hier bedankt Jana voor de oebies met geraspte klapper.' Ze zwaaide met een briefje dat in een mum onder een nieuwe stapel verdween.

'Was dat niet gevaarlijk?'

'Het mocht natuurlijk niet, maar ik kreeg buiten minder last dan mijn moeder, die zag er te Hollands uit en werd de hele tijd aangehouden. Ik huppelde overal tussendoor. Bij de meeste Japanse soldaten kon ik wel een potje breken, als ik maar netjes voor ze boog en mijn bandje droeg. Ik was de ramboet dja-goeng in de familie, maishaar en de jappen hielden van jong en blond.

Ik bracht pannetjes eten naar een Chinese winkelier die weer de officiële bevoorrader was van het huis waar je moeder en zusters de eerste weken geïnterneerd zaten. De Chinees gaf mij nieuwtjes voor mijn vader mee, want onze radio was verzegeld, en ik schreef ze weer voor Jana op, over de geallieerden die Duitsland bombardeerden en ook de dingen die ik zelf had gezien, zoals het verbranden van onze schoolboeken door de jappen.

Lang duurde het niet, ik werd opgepakt en mijn vader moest uren soebatten om me los te krijgen. Mijn broers hadden minder last, die waren donkerder. De jappen rampokten ons huis, er kwam geen geld meer binnen en we raakten hoe langer hoe geïsoleerder. Jana was al lang vertrokken. Geen inlander durfde ons nog op de pasar te helpen, bang ja. Mijn vader had een keer gezien hoe een groep Hollanders uit een noodkamp in vrachtwagens werd weggevoerd, bestuursambtenaren en mannen van zijn werk, toen ze hem herkenden scholden ze hem uit voor landverrader. Dat heeft hem erg geraakt. Vooral de jonge Indonesiërs waren erg vijandig, iedereen liet ons in de steek, en mijn ouders voelden zich schuldig tegenover de mensen die wel het kamp in moesten. We wisten niet meer waar we bij hoorden.

Op een dag werd een kennis door een groep jappen op straat aangehouden. Hij had niet diep genoeg gebogen en om hem een lesje te leren sloegen ze met een geweerkolf zijn tanden uit zijn mond. Nog diezelfde avond heeft mijn vader ons bij de autoriteiten aangemeld. Wij zijn letterlijk het kamp in gevlucht, via een omweg belandde ik met mijn moeder in Bankinang. Alle spanning viel van ons af, eindelijk veilig. Jana en ik waren dolblij elkaar terug te zien.

Mijn broers gingen met mijn vader naar een mannenkamp, maar die kregen een heel andere ontvangst, pa werd voor verrader uitgemaakt. Laatkomers zoals hij werden de eerste weken heel slecht behandeld door de Hollanders. Daarom heeft hij het na de oorlog zo voor je moeder opgenomen, als iemand wist hoe gemakkelijk mensen met hun oordeel klaarstaan dan was mijn vader het wel.' Ze pakte de la op en schoof hem terug in het kabinet: 'Zo, kastje weer dicht.'

'En de Canadese brieven?'

'Daar word je ook niet vrolijk van. Jana had gelijk dat ze vertrok, mijn broers hielden het hier ook niet uit, die zijn meteen na hun diensttijd geëmigreerd.' Ze sneed een punt spekkoek af en nam een muizehapje. 'Iets te zoet,' zei ze, 'had ik maar geweten wanneer je moeder naar Canada ging, dan had ik haar nog een spekkoek kunnen meegeven. Kasian, zo ziek en mij er geen woord over schrijven.'

'Hebben jullie het contact verloren?

'Zo half. De laatste jaren kreeg ik alleen nog een kerstbrief. Ach, je weet hoe dat gaat. We herinnerden elkaar te veel aan dingen die we liever wilden vergeten.'

'Het kamp.'

'Holland, vooral Holland, denk ik. Na de oorlog had ze het hier heel moeilijk. Vergeet niet, Jana en ik waren ouder dan onze leeftijd toen we uit Indië kwamen, we hadden gewerkt, voor kleuters en zieken gezorgd. We waren eigenlijk volwassen. Mijn moeder behandelde me als een gelijke in het kamp, ze was mijn vriendin, ze betrok me bij alle problemen.

In Holland moesten we weer in de maat lopen. Onze ervaring telde niet mee op school, we werden als domkoppen behandeld en waren verschrikkelijk achterop geraakt. Ik was de oudste van de klas, maar ook de kleinste, na tweeëneenhalf jaar kamp even klein als toen ik erin ging, geen centimeter gegroeid.

En brutaal die Hollandse kinderen! Wij koloniaaltjes waren gewend tegen leraren op te kijken. Maar wat hadden mijn klasgenoten nou meegemaakt? Grote mond over de moffen, verder niks. Ik had gezien hoe mensen elkaar martelden en hoe gemeen kampgenoten onder elkaar konden zijn. Liegen, stelen en bedriegen en na de oorlog in Palembang zag ik gestenigde lijken… rijen langs de rivier. Geen woord daarover in de klas natuurlijk, je keek wel uit. Sommige leraren waren heel rood en die hadden ontzettend de pik op kinderen uit Indië, ze treiterden ons met verhalen over luie kolonialen, we waren onderdrukkers, uitbuiters. En je kon makkelijk zien dat we uit de tropen kwamen, met ons gele vel en onze holle ogen. Op het schoolplein scholden ze ons uit voor dubbele bonnenvreters. Ik schaamde me rot.'

Els stond op en liep naar de radiator voor het raam. 'Koud,' zei ze. Ze rende de kamer uit en keerde terug met een groen vest.

'Wilde Jana daarom weg?' vroeg ik toen ze zich weer naast mij op de bank liet vallen.

'We hadden dezelfde ervaringen, zij was ook de oudste van haar klas en we waren wat vroeger rijp, denk ik, daar schreven we elkaar ook over. Het jaar na de bevrijding hadden we zo'n beetje alles op dat gebied gezien. We kregen slierten jongens achter ons aan. Mijn broer Joost was smoor op Jana en zij op hem, maar jouw vader was daar fel op tegen. Als wij bij jullie op bezoek kwamen, mochten die twee niet eens samen naar het strand. Hij maakte haar brieven open, ze had geen leven bij hem.'

'Ze was toch zijn lievelingetje?'

'Ja, letterlijk.' Ze sprong op en liep naar de keuken, opgewonden en kribbig. 'Sorry, sorry, laten we over iets anders praten.' Ze sloeg de deur met een klap achter zich dicht en rommelde luidruchtig met de pannen.

Pannen... onze keuken, mijn vader in een schort

en Jana op de kleine keukentrap, een bruine rijstkorst in haar hand, altijd het onderste uit de pan, de grootste lekkernij voor haar. Jana, de uitverkorene, de enige met nieuwe kleren, de meeste bladzijden in het familiealbum, alleen mee op vakantie, Jana in de Keukenhof, op Schiphol, voor de ophaalbrug van de KMA.

'Wat is er dan gebeurd?' vroeg ik, toen ik na een schuchtere klop haar witte keuken binnenstapte.

'Wat ik zeg,' snauwde ze, 'ach weet je, ze scheelden ook niet zoveel. Jana zocht een vaderfiguur. Misschien heeft ze het ook zelf uitgelokt. Ze wilde in ieder geval zo snel mogelijk het huis uit, toen heeft ze die stomme Errol maar genomen. Volgens mij hield ze niet eens van hem, maar hij wilde ook weg en een jongen uit het dorp wekte geen argwaan. Ze hebben hun vlucht achter je vaders rug geregeld.' Els verschoof een pan op de witte kookplaat. Een rode bol gloeide op.

'Je vader was een autoritaire man,' zei ze, 'aantrekkelijk ook en we waren gewend met gevaar te flirten.'

'Zoals met de jap.'

'Nee, voor jappen maakten we ons klein en onzichtbaar, op appèl verschool ik me altijd ergens achter in de rij.'

'Ze waren lief voor kinderen.'

'Zoiets,' zei ze stug, 'maar ze waren zeer gedisciplineerd, als een soldaat iets tegen de regels deed, werd hij daar zwaar voor gestraft. Ze respecteerden ons, ze kwamen nooit kijken als we ons wasten, heel correct.

De Australiërs en de Britten gingen na de oorlog veel erger tekeer.'

'Ada had andere ervaringen.'

'Het kwam voor ja, je had er altijd wel een idioot tussen zitten.'

'Was mijn vader zo'n idioot?'

'Hij kon heel aardig zijn, heel charmant, behalve als hij zijn zelfbeheersing verloor, dan…'

'…kon hij zijn handen niet thuishouden…'

'Zoiets ja.'

'Een schoft dus,' zei ik luid, 'gewoon een schoft die zijn grenzen niet kende.' Els fladderde wanhopig met haar armen en begon zenuwachtig iets in een la te zoeken. Ik ging vlak voor haar staan: 'Een smerige ploert, zeg het maar, kijk me maar aan, mij beledig je er niet mee.' Het scheelde niet veel of ik liet mijn vuist op haar witte kookplaat knallen, zodat ik de Japanse vlag die daar gloeide in duizend stukken kon breken. Maar tegelijk gloeide er ook een schaamte in mij op.

Zo ben ik dus ook, dacht ik, zijn aard zit in mijn aard. Ik heb zijn bek en dezelfde duistere ogen. Ik voelde me te vies en te goor om nog langer in haar buurt te blijven. Weg moest ik en onmiddellijk, weg uit dat wit gekapoerde huis, geen sajoer, geen zoen, alleen een hoofse hand als groet. Mijn stille liefde mocht niet van mijn wellust schrikken.

4

IN HET GELID

Ik loop met mijn vader van ons huis naar het station. We nemen de weg door het bos, een kronkelpad langs rechte stammen, de zon is op maar de schaduw vecht nog met het licht, de dennen steken hun koppen bij elkaar en de zee ruist door hun naalden. De locomotief sist in de verte, mijn vader kijkt op zijn horloge, het is een doordeweekse dag, zijn 2448-ste dag buiten Indië. Dat houdt hij bij, zijn hoofd zit vol met sommen. Mijn zusters zijn met de fiets naar school, zeven kilometer heen en terug, zij gaan niet met de tram, want zij zijn flinker dan de andere Indische kinderen uit het dorp. Wel dragen zij lange kousen en dikke wollen mutsen, hun oren zijn te dun – tikketikketik, mijn moeder zit al weken met haar breipennen voor het raam –, ze breit ook een voering voor de handkappen aan hun stuur, er zijn grenzen aan de kou die ze kunnen verdragen. Ik ben de man: nul graden en toch een korte broek. Als ik het tot nieuwjaar volhoud krijg ik een Mekka.

We komen bij de open plek waar 's zomers de reddingspaarden grazen. Er ligt een waas over het gras, een vrieswind heeft de struiken wit gestoven. Mijn vader oefent, ik doe mee, strekken, bukken, adem in, adem uit, we blazen witte pluimen in de koude lucht. Zo krijgt zijn hart meer ruimte. Het liggen op de divan voor het raam verstijft hem, hij moet meer bewegen, de winter is voor hem een zware tijd. We rennen een rondje om de wei, mijn vader klakt met zijn tong. Hortsik, ik ben een reddingspaard.

Bij het spoor knisperen de sintels onder onze schoenen, het ruikt naar stoom en verbrande kolen, de tram is net vertrokken, de dijk ligt verlaten. Mijn vader zoekt een stok, hij is moe, zijn mond trilt van de pijn.

De gas-en-lichtman fietst op het pad onder aan de dijk, de loop van zijn geweer steekt uit zijn fietstas. We zwaaien, de man stapt af en vraagt of er wat is. Mijn vader vertelt hem wat we onderweg zagen: een buizerd vet als een gans, een ziek konijn dat zijn verlamde achterpoten door het zand sleepte. De gas-en-lichtman glimlacht, hij is de stroper van het dorp, zijn tas ruikt naar bloed en 's avonds na het eten knallen zijn schoten om ons huis.

'Ja, de konijnepest heerst volop,' zegt hij, 'en die buizerd, waar zag u die precies?'

Mijn vader wijst naar het bos, 'daarachter aan de rand van het weiland', de pijn verdwijnt van zijn gezicht. Hij praat graag met de mannen van het dorp, al zijn ze stug en gewend aan stille winters zonder volk.

Het heeft lang geduurd voor ze ons groetten, Indisch-gasten vinden ze maar vreemd en ze houden niet van vreemde lui, al moeten ze er allemaal van leven. 'Ik zag ook twee moffen in een DKW, ze zochten de bunkers,' zegt mijn vader.

'Ze komen altijd terug naar hun oude plek, als moordenaars naar de plaats van de misdaad,' zegt de gas-en-lichtman. Hij stapt weer op, zijn rechterbeen zwaait over het geweer. Wij lopen door.

'Ik heb ze de verkeerde kant op gewezen,' zegt mijn vader.

'Mooi,' roept de gas-en-lichtman over zijn schouder, hij geeft me een knipoog en ik ben trots.

We lopen dezelfde weg terug, als we bij het weiland komen vraag ik voorzichtig waar die buizerd zat. 'Daar,' zegt hij, zijn vinger wijst maar wat. Niks te zien, ook geen lam konijn of moffen in een auto.

'Wanneer dan?'

'Gisteren.'

'Gisteren kwamen we niemand tegen.'

'Dan was het een andere dag.'

Mijn vader zegt dat ik nooit mag liegen, hij liegt elke dag.

De herinneringen vraten aan mijn slaap. Midden in de nacht schoot ik wakker, stijf van haat, of juist slap, van razernij verlamd. En elke morgen schrok ik van mijn eigen kop.

Overdag probeerde ik rustig en beheerst te leven.

Geen alcohol, één glas wijn bij het eten en de onrust kwam al boven. Ik hield ook op met roken, voor de honderdste keer, ik zat weer op twee pakjes per dag, misschien was dat de oorzaak van mijn slechte slapen. Ik deed mijn werk, faxte mijn vriendin en voldeed aan mijn familieplichten: Ada's papieren sorteren, regelmatig met Canada bellen en geld overmaken voor Jana's doktersrekeningen.

De gesprekken met mijn moeder maakten mijn stemming er niet beter op. Ze bleek niet in staat normaal door de telefoon te praten, ze hakkelde, wilde telkens ophangen – 'wat kost dat niet, ik hoor om het woord een tik' – ze behoorde nog tot de generatie ouders-van-emigranten die er maar niet aan kon wennen dat je voor een wissewasje overzee belt. Voor contact met de geestenwereld draaide ze haar hand niet om, maar voor de PTT deed ze het in haar broek.

Alles irriteerde me die dagen: ik schold op het televisiejournaal, smeet de kranten in een hoek. Oorlog, onrecht, ziekte, ik verdroeg het niet langer, er mocht geen zwakheid zijn en om mij ertegen te verdedigen strooide ik zout in de familiewonden. Spot en vitriool over mijn vaders graf, waarom? Mijn woede werd ik er niet mee de baas. Integendeel, ik verzette me tegen de vernederingen die mijn ouders moesten ondergaan en toch wilde ik ze straffen, ja, ik verlangde zelf naar straf. Ik begreep mijn woede niet.

Als ik het niet meer uithield, pakte ik de auto en reed naar zee, plankgas, honderdveertig kilometer als het kon, verlangend naar een fikse bekeuring. Om mijn longen schoon te wassen liep ik tegen de wind in langs de waterlijn en weigerde voor de opkruipende vloed te wijken, springen was het sop niet waard. Ik verpestte mijn schoenen en liet het zand blaren op mijn hielen schuren. Pijn gaf helderheid en natte voeten brachten rust in mijn hoofd.

Telkens weer dat verleden in, ik verruilde de ene verslaving voor de andere en verlangde naar nieuwe uitersten, naar bloot zwemmen in oktober bijvoorbeeld. Ook al zo'n mooie herinnering: de beet van een koude zee en de tintelende troost achteraf.

Op een winderige dag trok ik mijn kleren uit en liep het water in. Mijn vet spande als een pantser om mij heen, mijn scrotum hees zich in de koude op en werd weer jong en stevig. De golven namen mij op en mijn voeten dansten over de bodem, ik zwom. Het vel om mijn vingers schrompelde en ik verloor het gevoel in armen en benen, maar ik zwom door en dook in de golven. Het kon me niet schelen of een kramp of mui me naar beneden trok.

En voor mij zwom mijn vader, naakt, niemand kon ons zien, onze kleren lagen onder een handdoek op het strand. Straks zouden we elkaar droogrossen. De wisseling van warm en koud was goed voor zijn hart. Ik voelde zijn armen langs mijn benen strijken, zijn haartjes deinden in de stroming. De golfslag dreef ons uit elkaar en duwde ons weer samen. Zacht was mijn vader in zee, waar water ons omringde kon hij mij niet slaan.

Ik zwom het verleden in en zag de oude beelden komen.

Het was winter en het waaide. Mijn vader en ik liepen naar de grote bunker. Vroeger stond hij op het duin, een betonnen vrachtauto met een vierkante neus naar zee en een metersbreed kijkgat erboven, maar een winterstorm had het zand onder hem weggeslagen en sindsdien lag hij in tweeën gebroken op het strand. Bij vloed werd de neus een eiland in de golven.

De vloed kwam op, mijn vader deed zijn schoenen uit en rolde zijn broekspijpen op, ik hoefde alleen maar mijn schoenen uit te trekken, het was nog geen nieuwjaar en ik trainde voor soldatenbenen. We liepen naar het voorste deel van de bunker, het water kleurde mijn knieën paars, mijn vaders huid bleef tropengeel. We klommen op de neus en wachtten tot het hoogste wier nat werd. Net haren. Plotseling liet mijn vader zich weer in het water zakken en waadde terug naar het droge. Zijn broek spatte nat tot aan zijn dijen, hij wenkte me, maar ik durfde hem niet na te springen. Hij lachte me uit. Als ik niet sprong moest ik zes uur wachten. 'Ben jij een papkind of een vechter?' riep hij. Ik koos voor de vechters en liet me naar beneden glijden. De golven raakten mijn riem, mijn vogeltje kromp in de kou en ik liep bibberend naar de kant. Mijn vader gaf me een hand en trok even flink aan mijn krullen. Ik was een vechter. Naar huis, wind in de rug. De pijpen van mijn korte broek schuurden tegen elkaar, ze zongen een soldatenlied.

Regressie. Of ik nu stijf mijn bed uitkwam of verstijfd uit zee, mijn geest sprong zonder hindernis door de tijd. Na mijn zwempartij schoot ik nat mijn kleren in, ik was paars en vloekte me tevreden warm. Bewegen moest ik, lopen, de wind onder mijn klamme kleren laten waaien. Ik bond mijn veters aan elkaar, hing mijn schoenen om mijn nek en liep naar het noorden, naar de restanten van de grote bunker. Moffen pesten, betonscherven de zee in keilen, mijn vader in de vloed verzuipen, we zouden zien wat er nog aan puin uit het verleden lag.

Mijn vader was gekker op andermans oorlog dan op zijn eigen oorlog. Hij las boeken over de Duitse bezetting en de eerste ooggetuigenverslagen van mensen die de nazi-kampen overleefden, hij kende de stranden van D-day op een rijtje, zoals hij ook de stations in Nederland op kon dreunen, en in elke Duitse badgast zag hij een kampbeul. 'Kijk, daar zit er weer een,' zei hij als we 's zomers onze oefeningen deden op het stille strand, en hij wees naar een vetzak die in alle vroegte zijn kuil groef of naar een man op houten krukken met een opgevouwen broekspijp bungelend in de wind. Het woord Kinderheim, dat in de stoep van ons koloniehuis stond gebeiteld, smeerde hij weg met cement. De buren vroeg hij van Duitse gasten af te zien, geen moffen over onze gemeenschappelijke gang. En als ik met mijn kinderpostzegels langs de huizen liep, wees hij me waar ik beslist niet aan mocht bellen, de NSB werd niet bediend.

Zijn moffenhaat kwam voort uit miskenning en schaamte. Begrip voor zijn eigen oorlog vond hij niet, dus beleed hij de verontwaardiging over die andere. Hij wilde óók als goede vaderlander door het leven gaan. De eerste schepen met repatrianten werden nog met slingers en toespraken ingehaald, maar tegen de tijd dat hij aankwam stond er geen erewacht meer aan de kade. Nederland had het te druk met de wederopbouw, wilde van verre helden niets weten en nog minder van het gerommel dat in Indië dreigde. Het was genoeg geweest, er waren genoeg zonen geofferd. Wie daar ooit vocht had verloren en kon er maar beter over zwijgen.

In zijn tweede jaar in Nederland nam hij mijn drie zusters mee naar de kermis in de stad – we hadden het niet breed, mijn vader liep nog in zijn militaire jekker, met oranje leeuwen op de revers en een KNIL-insigne. Het was de eerste Nederlandse kermis in hun leven, mijn zusters droegen hun oranje strikken en de opgeschoten jongens riepen 'blauwe' tegen hen. Ze lachten erom want ze voelden zich zo Oranje en dachten dat het een ander woord voor adel was. Maar ze moesten niet lachen toen die jongens mijn vader voor ploppermoordenaar uitscholden, dat woord kenden ze alle vier: *pelopor*, een inlander die zich tegen het Hollandse gezag verzette.

Het stak mijn vader dat hij geen status had, geen baan, geen trots verleden, alleen een bastaardzoon en een vrouw met drie bruine kinderen, door 's Rijks Re-

patriantendienst weggestopt in een genaast koloniehuis aan zee.

Mijn vader was zo onnozel geweest zich niet 'in en
door de dienst' te laten afkeuren. Kort na het kamp
nam hij zijn ontslag uit het leger. Hoezeer het vaderland ook manschappen nodig had om tegen de natio-
nalistische opstandelingen in te zetten, hij bracht het
niet meer op onder de wapenen te gaan en hield de
eer aan zichzelf. Als dank voor veertien jaar trouwe
dienst aan het Koninklijk Nederlandsch-Indisch Leger trok een overste de kosten van de in de oorlog verloren gegane rijkskleding van zijn toelage af: 1 hoofd-
deksel, 1 korte overjas, 2 overhemden, 1 pantalon, 1
colbertcostuum, 1 paar schoenen, 2 paar sokken, bre-
tels, pullover, kitbag, 3 zakdoeken.

Het was de bloody limit, zei hij, en als mijn moeder
erover begon kwam het schuim haar op de lippen.
Maar mijn vader klaagde er niet over, daarvoor voelde hij zich toch te schuldig. Wel heeft hij de lijst nog
lang bewaard en tijdens etentjes soms spottend opge-
dreund; de rekening voor een sergeant-majoor die
met een schaamlap het kamp uitkwam en na drieëneenhalf jaar internering geen fut meer had om pelo-
pors te vermoorden. Ook dat stak. De charmeur die
iedereen met een praatje om zijn vinger kon winden
en die zo geweldig goed kon tawarren, had met zijn
gezondheid betaald en er nauwelijks iets voor terug-
gekregen. Ja, een jekker voor de overtocht, een zilveren erepenning, een paar koperen medailles en een
kruimelpensioen.

Dat was de miskenning, als hij niet in de eer kon delen, dan maar in de haat tegen een vijand die hem niks had gedaan.

De schaamte zat dieper, maar dat kon ik achteraf pas goed begrijpen, toen ik verhalen las van mensen die uit vernietigingskampen terugkeerden of die grote rampen hadden overleefd. Waarom zij dood en ik niet? dat was hun vraag. Ook mijn vader schaamde zich voor zijn geluk te leven.

Langs het strand, op weg naar de bunker, met mijn schoenen dansend op mijn borst en het stuifzand wit in mijn haren, dacht ik terug aan een van de vele toneelstukjes die ik als kind na de zondagse rijsttafel opvoerde; toen had ik het al kunnen vermoeden. Zelfgemaakte sketches, vaak niet meer dan uitgewerkte grappen die ik ergens gehoord of gelezen had. Schaamte kende ik niet als ik mijn rollen speelde, ik vond het veilig een ander te zijn en het was de enige manier volwassenen tot luisteren te dwingen. Een lik Moedergeur en ik kreeg de witte wangen van een clown, poeder in mijn krullen en ik leek op een oude, grijze vrouw, wenkbrauwpotlood gaf snor en baard. De mooiste rol: mijn vaders militaire jekker aan, mijn gezicht bruin met koffieprut, de medailles uit de naaidoos – 'nimmer het lint alleen, maar tevens ook het ereteken zichtbaar' stond op de bijgeleverde oorkondes – en ik was een vechter als op de vergeelde foto's: een dapper KNIL-soldaat.

Ik marcheerde in reuzenstap over de biels van een denkbeeldig spoor, boorde gaten met een avegaar en sloeg de tirefonds met een hamer in het hout; zo zwoegde een krijgsgevangene aan de jappenspoorlijn. Mijn publiek zat op een rij stoelen achter elkaar, zij vormden de trein, ik legde de rails. Dan trok ik mijn jekker uit, stak mijn benen in de armsgaten, frommelde de flappen in mijn broekband en marcheerde als een fanatieke jap door de coupé. Ik verkocht iedereen een kaartje voor een kwartje, ging op de voorste lege stoel zitten, floot als een locomotief en viel met stoel en al om. Ontspoord, dat was de mop: iedereen zijn kwartje kwijt. Mijn versie van zijn oorlog.

De eerste keer kon mijn vader er nog om grinniken, want hij had het verhaal zelf zo aan tafel verteld. Wat hadden ze daar in de binnenlanden van Sumatra niet afgelachen. De rails waren in de regentijd gelegd, achttienhonderd meter per dag, duizenden mannen krioelend in de modder, en toen er voor het eerst een trein over reed gleed de locomotief van de dijk, zo slecht was de fundering en zo dom waren de jappen. De klojangs. Ha-ha-ha. Een reden om nog eens hard je sambalneus te snuiten, flink te boeren en op je buik te trommelen van plezier.

Toen de sketch wegens verdiensten tot mijn vaste repertoire ging behoren, kreeg hij er moeite mee. De buren hadden het ook al gezien. Ik verfomfaaide zijn jasje, zei hij. 'Veel soldaten hebben grootse dingen in hun uniform gedaan, dat mag je nooit vergeten.' Uít het spel. Je hoorde niet met een uniform te spotten, bovendien hield ik mijn rug niet recht, met zo'n houding kon ik nooit een militair verbeelden.

En de medailles? Voorgoed achter slot en grendel, ze hoorden op geen enkele borst, ook niet op vier mei. De oorkondes idem dito. Hij had ze niet echt verdiend, zei hij, want híj bleef leven, maar zijn vrienden – de ware helden, die fantastische kerels en 'geweldige venten' – zijn vrienden waren dood. Niet lang daarna vermaakte mijn moeder zijn militaire jekker tot een korte jongensbroek.

Het donkerde al vroeg die dag in oktober en ik kon de bunker niet meer vinden, geen fundament, niets, geen enkel spoor. Toch was ik zeker van de plek, want ik herkende de houten golfbrekers, de kust was hier zwak en de zee brak er vaak door. Ik stak het duin in, zocht naar kiezels en brokken en zag ons oude huis in de verte liggen. Achterlangs was altijd al de snelste weg naar het dorp, in de luwte van de wind, dwars door de broedplaatsen waar de meeuwen in het voorjaar naar je haren pikten. Er brandde licht en het brede dak was een donker baken.

Ik liep ons oude erf op, het koloniehuis lag nog steeds vrij in het zand, distels en helm vormden het enige hek en ik kon niet nalaten even aan de achterdeur te voelen of de nooit gebruikte brievenbus er nog zat, het ovale koperen mondje waar de wind door gierde en dat mijn moeder met de zakklep van mijn vaders militaire jekker had dichtgespijkerd. Weg brievenbus.

Ik hoorde stemmen in de keuken en toen ik langs

het voorraam sloop, zag ik een jongen tafel dekken. Ik weet niet hoe lang ik daar toen heb gestaan.

Aan tafel. Links de vorken, punten omhoog, rechts de lepels, bolle kant onder, nee geen messen, we eten rijst, wel de kristallen glazen van de Waldenzen, altijd water tegen het pedis, ook rechts, net als de servetten, vruchtemesje boven het bord, alles even recht en met de centimeter nagemeten. Ik ruik aangebrande rijst en nu mag ik de korst met suiker. Mijn maag knort. Aan tafel.

Zoals een mof zijn oude bunker zoekt, zo zocht ik die avond vertrouwde smaken op. Indisch eten in de stad, denkbeeldig tafelen met mijn vader. Ik verlangde naar scherp eten, scherp poepen, naar een brandalmond en zweet dat langs je slapen gutst. De binnenbrand met zoete klapper geblust. Keuken van uitersten.

We bestelden de grootste rijsttafel van de kaart, tweeëntwintig schaaltjes voor twee man en één eter, met extra 'sambal van mammie', zoals de ober het noemde. Het zand dat de wind in mijn haar had gepoeierd schuurde op het tafellaken. Net vroeger, senang. Ik stelde voor over de oorlog te praten, zijn meest verzwegen en toch geliefdste tafelonderwerp.

'Hier, pap, een kretèksigaret, een glaasje bier – ja dat nam je vroeger niet, maar zulke luxe is nu heel gewoon. Ik was net opgehouden, maar laten we zondigen vanavond. Beheersen duurt bij mij nooit lang, als jongetje lukte het me al niet zestig seconden mijn pijn of woede in te houden… tellen, weet je wel, daar was je gek op. Acht dagen niet roken en drinken, hoeveel seconden is dat niet? Jij was altijd harder voor jezelf, hoewel…

Nee stil, ik ben de rekenmeester hier vanavond. Aan deze tafel praat ik ook voor jou.

De oorlog dus. Toneel, theater.

Het decor. Dit mes is Java, de vork Sumatra – zo, ik leg ze lekker scheef – en deze korrels zand zijn de Mentawai Eilanden. Het kommetje sajoer is de Indische Oceaan. Waar ben je nou precies getorpedeerd? In de sajoer, voor de westkust van Sumatra, of in de zuidpunt bij Straat Soenda? Nou ja, over lengtegraden zeuren we niet. We gaan er een spannend verhaal van maken.

Oorlog was voor jou een groots gebaar, niet iets om over te pietlutten, oorlog was een lofzang op kameraadschap en heldenmoed. Ellende wuifde je weg. Mishandeling, vernedering, nee… alles wat de jappen deden was een reuzenmop, zelfs in de gevangenis trapten jullie nog lol, en maar zingen. Je verzweeg dat er in het kamp dagelijks tientallen doden vielen. Honger? Naast je portie stijfsel, rijst en ketelbladeren kon je je eigen potje koken: gebakken vleermuis, rattevlees, python en broodjes van rubbernotenmeel. Adoe ja, je ploft. Weet je nog, toen je na een regenbui in een ondergelopen kookgat stapte? Tot je kin in de modder. Je kongsigenoten kwamen niet meer bij. Als de regen aanhield liepen de latrines over en waadde je tot je middel in de poep. En dan die kerel die door de stank bedwelmd achterover in de latrine viel, bijna verzopen in de drollen.

Oorlog was poep, en dat mocht aan tafel. In Indië sprak iedereen over poep, ook thuis waste je je gat nog met je linkerhand, hoe zacht het wc-papier ook was, tjebokken vond je hygiënischer. Sloeg je me daarom alleen maar met de rechterhand? Je was er heel bedreven in, zoals je de palm van je hand als een vlinder voor mijn ogen om kon draaien. Zelfs voordoen lukt me nauwelijks. Je had lenige polsen en na het slaan rekte je je vingers op, alsof je een krakende handschoen uittrok.

Je schudde de verhalen als sprookjes uit je mouw, zette stemmen op, deed mensen na en moest er zelf het hardst om lachen. Ik was te jong om te begrijpen hoe wrang je grappen waren. En vragen mocht ik niets. Jij was de sergeant aan tafel, jij voerde het hoogste woord.

Kom hier met je bord, zal ik een beginnetje maken? Zo, een klodder lontong, wat rendang, een dode kan wel wat hartigs gebruiken, en kijk, een stukje kip, het pootje maar? Jammer, de klauw is eraf en je kunt ook de kop niet aan je vinger steken. Maar al zou je het hier doen, kukeleku, een rauwe kippekop verborgen in de plooi van het tafellaken en hem onverwachts onder mijn neus duwen, kukeleku, mij krijg je niet meer bang.

Nee, hou je snavel, we praten niet met volle mond, en veeg je lippen af voor je drinkt. Je vork is geen vlaggestok. Wat?... Brutaal? Zo heb je me niet opgevoed?

Wacht maar tot het eind, je zult nog opkijken hoeveel fatsoen ik heb.

Ik zal je een verhaal vertellen zoals jij het deed. Nu ga ik zitten zoals jij, op de punt van de stoel, benen wijd, knoop los, ik trek je gezicht – kin naar voren –, ik laat mijn ogen vlammen en zoek je stem als een zender op een oude radio. Een tikkeltje meer Indisch dan de ober, dacht ik, en elk woord goed uitgesproken, vooral de n-en op het end en een dubbele diftong, wah, wah… ja?

Hebbes, ik pak je bij je tong. Hoor! je praat in mij, je kiest mijn woorden, je stem klinkt luid in de klankkast van mijn geheugen.

"Wist je dat je van zwemmen zeeziek kan worden? Ja vent, door de hoge golven. [Altijd vent, ik was al je vent in de wieg.] Huizenhoge golven, niet zoals die papbranders hier, we doken op en neer, kop op kop onder, alleen een plank om ons aan vast te houden. De golven waren wilde paarden die ons van hun ruggen wilden stoten.

En dorst! Alleen maar water om je heen en toch dorst, ik wilde drinken maar het water was rood, wolken rood water om ons heen, en ik zag haaievinnen om de drenkelingen cirkelen en het water stoof hoog op. Fonteinen bloed. En ik keek wéér en zag het water helder worden, van rood naar blauwgroen, naar glaswit. Ik dronk en kotste het uit. Het was een waterspiegeling. Ajò, niet te drinken zo zout.

We hingen met ons drieën aan een plank, een

Schot, een Hollander en ik, een plank van nog geen meter lang, drie handen breed misschien, een paar duim dik... Een avond, een nacht... Het ruwe hout schuurde in je vlees, echt beetpakken lukte niet, de zee was lauw maar de nachtwind in de tropen kan koud zijn, vent. Onze armen waren stijf en verkrampt, we klemden het hout onder onze oksels en watertrappelden als gekken.

We moesten oppassen dat er niet nog iemand aan onze plank ging hangen, één erbij en we waren er allemaal geweest. Slapen, je mocht vooral niet slapen, hoe uitgeput we ook waren. Op de boot had ik drie nachten geen oog dichtgedaan, te benauwd en tjokvol, je kon niet liggen, je plakte aan elkaar en we werden gek van het gebonk van de scheepsmotoren en het gehuil van de Javanen.

Als de wind ging liggen, klotsten we in slaap, we probeerden ons wakker te houden met zingen, vloeken, hardop bidden, en toch sukkelden we telkens weg, het enige dat hielp was knijpen of slaan. Een flinke mep, ja, dat hield je wakker. Ik zag ook niet goed meer, overdag schitterde de zon op het water, je raakte verblind, het zout stak in je ogen.

Ook na de tweede nacht bleven we op redding hopen, we speurden het water af en probeerden de aandacht van de escorteschepen te vangen. Ze haalden de jappen uit het water, vlotten en sloepen vol jappen, ze zagen ons wel maar drie man was het keren niet waard, ze voeren voorbij, hoe we ook zwaaiden en schreeuwden.

De derde dag, of de tweede, ik weet het niet meer, stak er een storm op. Geen pluim, geen schip aan de horizon. We probeerden nog een langsdrijvende ruimbalk aan onze plank vast te binden om meer drijfvermogen te krijgen, maar onze vingers waren te kapot om de riemen uit de ronddobberende ransels los te maken. Het begon te regenen, zoet water, met open mond lieten we de striemen over ons komen. Ik likte mijn gezicht als een kat, de wind verstijfde ons, het was een ijskoude regen. Uren daarvoor had de zon ons verbrand en uitgedroogd. Scottie dreigde tussen ons uit te glippen, we hesen hem op, ik beet in zijn oor en schold hem wakker, zo dobberden we, tot een gunboot op ons afstevende.

Ik herinner me nog een pikhaak in onze plank, een hand, een jappenhand en een vuile grijns. Ik werd op het dek gegooid en schuurde langs een spijker of een haak, iets scheurde in mijn rug, dat weet ik nog. Een warme straal sijpelde langs mijn lendenen, ik kreeg een trap en op dat moment liet ik me gaan. Ik was op, de laatste kracht druppelde uit me weg, mijn benen gleden weer terug in het water en ik verzette me niet. Tot iemand me aan mijn schouders omhoogtrok. Ik keek op en zag een witte verschijning, schitterend in de zonnegloed. Dit is een engel, dacht ik, nu ben ik dood.

En weet je wat het was? Een Britse officier in een wit tropenuniform met gepoetste koperen knopen en gekalkte schoenen. En weet je wat hij zei? 'Worse things happen at sea.' Zoiets als: kop op, het kan altijd erger. Alsof hij Neptunus zelf was, stiff upper lip. En deze vent hield me overeind. Hij had de hele overtocht een klein koffertje met zich meegedragen, al scholden ze hem uit dat zijn barang te veel plek innam, hij liet het niet los. In dat koffertje droeg hij zijn trots. Kamp in, kamp uit, van Flores en Ambon naar Java, al twee jaar lang, hij hongerde liever dan dat hij het zou verkopen. Andere gevangenen probeerden het van hem te stelen, sommige dachten dat hij geld of sieraden bij zich had, maar er zaten alleen maar een witte broek en een wit jasje in en een paar schoenen. Zijn reserve-uniform. Hij wilde het bewaren om zijn bevrijders correct gekleed te ontvangen, maar toen hij daar halfnaakt tussen de jappen stond, besloot hij het voor ons aan te trekken, voor de kerels die het hadden gered.

En die man die werd mijn vriend, de beschermengel die mij benen gaf. Hij tilde me aan wal, lopen ging niet meer, hij nam me half op zijn rug en sleepte me tot aan de gevangenis. Toen haalden de jappen hem uit de rij, dat was het laatste wat ik van hem zag, een witte vlek in het avondlicht."

Zo was het toch, pap? Zo vertelde je het aan onze lange tafel, met een snuf meer Maleis, sorry, er is weinig blijven hangen. Jij aan het hoofd, verdekt achter dampende schotels, lepel in de hand en maar opscheppen, het bezoek kreeg de lekkerste stukjes. Nu je dood bent, durf ik je lang in je ogen te kijken, met de jaren zijn ze minder zwart en streng geworden, net als op je foto achter glas; de zon heeft ze verbleekt. Onze zon is sterker dan je dacht.

Ik schep nog wat op als je het goed vindt, ik kleur de rijst rood met sambal, bloed, en ik snotter van genot.

Je veranderde veel in je verhalen, soms was het geen plank waar je op dreef, maar een vlot met ransel-riemen bijeengehouden; ook lag je weleens langer in het water of veranderde het weer. Vollemaan en een zee die wondervreemd tot rust kwam, zodat het gelamenteer van de romusha's, de Javaanse contractkoelies, tot ver over het water klonk. Maar je verhaal was altijd spannend, je wilde dat we erom lachten, al ging griezelen ons beter af.

De Javaanse jongen, weet je nog, plotseling schiet het me weer te binnen. Hij werd aan een been omhooggehesen, het andere was door een haai afgebeten. Een verpleger wilde de bloedende stomp met een touw afbinden, maar het mocht niet van de jap: een liggende drenkeling nam de plaats in van drie staande, dus overboord ermee.

We aten er geen hap minder om. Als er een snik dreigde of handen zenuwachtig aan servetten friemelden, toverde je een Rotterdamse stoker uit je stem, de lolbroek die voor de neus van de Japanners zomaar van boord sprong. "Ik zwemp na huis," riep hij nog, hij kwam maar een paar honderd meter ver, de jappen visten hem op en wierpen hem na een pak rammel in het diepste ruim. Heeft die stoker Rotterdam ooit teruggezien?

Al kon je mijn slee niet trekken in de winter en kwam je met het vliegeren het duin niet op, aan tafel was je de stoerste vader van het dorp.

We bestellen nog een glaasje bier. Drink, man, zet die antroposofische onzin overboord, ook groente gist tot alcohol in je darmen, geen dokter die je hier iets voorschrijft. Vanavond schrijf ik je gezond, mijn pen en ik zijn hier de baas.

Ja, ik ben gaan schrijven, het alfabet heb je er met je liniaal in geramd en het is blijven hangen, nog bedankt. Ik maak nog steeds spelfouten, maar mijn zinnen lopen. Je wilde dat ik op mijn vierde kon lezen en schrijven, het is je gelukt. Lange woorden moest ik zonder hapering uitspreken, ritme, daar ging het om. Ik moest de zinnen lezen op het ritme van je liniaal, om de regel een tik. *Robin de reus*, zo heette mijn eerste boek, en we kregen het uit. We hebben het nog gevierd, samen naar de bioscoop, *Gullivers reizen*, ook een reus, kokosmakroon met ranja na. (Met een dikke ouwellaag eronder, je maakte grapjes over de hosties van de katholieken.) Ik kon de eerste klas wel overslaan. Robin is nog steeds mijn held, een reus die mensen in zijn hand kon laten dansen. Dat kan ik ook, doe je ogen maar dicht…

…ik geef je een paar schoenen – zwart, a gentleman never wears brown, ik respecteer je smaak –, je krijgt een nieuw pak, laat je kistkleren maar luchten, en ik zet je neer in Palembang, in de Europese wijk, in de straat waar mijn toekomstige moeder woont. Je houdt een bloem in je hand, geef hem, knijp niet in de steel, wees zacht. Vraag haar ten dans. Zie je wat een reus ik ben, ik kan je laten dansen, op straat, lekker volks, daar hield je niet van, zonder jasje, je hemd plakt op je rug en pomp niet met je arm, zwier, man, zwier op het ritme van mijn zinnen...

Wat? Te moe? Je kan niet meer, je hart, toen al? Je mag pas rusten wanneer ik dat wil, ik laat je dansen, ik laat je sterven, maar dat heb ik al gedaan. Voorlopig sta je midden in het leven.

Ik ben op zoek gegaan naar je verleden, pap, veel is anders dan ik dacht. Ik vroeg het de familie, maar ik hoor tegenstrijdige verhalen. Ons moeder wil zo graag vergeten, en ze boft; zoals de schrale zon jouw foto heeft verbleekt, zo wissen de jaren haar geheugen uit. Ik moest bij anderen te rade gaan.

Een jaar of tien geleden schreef ik een verhaal over mijn jeugdjaren aan zee, ik had nog nooit van de naam Pakan Baroe gehoord en ik had ook geen idee waar en wanneer je werd getorpedeerd. Ik schreef alleen maar over je vlot, of je plank, ik weet niet meer hoeveel dagen ik je rond liet dobberen, één, twee, of drie? Ik lieg graag met je mee als ik jouw leven navertel.

Ik kreeg een brief van een lezer die het verhaal over jouw torpedering had herkend. Hij schreef: "Het schip waar uw vader op zat heette de Junyo Maru en was van Tandjoeng Priok, de haven van Batavia, op weg naar Sumatra. Maandag, de achttiende september 1944, werd het getorpedeerd. Van de 2300 krijgs-gevangenen die in Priok aan boord gingen, stonden er 680 op het slotappel, van de 4200 geronselde romusha's hebben 200 de ramp overleefd. 5620 doden in totaal, 880 overlevenden, de week daarop zullen er nog een dertigtal van uitputting sterven. De doden-spoorweg Pakan Baroe, waar de opvarenden uitein-delijk met duizenden andere krijgsgevangenen be-landden, vroeg ook zijn tol; sterftepercentage onder de militaire gevangenen 36,9%, onder de romusha's 83,3%."

Pietje precies die man, jullie stierven tot achter de komma en soort bij soort gelukkig, ere wie ere toe-komt. En dan te bedenken dat ik nauwelijks één ali-nea aan je torpedering wijdde. De naam van je schip is aan tafel nooit genoemd, dat er zoveel doden vielen wist ik niet. Moeder kon zich niets herinneren, maar bij de klank Junyo Maru begon haar toch vaag iets te dagen.

Ik heb de man pas een jaar later teruggeschreven en gezegd dat ik graag eens langs zou komen. Nooit ge-daan natuurlijk. Lui, bang voor de waarheid? Geen idee. Ik ben ook nooit naar Indonesië gegaan, hoewel ik vaak de kans kreeg; de familieleugens waren me wel zo aangenaam, ook daar kon ik alle kanten mee op.

Na Ada's dood ben ik verder gaan graven. Ik las boeken over de Pakan Baroe, kwam je naam op lijsten van overlevenden van de torpedering tegen en schreef getuigen aan; de weinigen die zich iets van je herin-nerden heb ik opgezocht. Stramme meneren die 's middags onder de thee voor mij opnieuw in de Indische Oceaan wilden duiken. Maar het was toch te lang geleden, ze haalden namen en feiten door elkaar en mijmerden het liefst over hun eigen sterke staaltjes. (Als ik dan in hun huiskamers zat en ik zag ze met gesloten ogen in hun geheugen zoeken, dan zat jij tegenover mij als oude man. En ik schaamde me dat ik nooit in militaire dienst had gezeten en dat ik toch te weinig "vent" geworden was. Hoe kreeg je het voor mekaar.) Hun handen waren oud en pezig, met zonnevlekken van de tropenjaren, ik durfde niet te vragen of ze ook hun kinderen sloegen. Het leken me stuk voor stuk vriendelijke vaders.

Uiteindelijk kwam ik bij een meneer in Limburg terecht die zei dat hij je slapie bij de infanterie in Batavia was geweest. De mot vrat al aan zijn geheugen, veel wist hij niet over je te vertellen. Hij vond je een "correcte kerel". "Nadat ik goedgekeurd was voor transport, kreeg ik een zware malaria-aanval, ik kon nauwelijks lopen en het zag er slecht voor me uit. Uw vader heeft toen een portret van een Japanse bewaker gemaakt in ruil voor wat kinine. Hij kon jappen heldhaftiger maken dan ze waren, daar was hij heel gelikt in, zijn tekeningen gingen onder de bewakers grif van de hand. Met dat talent heeft hij denk ik heel wat voor elkaar gekregen." Mooi van je. Bij het uitlaten zei hij nog dat ik op je leek: "Alleen was uw vader volgens mij veel kleiner." Zit je de hele dag voor in de auto.

Al met al kon ik uit die verschillende verhalen toch je transport naar Sumatra reconstrueren.

In het gelid. Je treedt aan op de kazerneplaats van het voormalige Tiende Infanteriebataljon in Batavia.

Honderden uitgemergelde krijgsgevangenen zijn uit allerlei kampen in Batavia bijeengebracht en uitverkoren voor een onbekend transport. Appèl. Tellen en nog eens tellen, urenlang... *itch, ni, sang, shi, go.* De verwarring is groot, zonder telraam lukt het niet. Je wordt gek van het gebrul. Burgers en militairen bij elkaar, Hollanders, Britten, Amerikanen, een enkele Australiër en een groep inlandse KNIL-militairen die, ondanks valse beloften van de Japanners, hun trouw aan het Hollandse gezag met krijgsgevangenschap mogen bekronen.

Je hebt al tweeëneenhalf jaar kamp achter de rug. Ergens op Java vermoedelijk, daar ging je naar de militaire school en zul je wel zijn blijven hangen; bronnen laten mij hier in de steek. Verbazend dat je nog op Java zat, de meeste jonge kerels waren al op transport gesteld, hoe oud was je, negenentwintig? Misschien hebben ze je over het hoofd gezien.

Je marcheert door de onverlichte straten van Batavia, het is vroeg, een zwijgende stoet klost richting station. Honderden houten sandalen weerkaatsen tegen de huizen, je soldatenschoenen liet je lang geleden achter je, de uit autoband gesneden rubberriemen snijden in je wreef. Je snuift de geuren van de pasar op, oliepitjes walmen in de stalletjes, het marktvolk kijkt zwijgend toe.

Hoe was dat om zo door je eigen stad te lopen? Dreef je papa daar geen begrafenisonderneming annex stoeterij? Auto's en koetsen te over, jij sleet als jongen je zolen niet, en als de klad in de doden zat verhing je vader de gordijntjes en reed hij bruiloften en partijen. Dit hadden hoogtijdagen voor de firma kunnen zijn, zoveel stierven er nog nooit, maar nou delen anderen de lakens uit. Je moet buigen voor de Japanners – vernederend? En toch, voor hen is het een normale groet. Hoe vaak liet jij als kind niet een inlander voor je hurken?

Je kent de straten uit je rijke kinderjaren, je reed er op je vaders paarden en de knechten renden naast je mee. Op zondag een vierspan voor de koets, hortsik, langs de kampongs, wat voelde je je daar hooggezeten, hortsik, naar de planters in de bergen, zon, uitzicht en honderd bloemengeuren in je neus.

Sentimentele herinneringen helpen nu geen reet, lopen moet je. Je bent goedgekeurd voor dit transport en hoe. Een dag of wat geleden marcheerde je met je stront in je hand langs de jap. Dysenterieparade, je ontlasting op een cellofaantje om te laten zien of je gezond bent voor de job. Je saboteerde, wie deed dat niet? een dunne hondedrol of gemalen katjang deed wonderen. Wie dysenterie had kon zijn ontlasting goed verkopen, dan hoefde je niet mee, en wie geen poep met bloed te pakken kreeg leende een klodder snot van een verkouden kameraad, liefst met een spoortje bloed. Maar toen jij daar liep keken die verdomde spleetoogjappen niet. Je bent erbij. Hortsik in de wagon.

De locomotief wijst naar het noorden, dat wordt transport overzee, zeggen de krijgsgevangenen die van andere eilanden komen. Ze vertellen verhalen over gebombardeerde en getorpedeerde schepen. Bijna niemand wil ze geloven. Jullie hebben allemaal een klamboe meegekregen en verwachten dat de tocht naar warme streken gaat. Na een reis in een geblindeerde wagon ruik je de zee, ondanks het braaksel en de vliegende stront van dysenteriepatiënten. Jullie marcheren naar de binnenhaven en wachten en wachten.

Daar strompelen de romusha's binnen, uitgemergelde Javanen, in lompen, sommige zijn bedekt met stinkende wonden. Ze hebben voor vijf gulden hun leven verkocht, de meesten zijn door het dorpshoofd uit de dessa geplukt en voor transport aangewezen. Oude mannen, kinderen, het maakt niet uit, er loopt zelfs een jongetje van zeven tussen.

(Over zulke dingen spraken je oude makkers niet met mij, dat haalde ik uit de archieven en de boeken. Eén man zei: "Met de jaren duw je veel weg uit je herinnering, je hebt je handen vol aan eigen misère, met medelijden kan je niet overleven." Heb jij die kinderen gezien? Of zat er ook stront in je ogen?)

Het is licht, maar je hebt geen idee waar je bent. Voor jou zijn de binnenhavens koeliegrondgebied. De Junyo Maru schommelt aan de kade, een roestig cavalje. Nog even en de Japanse en Koreaanse bewakers slaan en meppen je de ruimen in. Het schip maakt zich los en gaat uren voor anker in de brandende zon, wie buiten zit verbrandt zich aan het gloeiende plaatijzer. En dan eindelijk de volle zee, regen en zon wisselen elkaar af, 's nachts waait er een gure wind en overdag is het ondraaglijk heet. Het is te vol aan boord, niet elke krijgsgevangene vindt een plankier om op te slapen, een stellage stort in, er vallen tientallen gewonden. De latrines zijn overvol en moeilijk te bereiken, de zwakken piesen in de ruimen, de dysenteriepatiënten hangen aan touwen buitenboord, te laat vaak, je sopt tot je enkels in de bruine drab.

Heb je daar je poepgrappen geleerd? Of zat je achter tussen de cementzakken en zag je grijs als een oude man? Of in het kolenruim, in de rouw tussen je vrienden, of wist je een plaatsje op het bovendek te verwerven?

Het eten is goed: soep, rijst, groente en gezouten varkensvlees, beter dan je de laatste maanden in het kamp kreeg. Maar de rijen voor de koks zijn lang, de ruimen klein, jullie dringen en vechten om water en rijst. Hoewel er genoeg is, laten jullie anderen toch kreperen; de eerste zieken bezwijken en de doden gaan zonder godsnaam overboord. Je leest het aantal af aan de hoeveelheid horloges die de Koreaanse bewakers om hun armen dragen. Een van de Koreanen had er negen.

De Junyo Maru zigzagt noordwest, Sumatra's kust komt in zicht, met wat geluk zie je de contouren van de Boekit-bergen. Om 18.10 uur, Tokio-tijd, slaat de eerste torpedo in het voorschip. Mensen en balken slingeren door de lucht, enkele seconden later wordt het achterschip geraakt. Geen slagzij, aan dek beseft niemand hoe snel het schip zinkt. Ja, neem de tijd! Sta maar te kibbelen of het een Engelse, Hollandse of Amerikaanse duikboot is die jullie heeft geraakt. Geef elkaar maar de schuld. Hadden de jappen zich maar aan de regels gehouden, krijgsgevangenen dienen volgens de Geneefse Conventie onder Rode-Kruis-vlag te worden vervoerd.

In de ruimen heerst paniek, mannen schoppen elkaar de trappen af, de gewonden en zieken raken bekneld en worden onder de voet gelopen. Als de achtersteven wegzakt ontstaat ook boven paniek. Je vecht om bij de reling te komen. Er zijn geen zwemvesten uitgedeeld, de jappen eisen de reddingsboten voor zichzelf op en slaan de romusha's en krijgsgevangenen met sabels van de boten weg. Eén groep weet toch een sloep te bemachtigen; als ze de touwen te snel laten vieren slaat de boot op de hoge golven kapot. Plankiers en reddingsvlotten worden overboord gegooid, mannen springen van alle kanten het water in, sommige verdrinken als ze een stuk hout op hun kop krijgen. De haaien doen zich te goed aan de doden die door de stroming bij elkaar worden gedreven.

Nog een explosie en de Junyo Maru glijdt de diepte in. Een borreling, de zee kleurt rood. Niks bloed, en dat wist je donders goed: er kwam een lading rode menie uit een van de ruimen vrij.

Hoeveel etmalen dobberen dan ook, je wordt gezien en aan boord van een escorteschip gehesen. Op dat moment moet je je rug aan een stuk ijzer hebben opengescheurd; vandaar de vreemde littekens tussen je schouderbladen – een verticale streep links, een verticale streep rechts –, in koud water zwollen ze op, alsof je kleine roze vleugels kreeg. Aangeraakt door een engel in zee. Worse things happen at sea.

Na een ploetertocht van dagen beland je net als alle andere opvarenden in de gevangenis van Padang. Geen britsen, geen beddegoed, droge rijst en een sompig groen blad, ongekookt water, hopen stront en duizenden maden in de open riolen. Jullie zoeken warmte bij elkaar, maar de mannen die met bijlen en sabels van de boten en vlotten zijn geslagen liggen de volgende morgen koud tussen jullie in. Geen tijd voor rust, na een paar dagen vertrekt de eerste groep per trein. Sjokkend een berg op, de kou giert door de geblindeerde wagons, suizend de dalen in, niemand weet waarheen. Waar het spoor ophoudt, wachten open militaire trucks. Je rijdt door dichte bossen, langs watervallen en ravijnen. Even na de hoogste top passeer je de evenaar. Heb je het monument gezien, de stenen bol met de dikke rode lijn in het midden?

De trucks slingeren het laagland in, de hitte van moerassen kleeft aan je opengereten rug. Je eerste kamp, het bruggenkamp. Hier verlies ik je uit het oog. Er liggen tweehonderdtwintig kilometer blubber, kloof en oerwoud voor je. Rails en bielzen zijn al aan-gevoerd. Je kunt aan het werk.

Pas nu dringt het tot me door dat je alles kwijt was. Je

kon geen handel meer drijven, je bezat niets om te ruilen en je kon ook niemand met je tekeningen paaien, want je potlood dobberde ergens in de oceaan. Geen etenspannetje, de overlevenden van de Junyo Maru moesten de eerste dagen uit hun handen eten. Je had geen klamboe, geen kleren, geen schoenen; je kreeg een lap om je schaamte te bedekken. Het duurde even voor je je eroverheen kon zetten broeken en hemden van doden te dragen.

Ik wil niet suggereren dat wat je toen ontbeerde na de oorlog extra belangrijk voor je werd. Maar wees eerlijk, bestond er ooit een grotere bestekkengek dan jij? Alleen het beetpakken al, alsof we bij de koningin aan tafel zaten, ik krijg nog kramp in mijn vingers als ik eraan denk. Je meende iemands afkomst te herkennen aan de manier waarop hij zijn vork en mes vasthield. Jij, die met een stuk hout je eten naar binnen duwde. En wat was je netjes op je goed, ouwe schaamlapdrager, altijd maar broeken persen en jasjes schuieren.

Heb je je telmanie ook aan de jappen overgehouden? 's Morgens op weg naar de latrine hield je je eigen dodenappèl en telde je de blote voeten die uit het afleghuisje staken: tien, twaalf, dertien paar... Hoeveel doden, hoeveel hamerslagen dreunden na elf maanden spoorlijn in je hoofd? Lag je dat thuis na een driftbui op de divan uit te rekenen?

Dertig maal dertien is driehonderdnegentig, maal elf, is vierduizendtweehonderdnegentig. Vierduizendtweehonderdnegentig plus vijfduizendzeshonderdtwintig is… uren kon je hardop liggen rekenen. Het waren de kousevoet-uren. Sssst. Niet fietsen op de gang, geen gerommel in de keuken, niet doortrekken. Nu even geen blokfluit, Ada. Ssst… Saskia, je tekendoos. Moeder haalt het rooster voor de deur naar binnen. Een lapje tussen de bel, gordijnen dicht. Ajò, geen gegiechel op de slaapkamers, niet zuchten onder het lezen. Stil, stil, op je tenen ssst. Pappie telt.

Kom vader, mijn bord is leeg, ik betaal en we tellen de rekening niet na.'

Kort na mijn zwempartij stuurde een van de aangeschreven overlevenden van de Junyo Maru mij een kopie van een verslag dat mogelijk een ander licht wierp op mijn vaders telmanie. Het betrof een getuigenis van een zekere meneer De J., in het oude Indië werkzaam bij een boormaatschappij. De J. probeerde kort na de oorlog een zaak aan te spannen tegen kampgenoot Mr X, 'een verrader die minstens een van mijn kameraden de dood in heeft gejaagd'. De getuigenis leek me eindeloos gekopieerd want het tiksel was niet alleen vaag en slecht leesbaar, de marges stonden ook nog eens vol opmerkingen en namen in verschillende handschriften. Met de nodige moeite kon ik eruit opmaken dat Mr X in diverse kampen langs de spoorweg voor tolk speelde. In de jaren dertig had hij ooit een paar maanden als scheepsagent in Japan gewerkt en hij liet zich erop voorstaan goed Japans te spreken. In werkelijkheid kwam hij niet verder dan een paar beleefdheidsfrasen, maar als hij de kans kreeg, gebruikte hij zijn kennis om een wit voetje bij de Japanners te halen. Mr X had met zijn ongevraagde diensten al een paar keer voor moeilijkheden gezorgd en werd door zijn lotgenoten daarom zoveel mogelijk gemeden.

Het verslag van meneer De J. gaf geen uitsluitsel over eventuele straf of schuld van de foptolk. De zaak doet er ook niet toe. Redde wie zich redden kan. Mij ging het om de ene regel die mijn vader in zijn getuigenis kreeg.

Meneer De J. beschreef hoe hij na een werkdag met een bielsploeg van zes man de sawah in liep, zogenaamd om een tijdens een bandjir weggespoelde partij bielzen op te sporen, in werkelijkheid was het de mannen om een losgebroken karbouw te doen. Zonder over de eventuele gevolgen na te denken grepen zij het beest bij de horens en leidden het naar het kamp. Dit alles onder toezicht van een Koreaanse bewaker en een Japanse soldaat, die in ruil voor de helft van de buit bereid waren de andere kant op te kijken. Helaas lukte het de mannen niet de slachtpartij in stilte te voltrekken, de opwinding onder de barakgenoten was te groot, niemand beschikte over een behoorlijke klewang om de karbouw in stukken te snijden. De bielsploeg werd met bloed aan hun handen betrapt. De tolk bleek hen bij de commandant te hebben aangegeven, hij was bang voor represailles, 'beter zes gestraft dan een hele barak' was zijn argument.

De mannen werden twee dagen gemarteld. Hun namen stonden in een voetnoot vermeld, mijn vader was een van hen. Eén man overleed een nacht later aan de gevolgen. Vier, onder wie meneer De J., kregen na afloop nog eens een week eenzame opsluiting. Mijn vader wist de Japanners zo te imponeren dat hij na de marteling als enige in de ziekenboeg op krachten mocht komen. Hij zou zich die twee dagen als een 'fakir' hebben gedragen: 'dank zij een vorm van zelfhypnose gleed alle pijn van hem af.' Eén zinnetje, meer niet. Die meneer De J. wilde ik graag spreken.

Pensioenfondsen doen wonderen. Meneer De J. leefde nog en woonde keurig in Wassenaar. We spraken af op neutraal terrein, in een theehuis aan een plein dat bruin van de bladeren zag. De J. had het in zijn leven veel te druk gehad om over vroeger na te denken, altijd maar reizen en boren, Brunei, Latijns-Amerika, Nigerië, de hele wereld rond, verdomd interessant, maar nu hij oud was had hij, 'een Indische jongen', voor het moederland gekozen. En hier, waar iedereen over de oorlog kletste, kwamen die verdomde herinneringen boven. 'Wat wil je weten,' bitste hij. Nee, niet zijn levensverhaal, en ook het kamp hoefden we niet op te boren. Mijn vader, wat vond hij van mijn vader?

'Een man die zich kon verplaatsen, zou ik zeggen, een mind-traveller. Hij kon pijn verdragen alsof hij er zelf niet bij was. Toen ze hem een nagel uittrokken, een levende nagel, gaf hij geen kik. Justin kon met gestrekte armen een volle emmer water boven zijn hoofd houden, niet vijf minuten, zoals wij, maar één kwartier, een vol kwartier, zonder ook maar één druppel te morsen.'

Meneer De J. nam alle tijd, hij zag erop toe dat ik alles behoorlijk opschreef. 'Noteer: één kwartier... dat was zeer uitzonderlijk en ik weet het nog goed want je vader telde elke seconde en minuut. Dat was zijn geheim.' En terwijl ik schreef, slurpte hij zijn koffie en keek dromerig naar een hond die buiten in de bladeren speelde.

'Als je die emmer liet zakken, kreeg je met de zweep, kregen we allemaal, je vader ook, maar hij kon ertegen. De jappen wisten niet wat ze aan hem had-den. Sterke vent, je vader. Hartkwaal? Verbaast me... Hij kon ook goed imiteren, een kwakende pad na-doen bijvoorbeeld of een brullende tijger, zo goed dat je werkelijk dacht dat er een beest in je cel zat. Hij maakte de bewakers doodsbang. Justin speelde dat hij geen pijn had, ja, ja, dat moet het geweest zijn, hij concentreerde zich zo hevig dat hij uit zijn eigen li-chaam stapte. Maar als het hem uitkwam kon hij zich ook vreselijk aanstellen. Hij kletste zich met allerlei kwalen de ziekenboeg in, dat heeft hem uiteindelijk ook gered.

De jappen hebben zich twee dagen met ons ver-maakt, om de zes uur sleepten ze ons die hokken in, ieder apart, dus ik heb je vader niet gezien, maar ho-ren deed ik hem ook niet. Wij kermden tot het laatste restje leven. Niet veel later is onze kongsi voorgoed uit elkaar gehaald, ik werd voor straf naar de kolen-velden gestuurd.

Na onze bevrijding kwam ik je vader in het herstellingskamp tegen, ik vroeg hem hoe hij dat toen in godsnaam geflikt had. Ingewikkelde sommen maken, zei hij, van een of andere fakir afgekeken. Typische vent, typische vent,' zei meneer De J. en zijn blik dwaalde af naar het plein en de spelende hond.

Mijn vader leerde mij ook rekenen, zonder slaag, zonder pijn. Ik heb het gewoon opgepikt van horen zeggen.

Ik wist niet wat ik van mijn vaders kampgenoten denken moest. Meneer De J. keek zo afwezig dat ik hem niet durfde te vragen hoe hij zijn eigen pijn gedragen had. Ingepakt en op een kopreis meegenomen? Later ergens in een boorgat uitgebruld? Zijn stem klonk droog: 'Sinds die nagel nooit meer een traan gelaten, ja één keer, toen… ach laat maar.' Ik liet het zo. En de anderen?

Ze hadden geleden, zoveel was duidelijk, en ze waren er nog trots op ook. Drieëneenhalf jaar krijgsgevangene, drieëneenhalf jaar getreiter. Ze zagen de gatkant van de wereld, toch straalden ze overwinning uit. Die triomfantelijke blikken als ze aan de streken dachten die ze de jappen hadden geflikt, stoute jongens waren het. Zwakte wezen ze af. En ik toonde hun zwakte.

Ik zei: 'Hij sloeg.'

'Zit je daar nog mee?' zei er een.

'Ja.'

'Een pak slaag heeft nog nooit iemand kwaad gedaan.'

'De oorlog zat hem dwars,' zei ik voorzichtig.

'Ach, wat een aanstellerij.'

Ze reageerden ongemakkelijk, ik herinnerde hen te veel aan de kwade kanten van het overleven. Wie had er niet een pannetje eten van een opgegeven kongsigenoot gebietst of kleren uit het lijkenhuis aangenomen? Oorlog is oorlog, we moesten door.

Dus het kamp had mijn vader toch nog te pakken gekregen? Ja, ja, en ze staarden dof voor zich uit. Nou, dat zou hun niet overkomen. Zij zaten nergens mee, maar als ik diep in hun ogen keek, zag ik dat het eten van een stervende niet al te best bekomt en ook een gestolen hemd kan 's nachts nog danig knellen. Omkijken had geen zin, het verleden kreeg zijn plek en ik mocht de orde niet verstoren.

Ik reageerde niet anders: wat moest ik me bij een gemartelde vader voorstellen? Ik zag grimassen zonder pijn. Een vader zonder gevoel. Kon begrip haat verdringen? Ik durfde nog geen ruimte te maken voor de nieuwe feiten.

Na deze mannen had ik genoeg van oorlog en bravoure, ik wilde zachtere stemmen horen en herinneringen aan de groene morgens uit het Java van mijn vaders jeugd, hoefgetrappel en krakende koetsen in Batavia – met trouwgordijntjes –, van lijken had ik mijn bekomst. Ik besloot zijn halfzuster Edmee op te zoeken. Het zou even slikken zijn om de hand van een zelfverklaarde Ariër te moeten schudden, maar ik

ging niets uit de weg om dichter bij mijn vader uit te
komen.

Mijn nieuwe tante viel mij wankelend om de nek, ik
stikte haast in de make-up en rouge die haar wangen
bedekten. Ondanks haar rimpels zag ze er nog verdacht jong uit. Maar wat een del. Ze droeg iets wappe-
rends roze, zwarte uilewimpers klapten me toe.

Ik had het uur van mijn komst in een brief aange-
kondigd – theetijd –, keurig met een bloemetje in de
hand, maar ik hoefde niet eens aan te bellen, ze lag op
de loer. 'Eindelijk,' zei ze, 'wat ben je zalig groot, eindelijk weer familie aan mijn borst', ze plette mijn
boeket en duwde me de zitkamer in. De kaarsen
brandden, glazen en nootjes stonden klaar. En ze had
nergens op gerekend, zei ze, de hele afspraak was haar
door het hoofd geschoten.

Er hing een lichte petroleumgeur om haar heen,
sherry, te oordelen naar het etiket van de lege flessen
naast de krantenbak. Haar rouge kon haar drank-
zucht niet verhullen en toen ze me losliet om een
glaasje in te schenken zag ik dat haar hele kamer roze
was: lampekappen, kussens, antimakassars, kermis-
roze, drie ballen voor een kwartje, en boven de deur
hing een onsmakelijke jezus aan het kruis.

Ik had nog maar net op de hernieuwde band ge-
toost of ik moest naast een foto van mijn vader gaan
staan, een geretoucheerd portret dat ze voor de gelegenheid boven op de televisie had gezet, op een kanten kleedje met een brandend kaarsje ernaast. Hoe

leek ik niet op hem, Justin was nog geen twintig op die foto, de darling. Edmee nam me bij beide handen en trok me een paar passen naar achteren om zo samen beter naar de foto te kunnen kijken. Ze sloeg een kruis en toen ik me van haar losmaakte, wilde ze me opnieuw omhelzen. Gebaren, maar ik trapte er niet in. Mij eerst laten vallen en nu niet meer loslaten. De ergernis die ik bij de eerste aanraking had gevoeld sloeg om in misselijkheid, alsof ik met mijn gezicht in een bak zuurstokken werd geduwd. Alles aan haar verschijning was vals, haar wimpers, juwelen, de plastic parels op de gleuf van haar borsten en wie weet haar met een bibberhand gelakte lange nagels.

Ze kon niet praten zonder me erbij vast te houden, volgens mij had ze in geen weken een mens gezien. En zeuren! Ze kwam niet rond, haar man, die Britse officier, had haar voor een jong mormel ingeruild. Stank voor dank, z'n hele carrière achter hem aangelopen, Aden, Cyprus – 'he did the killing, I did the cooking' – uiteindelijk naar Rhodesië geëmigreerd en daar werd ze na vierendertig jaar als oud vuil aan de kant geschoven. Hun enige zoon, Ken, haar darling boy, sneuvelde in de Rhodesische oorlog. Ze kreeg maar een schijntje alimentatie, het pond werd minder waard, haar advocaat had haar beduveld, en haar ex beantwoordde de post niet en of ik daar nou niet wat aan kon doen. Van de rest van de familie kon ze ook al weinig steun verwachten, haar laatste halfzus was vorig jaar gestorven. Wie? Tante Pop, tante Régine? Alle twee ja, kasian, allemaal dood, broer ook, Pop was de laatste, hart ja (zwak geslacht, ik maakte me ter plekke zorgen). Alleen in Australië woonden nog een broer en zus, slechte briefschrijvers ja, en mijn nooit-van-gehoorde neven en nichten waren over de aardbol uitgewaaierd. Ik was nou toch een schrijver, had ze begrepen, en familie was er om elkaar in nood te helpen. Mijn vader was haar darling broer: 'I miss Justin desperately.'

Val dood, dacht ik, waarom heb ik je vroeger dan nooit gezien. Vertel over mijn vader en zeg mc: heb je zijn eerste vrouw gekend en Roeliana en Roediono?

Nee, eerst nog even haar rabbelzak geleegd, één lange klaagzang, alsof ik een oude jaargang van *Libelle* zat door te bladeren. Suizelingen, hyperventilatie, straatvrees, knobbels in haar borst en nu had ze pas gelezen over een nieuw soort evenwichtsziekte, die had zij ook, niets bleef haar bespaard. Een auto kon er niet meer af en kijk nou toch hoe oud haar ice-box en die plekken op het kleed…

Ze ratelde de pancake van haar wangen los. De smoezen om op te stappen schoten door mijn hoofd, maar je lult mee, geeft raad en wijst naar Jezus, ook een doorzetter. En je kijkt haar nog eens aan: lijkt ze nou op mijn vader of niet? Zelfde zwarte ogen, neus iets te lang tegen het raam gedrukt en een lik uit de pekketel, ook zij, dat smeer je niet weg.

Ach, wat doe je. Je zwicht, je neemt nog een sherry om die goedkope petroleumsmaak weg te spoelen, je zuipt samen een fles leeg, je neemt haar mee uit eten en je weet dat ze het duurste van de kaart zal kiezen.

De drank beurt haar weer op, ze smeert zich nog eens onder, sjort haar oude borsten op en de lippenstift klontert om haar wijnglas. Je kijkt haar vriendelijk aan en je vraagt naar Indië. Ze luistert niet, ze danst om al je vragen heen, ze valt, blijft liggen bij een klein verhaal, je helpt haar op en noemt een eiland: Java, een stad: Batavia, een stille buitenwijk en met moeite vind je een pad in haar gezwets.

Eindelijk zit je samen op de veranda en de toekan schreeuwt en de tjitjak plakt zijn pootjes aan het gaas en twee inlandse jongens verkopen je een serindit voor een gobang – tweeëneenhalve cent, die had je toen nog – en de toké verschiet van kleur, roze, de hele lucht wordt donkerroze want de avond valt en de djongos draaft en je hoort cicaden in het kaatsen van haar parels.

'Onze tuin bij zonsondergang... alle groen kwam samen in één kleur, roodzwart, en alle planten sloten zich in één geur, de gardenia's, jasmijn, de witgele frangipani, het citroengras, een geur die je flauwsloeg. En daar zaten we, zaterdagavond, buiten in de rotanstoelen, stroop soesoe in de kan, mijn haar nog nat van het bad en Justin in zijn nieuwe witte toetoep, zijn kin strak tegen de nog stijve boord. Justin op verlof en vol verhalen over de dienst. Ik zat aan zijn voeten en luisterde met mijn ogen dicht om me zijn avonturen beter te kunnen voorstellen, zelfs mijn halfzusters kibbelden niet meer, het personeel stond gebogen achter het kamerscherm en onze moeder vijlde verveeld haar nagels. Tergend langzaam, tegen de opgewonden toon van Justins woorden in, alsof ze viool speelde en een eigen geluid in het donker wilde gooien.

Wij hadden een mooie moeder, een moeder waar je stil naar kijken kon. Een moeder die geen woorden nodig had, één oogopslag en je hield je mond, ze had felzwarte irissen en lange zware wimpers. De dag verveelde haar, de warmte maakte haar lui en moe, maar tegen de avond keerden haar krachten terug. 's Zaterdagsavonds ging ze uit, haar jurken lagen klaar en ik mocht helpen kiezen.'

Edmee beet op haar parels en liet ze langs haar tanden tikken, ook vals, aan de doffe klank te horen. 'Hè, moet dit nou,' verzuchtte ze. Wat liet ze zich toch weer gaan, Indië was een afgesloten hoofdstuk. Sinds Soekarno volkomen verpest. Teruggeweest? Nee zeg, ze keek wel uit: oude liefdes moest je laten rusten. Ze hield meer van de nachten in Afrika. 'De trommelaars die elkaar over de velden heen hun verhalen vertellen, de droge hitte en de geur van verbrand hout. Je kent het…'

'Laten we dan alleen over Justin praten.'

'Ondanks haar traagheid had mijn moeder een vurig karakter, overspelig, er is geen ander woord voor, ze genoot van geheime afspraakjes, kleine leugentjes, stiekeme uitstapjes. Haar avond was bedorven als ze na een muziekuitvoering niet met een handvol kaartjes van aanbidders thuiskwam. Zo was ze als jong meisje al, iedere man kende haar, op partijen hoorde je het gefluister achter haar rug. De Roos van Soerabaja, daar gaat de Roos van Soerabaja, haar familie kwam daarvandaan, Franse adel, gevlucht voor de revolutie. Je vraagt het niet maar ik zeg je, het is voor een dochter niet makkelijk zo'n naam te overtreffen. Ze was een ster en ze verblindde iedereen, ze wilde voor elke man een verleidelijk enigma blijven, ze ontkende de moeder van haar kinderen te zijn. Volgens mijn halfzusters heeft niemand haar ooit zwanger gezien, ze droeg het liefst wijde japonnen, baby's wierp ze letterlijk in de bijgebouwen. Geen van de kinderen mocht haar in het bijzijn van vreemden "mam" of "moeder" noemen, we moesten altijd Odile zeggen, of madame. Soms ging ze dagen achtereen uit, ze kwam wel thuis, maar vertoonde zich niet, ze vond het zo zielig voor ons om telkens afscheid van haar te moeten nemen.'

Edmee nam een slok en slaakte een diepe zucht, en of het nu de wijn was of de smaak van de herinnering, ze trok een vies gezicht.

'Ze was de hele week met haar toiletten bezig, elke dag de naaister over de vloer, ik heb nog een tasje van haar, met zwarte kraaltjes...'

'Mijn vader was veel ouder dan u...'

'Mannen, zonen, het maakte geen verschil, ze danste met elke broek. De boys werden veel meer verwend, de naaister maakte de mooiste kostuums voor ze, absolute dandy's. Bij party's werd ik als jongste aan de baboes uitbesteed. Elke zaterdag feest, zomaar om onder de mensen te zijn, verjaardagen vierden we

niet, ze haatte de kalender, haar leeftijd was een zon-
de, niemand wist hoe oud ze was. O she was so colo-
nial, ze zeurde net zolang tot ze de was óók naar Parijs
mocht sturen, net als de rijke planters. Daddy heeft
zich voor haar diep in de schulden gestoken. En weet
je, ik ben half door de baboes opgevoed, wat ik niet
heb moeten afleren! Ik kon beter met mijn vingers
eten dan met een lepel, liever een pisangblad dan een
bord, en die vieze ziektes, spoelwormen, luizen en…'

'Moest mijn vader ook met zijn moeder dansen?'

Edmee lachte om de walging op mijn gezicht.

'Vooral zijn zusters hadden het moeilijk,' zei ze, 'je
weet hoe mooi ze waren, Odile was ontzettend jaloers. Of ze stopte haar dochters weg en ontkende
glashard dat ze kinderen had, of ze liet ze in haar eigen kleren paraderen. Ze bond hun haar in een
wrong, gaf ze make-up en juwelen, ze moesten er zo
oud mogelijk uitzien. Als ze uit rijden ging, deed ze of
haar dochters vriendinnen waren.'

'In de rouwkoets.'

'Oh no, later, de stoeterij was toen verkocht en de
familie weer herenigd, dit speelt zich allemaal na het
drama af.'

Ze tikte met haar ring tegen de lege wijnfles en ik
bestelde een nieuwe. 'Je kent het drama?'

'Mijn moeder heeft het mij verteld.'

'Wat weet die er nou van?'

'Van mijn vader, denk ik.'

'Het was te verschrikkelijk.'

'U moest nog geboren worden.'

'Het heeft anders ook míjn leven bepaald.'

De ober schonk in, maar toen hij de vegen van haar rode lippen op het glas zag, hield hij halverwege op en bracht haar een schoon glas.

'Fijn dat je me hier mee naar toe genomen hebt, ik ben al jaren niet meer zo verwend.'

'Was het haar schuld?' vroeg ik.

'Schuld, schuld, Odiles eerste man was een absolute fool, sorry je vraagt het en ik zeg het: hij draagt zelf schuld, die man was ziende blind.'

'Ik weet alleen dat niet een van zijn kinderen van hem was.'

'Ze leken alle zes op haar ja, dus voor de buitenwereld was er niets vreemds aan de hand. Wat dat betreft was die hele toestand onnodig. Niemand weet of haar verhaal waar was. Odile heeft zich altijd in raadselen gehuld, tot op haar sterfbed heeft ze gezwegen, ook mijn daddy kende haar geheimzinnige lover niet. En als hij het wist heeft hij de naam mee in zijn graf genomen. Daddy was veel ouder dan Odile, hij was al tevreden dat hij met haar mocht showen.'

'U lijkt op mijn vader.'

'Wat wil je daarmee suggereren?'

'Niets, dat jullie allebei op je moeder lijken.'

'Dank je. Ja, ik hield veel van Justin, hij was de oudste en de enige met wie ik thuis goed contact had. We scheelden twaalf jaar, maar hij nam me altijd in vertrouwen, leeftijd telde niet voor hem.'

'Dat hebben we gemerkt, hij…'

'Luister nou, ik heb het uit de eerste hand, je vader

was de hoofdgetuige: op een zondag na de ochtendmis werden alle kinderen bijeengeroepen. Odile was er weer eens niet en hun vader, jouw zogenaamde grootvader, wachtte ze op in de hall, hij droeg zijn rijpak en tikte ongeduldig met zijn zweep tegen zijn laars. Allemaal op een rij en luisteren. En zo moesten die arme kleintjes horen dat hun moeder er jarenlang een vreemde lover op na had gehouden. Ja, hij kon het zelf ook niet geloven, zei hij, doof als hij was voor gefluister en geruchten, maar Odile had het hem de nacht ervoor tijdens een woedeuitbarsting allemaal opgebiecht. Hij was dus hun echte vader helemaal niet. Het speet hem, ze moesten voortaan maar veel voor hun moeder bidden. Die kinderen begrepen er niets van, alleen Justin vermoedde dat er iets heel ergs aan de hand was. Hun vader liep gebroken de trap op. Halverwege haalde hij een pistool uit zijn laars en schoot zich een kogel door zijn kop. Hij stortte achterstevoren naar beneden. Op de houten vloer, vlak voor Justins voeten. Pats.' Edmee sloeg met haar hand op tafel en keek me kwijlend aan.

'Zo zal hij het mijn moeder vast niet hebben verteld.'

'Na het schot hinnikten de paarden in de stallen, dat is je vader altijd bijgebleven. Justin was een gevoelige jongen.'

'Daar heb ik niets van gemerkt.'

'Niet zo slim, neefje. Die darling moeder van hem heeft haar kinderen nog voor de begrafenis naar het weeshuis gestuurd, ze kreeg een zenuwinzinking en kon niet meer voor ze zorgen. Je had je tante Pop er later over moeten horen: al hun mooie kleren afgenomen, haren gekortwiekt voor de luizen, en onder het bidden werd het eten van hun bord gestolen. Totaal geen tucht gewend, het was extra hard voor ze.

Twee jaar heeft madame haar kinderen daar laten zitten. O, ze zocht ze weleens op, maar dan speelde ze de berooide weduwe en kwam ze een schoon rouwlapje op hun mouw spelden, want al gaf ze dan geen cent om haar kinderen, ze moesten wel hun verdriet tonen, niet zozeer in hun hart maar op hun weeshuisuniform. Odile heeft de erfenis er in een mum van tijd doorheen gejaagd, ze maakte een reis naar Parijs – om te vergeten – en ze schijnt met koffers vol zwarte avondtoiletten te zijn teruggekeerd; op de boot heeft ze mijn vader ontmoet. In Batavia zijn ze onmiddellijk getrouwd, in het zwart, de Roos van Soerabaja in de rouw! De pastoor gaf alleen zijn zegen als daddy ook alle kinderen uit het eerste huwelijk in huis zou nemen. Kort na mijn geboorte heeft hij toen een groot huis gekocht en moest hij ook nog eens zes vreemde monden voeden. Daddy was veel te goed voor deze wereld, poor man. Hij was een studeerkamerman die zelden uitging, maar hij vond het heerlijk om vrouwen om zich heen te hebben die zich vermaakten.'

Edmee vouwde haar armen dramatisch over haar borsten en er dampte een weeë wolk uit haar op.

'Ja, onze Odile was een groot actrice, hoeveel mannen zij geen zand in de ogen heeft gestrooid, tot de pastoor aan toe. Want vergeet niet, voor de buitenwereld leidde ze een deugdzaam leven: 's zondags tweemaal naar de kerk en als het even kon door de week naar de vroegmis. Haar dans- en feestlust zagen de mensen als een onschuldig vermaak; wij die achter de coulissen leefden wisten hoe onverschillig ze kon zijn.

De zelfmoord bleef natuurlijk een groot geheim, geen woord erover, ook bij de kinderen niet. Ik was al volwassen toen ik het voor het eerst van Justin hoorde; vreemd, ik had zo'n band met hem, toch durfde hij het me pas in Holland te vertellen. Je vader praatte altijd honderd uit om maar vooral de indruk te wekken dat hij niets te verbergen had. Van hem hoorde ik ook dat Odile nog een deel van haar erfenis aan de kerk heeft gelaten om haar eerste man in gewijde grond te kunnen begraven. Schone schijn, daar ging het haar om.

Spijt was een woord dat onze moeder niet kende. Als je het over ongevoelig hebt, zíj was een harde.'

Edmee was ook hard geworden, zei ze. Gevoelens? daar geloofde ze niet meer in, ze had geen hoge dunk van de mensen en gelijk had ze.

We goten er nog een fles in, en een glaasje armagnac, twee, drie… de keukenploeg zat verveeld achter de bar te kaarten. Ze begon te snotteren, ik gaf haar mijn zakdoek en kreeg een roze lap terug. Nou ja, dat was dus Batavia: andere zeden, andere gewoonten, geen Hollander die dat begreep.

Ik stond op, maar ze duwde me terug in mijn stoel.

Praten moest ze, we waren toch familie. Ze woonde alweer vijftien jaar in Nederland en het was nog steeds verschrikkelijk wennen, alles zo popperig en benauwd hier en stil in huis, geen bedienden. Ze lééfde op kalmerende druppels. Wat ze hier zocht begreep ze ook niet. De sociale voorzieningen waren goed ja, al had ze lang op een huis moeten wachten. Op een vreemde manier had ze haar Nederlandse nationaliteit altijd behouden. 'Uiteindelijk zoek je toch je roots, familie, weet je.' Dat was het ja, ze zocht haar uiteengerukte familie.

Ze draaide mijn linkerhand om en begon met haar pinknagel de lijnen in mijn palm te lezen. 'Je begint een tweede leven,' zei ze, 'na een breuk komt alles weer goed.' Haar nagel kroop tot onder mijn manchet en haar schoen wreef langs mijn enkels. 'Je draagt geen ring.'

Ik moest me beheersen om haar geen trap te geven. Gatverdamme, en dat wou mijn ouwe lieve tante worden. Ik trok mijn handen terug en veegde ze af aan mijn servet, je weet niet wat je oploopt aan tafel, voor je het weet word je familieziek.

Zo intiem, zo recht in haar natte zwarte ogen, vroeg ik hoe blank haar moeder was.

'Odile Didier?' vroeg ze met hoge stem, 'pur sang, lelieblank kan ik wel zeggen, haar ouders spraken thuis nog Frans.' Het spatte er Indisch uit, haar Engelse deun verdween op slag.

En Odiles minnaar?

Ze haalde haar schouders op.

'Kom nou, kon iemand in Indië een geheim bewaren?'

'Eh… het was een buitenlander, geloof ik.'

'Buitenlander? Iedereen was een buitenlander in de ogen van een Française. Ook een Javaan.'

'Ach, zeur niet. Ze stond mijlen boven de kampong.'

Na lang trekken en slijmen kwam het eruit: Odile hield er een Italian lover op na. Ze vree tien jaar met haar Napolitaanse kapper. Dat is nog eens coifferen. Maar het was absoluut niet zeker dat hij ook de vader van haar kinderen was. Niemand wist dat zeker. 'Echt waar', na het drama nam de kapper de boot naar Europa: 'Je kent de Italianen, angsthazen, die vent was zich natuurlijk doodgeschrokken.' Edmee keek me triomfantelijk aan, zo dat was eruit, adoe zeg, ze kreeg het er warm van. 'Nou ja, nu ken jij ook ons grote familiegeheim.'

Alsof ik zulke verhalen niet al vaker had gehoord. Italiaans bloed, half Nederlands-Indië had Italiaans bloed, er moet een heel regiment kappers overheen zijn getrokken.

'Je moet je vader niet langer besmeuren,' zei ze vinnig, 'Justin en zijn broers en zusters waren misschien een beetje donker maar beslist blank. God, alle Fransen hebben een donker uiterlijk.'

Ik zei niets meer, ze kletste zichzelf wel klem.

'Kijk niet zo insinuerend, daddy Van Bennekom was ook pur sang, echt waar.' Of mocht dat niet meer tegenwoordig? Was bruin soms bijzonderder? Edmee haalde snuivend haar neus op, ze was trots op haar Europese bloed.

'Arisch,' zei ik, en ten teken dat ze het goed verstaan had gooide ze haar restje armagnac in mijn gezicht.

Enfin, het liep uit de hand. Ik zei dat ik niet in Napolitaanse kappers geloofde en we kregen verschrikkelijke ruzie. Ze wou zelfs niet door mij naar huis worden gebracht, ze stond op een taxi, door mij te betalen uiteraard. Aan de adressen van mijn verre neven en nichten kwamen we niet toe. Ik moest er ook niet aan denken ooit nog familie van mijn vader onder ogen te komen.

En toch, ik was nog niet klaar met deze tante. Ik had spijt van onze ruzie, we hadden nauwelijks over mijn vader gesproken. Had ze Sophia Munting gekend en Roeliana en Roediono? Wie anders dan Edmee kon me over zijn eerste huwelijk vertellen? En moest ik haar ook niet helpen, ze wankelde langs een afgrond, een beetje meer aandacht en geld en ze zou het redden. Ik kon haar een kamptrauma aansmoezen, een uurtje huilen bij een psycholoog van een of andere uitkeringsraad en ze kreeg er een maandgeldje bij. Ik zou Saskia om de formulieren vragen. Met die smoes belde ik Edmee op.

De tweede keer ging het beter. We kozen voor de ochtend, Edmee zonder kegel en beter ter been, al greep ze me bij het lopen nog steeds vast. Evenwichtsstoornis, beslist, ik nam me voor een goede specialist voor haar te zoeken.

Al moest ik me eerst door een roze taartje eten en kon ik haar met moeite van 'een klein small glaasje' sherry afhouden, uiteindelijk wilde ze wel degelijk over mijn vader praten. Ook zij bleek ontevreden over onze eerste ontmoeting, de gelijkenis met Justin had haar te veel verward. Als ik dan per se iets meer over hem wilde weten, moest ik eerst eens in de brieven neuzen die hij kort na de bevrijding naar huis had gestuurd. ('Beleefdheidshalve aan mijn moeder gericht,' zei ze, 'maar ze waren voor mij.')

Ze ontsloot de deur van een kleine zijkamer waar in een verveloze kast haar verleden zat opgeborgen. Samen op de knieën en graven in een geur van warme landen. 'Ik heb die brieven nooit herlezen,' zei Edmee, 'volgens mij kwamen de meeste regelrecht uit het kamp.'

'Waar zaten jullie toen?'

'Op Java.' Ze trok een rieten doos uit de rommel en haalde er een hoop rafelige briefjes uit: 'Hier, neem de tijd, ik weet niet of ze op volgorde liggen.' Ze deed de deur achter zich dicht en liet me alleen in het onverwarmde hok.

Eerst ruiken… in mijn herinnering roken de weinige dingen die ik nog van mijn vader bezat naar tijgerbalsem, het spul waar hij zich dagelijks mee insmeerde om zijn bloedsomloop te stimuleren, een geurvlag die altijd bleef hangen. Maar dit keer vond mijn neus geen houvast; dit stonk naar vóór mijn tijd.

Brieven... vodjes leek me een beter woord, afge-
scheurde reepjes oorlogspapier, meer was het niet,
met potlood beschreven, genummerd, maar zonder
datum, en er zaten scherpe vouwen in, waarschijnlijk
zonder envelop gepost, de afzender stond achterop:
Herstellingskamp Pakan Baroe, Sumatra.

Nummer één was tevens de langste, ik kon het potlood maar met moeite lezen.

'Madame,

In de allereerste plaats ben ik kerngezond uit deze hel
te voorschijn gekomen en ik hoop dat met jou en de
andere familie ook alles goed is. Heb je al iets van Sophie gehoord? Ik nooit iets, ook niet per Rode Kruis.
Wij ontvangen gemengde berichten uit Java. Nou ja.
Ik heb altijd tot de fitten behoord en werk nu als kok
in het herstellingskamp. Als je in de keuken werkt valt
er nog weleens wat af. We hebben het opperbest en
worden volgestopt met blikjes, cigaretten e.d. In het
begin gooiden vliegtuigen deze dingen per parachute
uit, later landden ze ook. Alle Engelsen tussen onze
zieken zijn reeds afgevoerd. Er zijn hier honderden
Hollanders die het niet hebben gehaald, veel jongens
die jelui kent. Paul, de zoon van mevrouw 't Hin, is
een week voor de bevrijding gestorven. Vooral de
laatste maanden waren zwaar, elken dag gingen er
meer. Ik zou jelui wel een lijst kunnen sturen, maar
veel namen kan ik me nu niet herinneren. Aan een

beetje geheugenverlies lijden we allemaal. Men zegt vitaminegebrek. Zal wel weer overgaan. Met klagen komen wij er niet. Mijn tanden groeien alweer vast, wegens vitaminegebrek zaten ze allemaal los. Ik slik vijfentwintig pillen per dag. Eenmaal verenigd wil ik drie jaar slapen en als een Rip Vanwinkle wakker worden in een vredige tijd. Wij zijn hier allen zoo moe.

Deze week worden de Australiërs en Engelsen naar Singapore afgevoerd en ik hoop ook dat ik vlug naar Batavia gestuurd zal worden. De Hollanders steken geen hand uit. Had iemand anders verwacht?

En hoe is het met mijn lieve kleine zusje? Edmee moet nou achttien zijn, zal ik haar wel herkennen als jelui in Priok aan de kade staan? Geld heb ik niet meer, maar dat is niet erg, ik heb het hier ook niet nodig. Zijn er alweer bals in Batavia? Ik hoor net schreeuwen dat de post sluit. Ik kan het dus niet te lang maken. Tot ziens, J.

Als de familie de gelegenheid krijgt naar Australië te gaan, neem die dan aan. Veiligheid gaat voor alles. Ik kom wel na. Zoen Edmee.'

Hoe anders was dit handschrift dan de getekende letters die ik me van hem herinnerde. Sommige woorden waren sterk aangezet, andere haast onleesbaar zwak, de regels golfden, in de punten zat de meeste kracht. Je kon zien dat zijn hand jaren niet geschreven had, zo onwennig leek zijn schrift. Ik vroeg me af of ik eerder een brief van mijn vader onder ogen had gekregen. Handtekeningen op mijn schoolrapport, fotobijschriften, lijsten met huisregels en gebruiksaanwijzingen, alles wat met tucht en ordening te maken had, alleen zo kende ik zijn schrift, maar deze regels lagen dichter bij zijn hart, hoe vluchtig en betekenisloos ze ook waren. Met deze brief stapte mijn vader uit zijn handschrift, hij stond naast me, dit zei me meer dan een foto of een oude das die ik om sentimentele redenen in mijn klerenkast bewaarde. Hier golfde zijn stemming op papier, hoop en wanhoop, hard en zacht streden om de regel.

Lezen, rekenen en schrijven, drie vrije kunsten die ik voor het schoolgaan moest beheersen. Mijn vader nam alle tijd ze mij te onderwijzen en hij had zo zijn eigen methode. Nog voor ik goed en wel kon lopen, kreeg ik een potlood in mijn hand geduwd. Op de leeftijd dat een kind leert kleuren, trok ik mijn eerste letters over. De wangen van de *d* en de *b* precies tussen de lijntjes, het streepje van de *e* liggend, koest als een hond, de halen van de *l* een beheerste vlag. Ik heb de brieven nog die ik naast hem aan tafel moest schrijven. Bewaard, zo trots was de familie. Wat een angst spreekt uit dat handschrift. Overwonnen, dacht ik, maar met deze kampbrief onder ogen voelde ik elke mep weer branden, ook in deze alkoof zat mijn vader weer dicht op mijn huid.

Met mijn vaders brief in de hand en de bittere smaak van lood in mijn mond proefde ik hoe ik op mijn eerste schooldag uit drift een potlood doormidden beet omdat ik geen letter van de juf wilde leren. Ik kon het al, was al een reus die vloeiend schreef. Ze gaf me een nieuw potlood en ook dat beet ik doormidden. Twee, drie glanzend gele potloden legde ze voor me neer, om te kijken of ik bijten bleef, en de gek hapte toe, een mond vol schilfers. Alle kinderen keken. Wat een handschrift niet opriep.

Ik bladerde door de andere brieven. Kattebelletjes over nog meer sigaretten, blikvoer en familie. Hier en daar iets over politiek: 'Merken niet veel van de Soekarno-beweging, alles vrij rustig hier. Wel veel rood-witte vlaggetjes.' 'Hoor dat Holland kapot is. In Australië zijn die vier jaar normaal doorgegaan.' 'Nieuwsberichten horen we elke dag. Momenteel niet zo best. Soekarno e.d. erg vervelend. Ik maak mij werkelijk ongerust over jelui. De 15de October begint de KLM te vliegen, jelui moet zo spoedig mogelijk weg. Zorg voor biljetten. Vooral Edmee loopt gevaar, ze is een prooi voor hongerige soldaten. We moeten onze toekomst op Australië richten en weer terugkeren als het werkelijk rustig is. Ik organiseer hier een vlucht.'

Nog geen cent voor een vierdeklas bootreis, wel fantaseren over vliegen; toen al hoog in zijn bol. Geen regel over de periode achter hem, laat staan een gedachte aan zijn eerste vrouw Sophie, haar gezondheid of eventuele kinderen. De namen Roeliana en Roediono kwam ik niet tegen. Hoe kon hij ook van hun bestaan afweten?

Twintig briefjes verder vliegt onze Justin nog ook, zijn handschrift veert ervan op: 'Vandaag per vliegtuig van Pakan Baroe naar Palembang gevlogen. Ik moet erg vlug schrijven, over 5 min. gaat de post. Bedden, lakens, electrisch licht. Fantastisch. Het was mijn eerste vliegtocht en is mij erg meegevallen met een DC3 toestel. Mijn adres is Kamp Doorgangshuis, Palembang.'

En later: 'Er is hier ook een Soos. Het doet weer allemaal goed aan. Ik lig hier met dezelfde mensen, een erg gezellige kongsi. Muziek en dansen op de club in het oude burgemeestershuis.'

'Ik heb een paar mooie zwarte Amerikaanse schoenen op de kop getikt en een pyjama en ondergoed. Wel wennen, die kleren.'

'De Hollanders hebben het heft weer in handen. Er worden nogal wat buitenkampers in hechtenis genomen, wegens samenwerking met jappen en Duitsers.'

'Hij schrijft niets over de ontmoeting met mijn moeder,' zei ik toen Edmee me met een kop thee kwam opwarmen.

'Maar wel over mij. Heb je gelezen hoe gek hij op me was?' Ze graaide de brieven bij elkaar en ging op de punt van de kleine tafel zitten. Minder opgemaakt zag ze er beter uit. Uit de briefjes begreep ik dat ze nu zesenzestig, zevenenzestig moest zijn. De tropen waren mild voor haar geweest.

Ik had het koud gekregen en nam de thee en brieven mee de roze kamer in. De kaarsen brandden al en er stond brood en beleg klaar.

Edmee pakte een fotomapje van de tafel en hield het voor mijn gezicht. 'Voor jou,' zei ze, 'jij hebt je vader alleen maar ziek gekend, hier zie je hem in volle glorie.' Ze haalde een gekartelde foto uit het mapje: een knappe vrouw en een pafferige, bleke man in een gekreukt linnen pak, voor hen een jongen met een baby op zijn schouders. 'Justin,' zei Edmee, 'net uit het weeshuis, kijk maar wat een holle ogen, die baby ben ik en dat zijn Odile en daddy Van Bennekom.'

Het was de eerste foto die ik van mijn grootmoeder zag, de kleine Justin leek inderdaad op haar. Vlammende ogen, sensuele lippen, alsof ik mezelf zag staan, ik herkende ook de weekheid in die jongen, de weekheid die mijn vader zo in mij bestreed.

Op een andere foto zat Justin met een schetsboek onder een boom, parmantig, het hoofd iets naar achter geleund en bewust van zijn schoonheid. Hij groeide kiek na kiek, van korte broek naar double breasted pak, van burgerjongen tot soldaat.

Edmee spreidde de foto's als een patience-spel voor me uit: van links naar rechts in uniform, met of zonder pet, zakken op zijn knie of strakke hoge boord, in puttees of laarzen en daaronder Justin de sportheld, in rijbroek, in tennisshort of als bokser met een leren vuist naar de lens gericht, op elke foto de schouders breder. De laatste legde ze als troefkaart bovenop: Justin in een jurk met hoed, wijdbeens op een buitentrap.

Mijn vader in travestie. De man die mij tot vent probeerde te slaan droeg een jurk. En het stond hem ook nog, kin omhoog, een valse blik in de camera en een waaier pathetisch tegen zijn borst gedrukt. Ik hield de foto lachend omhoog: 'Deze lijst ik in, zo verleidelijk ken ik hem niet.'

'Het was een jurk van Odile, voor een gekostumeerd bal.' Edmee trok de foto uit mijn hand en stopte hem terug in het mapje. 'Als je er zo mee omgaat krijg je hem niet. Kleren zijn maar buitenkant. Hier, kijk eens goed naar al die verschillende gezichten: kind, jongen, man, steeds ernstiger.'

'En strenger.'

'De eerste maanden kwam hij nog trots met verlof, hij nam altijd presentjes voor me mee, een houten vogel of een zwarte oliekleurige steen. In het begin kwam hij ook met tekeningen thuis, landschappen van Soerabaja voor Odile, daar zat hij geloof ik tijdens zijn opleiding. Maar later hield dat op, hij werd stiller, bleef ook langer weg, infanterie hè, vuile karweitjes opknappen en telkens op patrouille. Hij had problemen met zijn overste, een fanatieke naarling, Odile schreef me er na de oorlog over, waarschijnlijk een van haar afgewezen lovers. Die kerel heeft Justin zijn hele diensttijd dwarsgezeten. Je ziet het op de foto's, zijn glimlach verdwijnt.'

'En zijn haar,' zei ik, wijzend naar een van de foto's van hem in uniform waarop zijn zwarte krullen tot een paar potloodstrepen waren gereduceerd.

'Ach, kepala botak, that's a sad story.'

'Ken ik, ken ik,' riep ik enthousiast, 'kepala botak, heeft hij thuis ik weet niet hoe vaak verteld. Bij bezoek kwam het altijd weer ter sprake, de gasten vroegen erom.' Ik bladerde in gedachten door mijn vaders verhalen en zag ons aan een grote zondagse rijsttafel zitten, tante Pop en tante Régine naast hem, tikkerdetik met hun paarse nagels tegen het kristal en klengeldeklengel hun gouden armbanden, laat de klinkers maar rollen. Mijn vader op het puntje van zijn stoel en het hoogste woord natuurlijk. 'Waar was het ook alweer, Djambi?' vroeg ik.

'Nee, Djogjakarta,' zei Edmee, ook zij ging ervoor zitten en smeerde verwachtingsvol een boterham.

'Ja, ja, Djogjakarta, land van steile akkers, bossen en manshoge kembang sepatoe.' Ik deed zijn accent na en Edmee keek me verwond aan.

'Laat dat,' zei ze, 'niet spotten.'

Maar ik was niet meer te stuiten.

'Ogen dicht, tante, ik neem u mee naar de voet van de Merbaboe. Justins eerste post na de militaire school, hij werkte daar als dardanel, mooi woord, maar veel bijzonders hield het niet in: oppasser of lijfwacht van een officier. Slechte springplank voor een jong infanterist.'

Edmee keek me boos aan. Zo kon ik niet verder. 'Is er wat?' vroeg ik.

'Je bent niet eerlijk,' zei ze met volle mond. 'Justin moest al op zijn zestiende het huis uit, hij kon kiezen tussen het klooster of het leger. Daddy zag geen mogelijkheid hem naar Holland te sturen, hij zat tot zijn nek in de schulden en Odile eiste dat alle kinderen zo snel mogelijk op eigen benen stonden.'

'Niet eerlijk? Maar wat heeft hij nou bereikt? Veertien jaar in het leger en nooit hoger dan sergeant-majoor.'

'Justin was reserve-officier en als hij na de oorlog in dienst was gebleven, had er beslist een carrière voor hem in het verschiet gelegen. Maar jouw moeder moest hem zonodig overhalen ontslag te nemen.'

'Djogjakarta vond hij in ieder geval een slechte start, dat zei hij zelf herhaaldelijk, daarmee begon hij zijn verhaal. Nooit werd er eens een kop gesneld, geen opstand, geen amok, alleen maar hangen en wachten op hoge pieten uit Batavia die de sultan van Djogjakarta hun respect kwamen betuigen en die na een bezoek aan zijn paleis onder militaire leiding de top van de Merbaboe beklommen.'

'Kraton.'

'Wie?'

'Het paleis van de sultan van Djogjakarta noem je de kraton en het was eigenlijk geen paleis maar een ommuurd gedeelte van Jogja. Ik ben er een keer met daddy op audiëntie geweest, er woonden wel een paar duizend mensen. De meeste bezoekers kwamen niet verder dan de open balzaal, het enige gebouw dat nog echt Javaans was, prachtig, met gouden zuilen en een marmeren vloer. Bij de ingang wachtten de pangerans die de gasten gearmd naar de sultan leidden, ook de mannen. Ik moest op mijn tenen lopen om bij hun elleboog te kunnen... god, wanneer was dat ook weer?'

'Jouw lieve Justin verveelde zich daar dus dood.

Elke keer weer gasten de berg op zeulen, zigzaggend over glibberpaden, door bossen en slapende kampongs en dan boven uitpuffen in het lange gras en wijzen naar het landschap beneden. En die Hollanders oh! ah! roepen, kijk, de irrigatiewerken, de terrassen, de wegen, hebben wij allemaal aangelegd. En de koelies in de sawahs maar zwaaien.'

'Ga er eens heen, dan praat je wel anders. Dan zie je wat de Javaanse aristocratie…'

'Hij wilde zelf hogerop en droomde van een streep langs zijn broek en borduursel op zijn mouwen, een steek en pluimen op zijn kop, net als al die prinsen en ministers en hoge militairen die hij bij de sultan aan het hof zag verschijnen. Hij dacht: Als ik mijn pink maar langs de naad van mijn broek houd, nooit klaag en als een paladijn orders uitvoer, dan marcheert het naar Breda, naar de Koninklijke Militaire Academie. Officier, dat was zijn ideaal! Een cadettenuniform zou hem beter staan dan een veldtenue met zakken op de knie.

Zolang hij zijn overste gehoorzaamde ging het goed, en ook de vrouw van de overste was over hem te spreken. Hoe vaak moest hij niet haar paard uit de stal halen en terwijl ze al in haar zadel zat haar riemen aansjorren? Na een rijtocht liet ze graag haar tas vallen zodat hij, als ze samen bukten, haar losse blonde haar langs zijn slapen voelde gaan. Zulke pluimen zocht hij niet, hij was voorzichtig en ontweek haar waar mogelijk. Eenvoudig was dat niet, een dardanel moet op afroep beschikbaar zijn, stafkaarten openvouwen, bergpassen aanstrepen, routes uitstippelen, gidsen en tolken.

De overste sprak nauwelijks Maleis, onze Justin wel en hij redde zich ook in het hoog- en laag-Javaans; met zijn fijne neus voor rangen en standen wist hij het juiste woord in de juiste situatie te gebruiken. Allemaal brabbeltalen, vond de overste, die zelfs in het Nederlands alleen maar kon snauwen en bevelen. Hij keek neer op de inlanders en misschien ook wel op zijn dardanel, want wees eerlijk, was Justin niet een beetje te bruin voor een pur sang Hollandse vent?'

Edmees ogen vonkten op, maar ik liet me niet meer van de wijs brengen. Vooruit, een schep erbovenop, theater! mijn vader regisseerde mij op afstand. Ssst.

'Voor Breda liet hij zich alles welgevallen, je kent je broer, bereid tot bukken om te overwinnen. Als de vrouw van de overste haar tas weer eens in de stal liet vallen, bukte hij voortaan met zijn ogen dicht.

Maar de overste was een lastig man. Hij kon niet tegen de geluiden van de nacht en wakker was hij eenzaam en lag hij te transpireren onder de fan. Zijn vrouw was te koel om hem te troosten en dus zoop hij en zocht hij plezier bij zijn manschappen. Bijna elke avond was het raak, genever drinken en kaarten op de veranda. Kruiken genoeg, hij liet ze regelmatig met de eendaagse uit Batavia aanrukken. Als Justin zich schuilhield, zwengelde de overste net zolang aan zijn veldtelefoon tot hij hem ergens had opgespoord.

De inzet was meestal laag, de overste speelde om de

eer. Soms moest de verliezer met zijn veters vast op en neer naar de barakken, of twee keer kopje-onder in de krokodillenrivier. De overste zou de veren van zijn galahelm opeten. De bijeengetrommelde mannen juichten bij de gedachte, geschikte kerel, die overste, en zo amicaal met hoog en laag. Jammer dat hij nooit verloor, hij rummiede het beste van heel Jogja.

Op een avond had hij een nieuwe prijs voor de verliezer in petto: wie de minste punten had, betaalde met zijn haren. Alle mannen grepen van schrik naar hun hoofd. Arme Justin, hij moest er niet aan denken, onze beau, wat hij aan tressen en borduursel miste, krulde op zijn kop. En wat had de eeuwige winnaar te verliezen? Niets dan een paar doffe plukken.

De overste hield weer eens de beste kaarten in zijn hand. De djongos was al naar de kampong gestuurd om een kapper te halen, de drank vloeide, de mannen joelden en Justin stond er slecht voor. De vrouw van de overste probeerde hem met knipogen en vingertaal de waarde van de andere kaarten te verklappen, maar hij durfde haar nauwelijks aan te kijken. Wat was ze brutaal die avond, zoals ze om de tafel danste, haar hoog opgestoken, schouders bloot in een struisboa en haar lange oorbellen glanzend in het licht van de lampoe teplok. Zij liet haar boa telkens vallen om bij het oprapen beter in de kaarten te kunnen kijken. Maar zelfs met vals spel was er geen redden aan. Justin verloor.

De inmiddels gearriveerde kapper kreeg een glas genever en dat terwijl hij als moslim geen alcohol dronk, maar ze maakten hem wijs dat het Blandawater was. Het smaakte hem en even later lalde hij: "Kepala botak, kepala botak", kaalkop, kaalkop. Hij wette zijn scheermes op een vuile riem.

"Kaal," beval de overste, "alles eraf." "Kaal," riepen de mannen. "Botak, botak," riepen de bedienden en de struiken bewogen van de toegestroomde soldaten. De vrouw van de overste, te beneveld om haar verliefdheid te verbergen, legde haar handen op de krullen die ze zo graag wilde strelen: "Nee," zei ze en ze leunde voorover en zoende zijn kruin. De overste stond op, smeet zijn kaarten op tafel en duwde zijn vrouw in een stoel. Hij trok haar wrong los en hield een lange blonde lok omhoog. "Knip," beval hij de kapper, "knip deze juffrouw."

De mannen protesteerden en de kapper deinsde terug. Ze grepen Justin en dwongen de kapper het mes in zijn haar te zetten. Zijn krullen stuiterden op de grond, zo stevig waren ze, en de kapper stampte van plezier. De vrouw van de overste rende naar binnen en haar man kon weer lachen. Een nieuwe kruik. Ook de mannen haalden opgelucht adem.'

'Zo ken ik het helemaal niet,' zei Edmee.

'Speciale uitvoering, familiematinee, ik had het ook in vier zinnen kunnen doen.' En ik dacht: Mijn vaders verhalen zwellen in mijn hoofd, als ik niet oppas maak ik zelfs van zijn zwijgen nog een boek. Als ik aan zijn verhalen denk, praat hij ook in mij, als ik lieg, lieg ik in commissie.

'Je hebt niet alleen zijn klank,' zei Edmee, 'je hebt

ook zijn mimiek, zijn lach, zijn oogopslag, je fladdert net zo met je handen. Het is gewoon eng zoals je op hem lijkt.'

'Maar ik heb mijn krullen nog en ik ben al vier jaar ouder dan hij. Ik weet nog dat als hij over de kapper begon, hij altijd zijn vruchtemesje pakte en ermee in het rond ging zwaaien. En uw zusters maar gillen.'

'Kassian,' zei Edmee. Ze trok haar benen op, nestelde zich verwend op de bank en sloot haar ogen: 'Kom, maak af dat verhaal, doe hem nog even na, laat hem nog één keer liegen.'

'De kapper spoelde zijn mes in de genever en trok witte paadjes over Justins schedel. De mannen raapten de krullen van de vloer en hielden ze als snorren onder hun neus. Ze bulderden het uit en sloegen de kapper op zijn schouder. Het mes schoot uit en er droop een straaltje bloed langs Justins slaap.

De dardanel was kaal, de overste tevreden. De volgende dag stond mijn vader met een rode snee op zijn hoofd over de stafkaarten gebogen. Niemand die het zag, hij droeg zijn pet als pleister en klagen deed hij niet. Het was een mooie avond geweest en de verliezer een sportieve vent. Met zijn haar verloor Justin ook zijn naam, in het knil zou hij voortaan altijd Kepala Botak heten.

De volgende dag kreeg hij koorts, het vuile mes had een etterend spoor achtergelaten, een week later groeide er geen haar maar schimmel op zijn hoofd. De dokter ontsmette de wonden en schreef bedrust voor, de vrouw van de overste bracht thee en ver-

schoonde het verband. Weken liep hij met een ont-
stoken kop. Na een jaar verscheen er een vliesje haren, maar ook dat viel uit, er kwam alleen een randje
zwart achter in zijn nek terug. Kleine krullen zonder
kracht, zacht als van een persianer.'

We aten onze boterhammen op en keken zwijgend
naar het plafond, de enige plek in Edmees huis waar
gedachten blind konden dwalen. Ik zag mijn vader
even in een hoek, niet als strenge regisseur, maar
vriendelijk, weemoedig. Ik had hem met zijn eigen
verhalen getemd.

'Ik heb nooit aan dat kale hoofd kunnen wennen,'
zei Edmee. Ze pakte de foto's een voor een van tafel
op. 'Toch kon hij er later wel om lachen, het had hem
juist kracht gegeven, vond hij. Wat je niet kapot
maakt, maakt je sterker, dat was toen al zijn levens-
houding en het herinnerde hem eraan mensen nooit
te veel te vertrouwen. Hard zijn, hard zijn, anders
werd je maar teleurgesteld… en hij kon het weten, de
darling.'

'Waren zijn broers ook zo?'

'Nou, sentimenteel waren ze niet, nee.'

'Waarom hebben jullie na zijn dood nooit meer
iets laten horen?'

'Je moeder wilde niet.'

'En ik dan, zijn volbloed zoon?'

Ze schamperde. 'Ach je weet hoe dat in die jaren
ging, de hele wereld verhuisde, wij zaten midden in
de Grieks-Cypriotische oorlog.'

'Heeft u geen foto's van de tweeling?'

'Dat weet je dus ook?'

'Heeft u zijn eerste vrouw gekend?'

'Nee, ik heb Sophia zelfs nooit ontmoet. Justin trouwde haar in Soerabaja, ver weg. Je weet hoe dat gaat.'

'Eén dag sporen van Batavia.'

'De hele familie wist dat het huwelijk met Sophia niet deugde, ze was in de oorlog al met een mohammedaan gaan hokken. Maar Odile vond scheiden een schande en ze verzette zich uit alle macht tegen Justins relatie met jouw moeder – een protestantse en dan die Indo-meisjes en de onduidelijkheid over je moeders eerste man, een inlander nota bene. Ze wilde Justin van de ondergang redden.'

'Lang leve de moederliefde.'

'Zolang daddy de scheiding wist te verhinderen, kon Justin niet met jouw moeder trouwen, anders zou hij een bigamist zijn.'

Het zweet brak me uit, wat een boevenclub. Was ik de naam Van Bennekom in mijn vaders akte van ontkenning tegengekomen? Ik kon de legpuzzel van mijn eigen familie nauwelijks meer volgen. Was mijn moeder van dit gekuip op de hoogte?

'Nu we toch alles opbiechten,' zei Edmee, 'er is nog iets. Sophia Munting was al dood.'

'Nee! Wanneer?'

'Een paar jaar na de bevrijding.'

'Kan niet. Onze familienotaris heeft nog tot een paar jaar voor mijn vaders dood met haar gecorrespondeerd.'

'Daddy beantwoordde haar brieven, als advocaat hield hij alles in de hand, hij trad op als haar executeur-testamentair.' Edmee haalde verontschuldigend haar schouders op. 'Daddy liet zich makkelijk opstoken en god weet wat voor grudge hij tegen Justin had, misschien was hij jaloers omdat zijn vrouw met haar eigen zonen flirtte.'

'Dus mijn vader had wel degelijk met mijn moeder kunnen trouwen?'

'Ik denk het ja, Justin was weduwnaar zonder dat hij het zelf wist.'

'Wraak.'

'Ja, I guess so.'

'Maar waarom?'

'Ja, hoor eens, het waren andere tijden, ik was de jongste, het was een probleem voor mijn stieffamilie, ik had wel wat anders aan mijn hoofd. Ik was verliefd op een Britse officier, wilde trouwen en zo snel mogelijk het land uit. De Bersiap-tijd begon, levensgevaarlijk.'

'En zijn broers en zusters logen vrolijk mee?'

'Het was een uit de hand gelopen leugen, niemand durfde meer terug. Ook wij waren aanvankelijk tegen Justins relatie met jouw moeder, wij hadden liever gezien dat hij in het KNIL bleef, wat moest hij zonder verdere scholing, hoe zou hij het in Holland met een vrouw en drie kinderen rooien?'

'Ach, wat een zorgen om drie Indootjes.'

'We zwegen er maar over, we waren gewend met geheimen te leven. De enkele keer dat we je vader later opzochten gaf hij ons nauwelijks de kans wat te zeggen, hij praatte maar en praatte maar, wij spraken alleen over het eten.'

'Wat zal dat een opluchting geweest zijn, toen hij stierf.'

'We konden ook een leugen begraven.'

'Daarom braken jullie met ons.'

'We wilden er niet meer aan herinnerd worden.'

Voor niets als bastaard door het leven gegaan, voor niets de valse schaamte van mijn moeder, het gegoochel met achternamen om de schijn voor het dorp op te houden, het kinderachtige gezeik met schoolrapporten en verkeers- en zwemdiploma's: Ja, hoe heet hij nou echt? Het moet wettig zijn, anders geldt het niet.

'Jullie worden bedankt,' zei ik en ik schoof mijn bord zo hard van me af dat ik de rand van het theeschoteltje versplinterde.

'Ik snap het,' zei Edmee beduusd.

Ze deed de foto's in het mapje en schoof het me zwijgend toe. 'En Roeliana en Roediono,' vroeg ik toen Edmee van de zenuwen de glazuursplinters met een natte vinger probeerde op te deppen, 'wat is er met de tweeling gebeurd?'

'Geen idee.'

'Zeg, hoe gaan jullie in godsnaam met elkaar om. Kinderen zijn geen honden die je zomaar laat barsten.'

Edmee keek me verongelijkt aan. 'Ik kende Sophia niet, ik kende die tweeling niet, ik heb ze nooit gezien.'

'En je moeder dan, oma Odile zal zich toch wel iets van ze hebben aangetrokken?'

'Mijn moeder en kinderen! Ze vond baby's stinken, ze durfde ze niet eens aan te pakken.' Ze stond op en liep briesend door de kamer, haalde een fles sherry uit de kast en schonk twee glazen in. Drank, er zat weinig anders op. 'Daddy zal er wel wat op gevonden hebben, hij was de slimste advocaat op Java, hij heeft ons ook allemaal buiten het kamp weten te houden.'

Ze sloeg van schrik haar hand voor haar mond. Oef, versproken. Gauw een slok.

'Odile hoefde niet,' zei ze gejaagd, 'zij was Française, weet ik hoe dat destijds politiek zat, het Vichy-bewind was geloof ik Japans-gezind, en met ons heeft daddy ook gesjoemeld.'

'Hoe dan?'

'Een foef.'

'Hoe? Moord, verraad, omkoping, jullie staan voor niets.'

Edmee begon er als een kind omheen te draaien. Mijn handen jeukten. Wat bleek: de Italiaanse minnaar werd met de nodige papieren als inlandse vader van alle kinderen opgevoerd – Edmee incluis; op Java ging dat makkelijker dan elders. Odile verzamelde haar kroost veilig om zich heen, van jong tot oud, met aanhang erbij. De hele oorlog bleef ze in haar eigen huis wonen. Daddy Van Bennekom probeerde zichzelf ook een inlandse voorvader aan te smeren maar dat mislukte, hij moest alsnog achter het prikkeldraad, de sul. Zuiver bloed had zo zijn prijs.

Mijn vader was niet op de hoogte van deze familie-intriges. Hij was de zoon die het nooit geziene vaderland mocht dienen en hij werd naar goed katholiek gebruik als oudste geofferd.

'Vrijheid is een leugen waard,' zei Edmee. Ze keek ineens heel sip, een uitkering als oorlogsslachtoffer zat er voor haar niet meer in.

Hoeveel leugens? Had het zin de wortels van haar stamboom verder bloot te leggen? Waar kwamen de papieren van die inlandse minnaar vandaan? En ik vroeg me maar niet af hoe eerbaar het gezin door de Japanse bezetting was gekomen. Edmee zocht naar zuiverheid en troostte zich met een lelieblank blazoen. Ik zocht naar bewijzen hoe bruin we waren, omdat ik zo roze ben. Ik moest oppassen niet dezelfde dwaasheid te begaan.

Die belachelijke hang naar zuiverheid, ook mijn vader was erdoor besmet, altijd bezig met rangen en standen, met deftig en plat, goed en kwaad, meer en minder, hoger en lager, links en rechts, sterk en slap, scherp en zoet, tot in de keuken toe. Zou hij om die reden na de oorlog de antroposofie hebben omarmd? Een leer die de broederschap van alle mensen voorstaat, zonder onderscheid van ras, geloof, geslacht, kaste of kleur, met het zoeken naar waarheid als hoogste goed. Mooie theorieën om de leugens uit zijn jeugd te verdringen. Zoals hij ook wel geloofd zal hebben in de antroposofische opvoeding: een harmonische ontwikkeling van gevoel en wil. Niet het leren stond daarin voorop maar de creativiteit, muziek, zang, euritmie. Uit schoonheid kwam het begrijpen voort.

Veel heeft hij er niet van begrepen. Gevoel was pijn, wil het ontkennen van pijn, ritme het tikken van een liniaal, schoonheid en creativiteit waren gedrilde letters en lijnen. Wij moesten streven naar een hoger zelf, naar een zuivere ziel en een zuivere geest, het bovenbewuste moest het onderbewuste overwinnen. Mijn vader kon het mooi zeggen, hij klampte zich aan zijn eigen woorden vast, bang als hij was voor zijn duistere kanten en voor de hel in zijn hart. In de antroposofie vond hij iets zachts om zijn hardheid te bedekken.

'Mag ik nou je tante niet meer zijn?' vroeg Edmee toen ik mijn jas pakte om weg te gaan.

'Jawel, maar niet te veel en niet te vaak.'

Ze gaf me een sherryzoen, bitter en zoet, en duwde een foto in mijn hand. Mijn vader in een jurk.

5

DRIFTZAND

We deinden in het schip van de kerk. De kansel was een lichtmachine en de donder spatte over onze hoofden. Ik zat gevangen in een bak vol wier, armen krioelden om en onder mij, stilstaan was onmogelijk, we werden opgestuwd. De grond verdween onder mijn voeten, witte rook slingerde om onze kuiten. Ik danste op de golven.

Mijn ogen zochten houvast, iets hards wat niet bewoog en waar ik tegenaan kon leunen, maar een bliksem spleet de pilaren en het dak ging aan en uit en op en neer, licht en donker blèrden om ons heen.

Aram danste niet, hij wiebelde en trok zich aan mijn schouder op om iets van de band te zien. Vijf jongens, met blote bovenlijven, ringen door hun tepels, neus en oren, kaal of met golvend haar tot op de schouders. De zanger droeg een afgeknipte joggingbroek, de drummer was een leren kerstboom, het beslag op zijn kruis flikkerde in het licht. De gitaristen neukten hun instrumenten, ze keken gemeen en spuwden op ons neer. Een rauwe stem huilde in de microfoon: 'When there is no peace, there is no sanity.' De aarde was een kankerplek, god en geld één grote flikkerij, fuck the world, zoiets, ik kon het slecht verstaan. Aram ook niet, maar daar ging het niet om, zei hij, het ging om het gevoel.

Vier andere muzikanten betraden het podium, schooiers uit de Bronx. Ze trokken hun broek naar beneden en groetten ons met getatoeëerde billen, het publiek joelde. Ze waren grof, groot, sterk, en ze scholden ons uit: we waren motherfuckers, stupid headbangers. Tijdens hun vorige tournee waren ze voor fascisten uitgemaakt. Verkeerd begrepen, schreeuwde de zanger, ze deden niet aan politiek, ze hadden een positive message: 'Fuck fascism, fuck ignorance. You know who is to blame, the mother fucking media is to blame.' Ze riepen satan aan en alle monsters uit de speelgoedwinkel: draken, vampiers, piranha's en black widows.

'Gothic,' schreeuwde Aram in mijn oor, 'dit is gothic.' Ik knikte onverschillig, om vooral niet de indruk te wekken dat ik een buitenstaander was. De muziek trapte het publiek weer de lucht in, jongens en meisjes klommen op het podium, dansten een flard tussen snoeren en versterkers en sprongen terug in de wuivende armen.

Vlak voor ons viel een meisje flauw, een jongen bloedde uit zijn neus, een elleboog stampte tegen mijn onderlip. Ik dook achteruit, greep Aram bij zijn middel en baande me achterstevoren een weg door de massa. Plastic bekers knisperden onder onze voeten, tot ik een houten rand in mijn rug voelde. De tapkast. Bierblikjes vlogen om onze oren.

Het was míjn plan Aram naar een headbangersball mee te nemen, ik zag jongens van zijn leeftijd in de stad flyers uitdelen – 'Church Metal' – en ik greep meteen de kans me in zijn wereld in te laten wijden. Ik belde hem op en na een dwaze conversatie met zijn vader ('Concert? Maar hij heeft al weken niet geoefend.') kreeg ik hem een weekend mee. Aram keek niet om toen hij in mijn auto stapte. Zijn vader stond voor het raam, de hoorn in de hand. Nee, schudde ik nog, die hebben we niet nodig. Toen sloot hij het gordijn.

We zouden eerst bij mij thuis platen draaien en de hoesteksten lezen en 's avonds pogoën en moshen, dansen was dat, op en neer, in zware schoenen.

'Moet dat?' vroeg ik.

'Ja, op deze klinkt het niet', hij wees misprijzend naar zijn crêpezolen. Dus kochten we 's middags kistjes in de legerdump en een spijkerbroek met scheuren boven de knie. En omdat ik stoer wou zijn – en een beetje Robin de reus – koos ik een paar soldatenlaarzen. Arams ridder-T-shirt kwam die avond goed te pas, maar toen ik hem daar in de kerk zag gaan, vroeg ik me af of ik er goed aan had gedaan. Hij leek me nog te jong en alle ruwheid om hem heen maakte hem nog brozer dan hij was. Maar Aram was door het dolle heen, hij vond het cool, heftig, onwijs gaaf. Ja, ik was een populaire oom.

De blote lijven, de geur van leer en zweet en mari-
huana, ik snoof het op en keek mijn ogen uit naar de
tatoeages. Eén jongen had zijn rug aan Jezus gegeven:
de gekruisigde verlosser als schietboog in de vuist van
de duivel, een pijl sidderde boven de doornenkroon.
Anderen hadden de naam van hun lievelingsband in
hun nekhaar laten scheren en bij een meisje kronkelden twee slangen van haar schouders naar haar ap-
pels. Ik keek jaloers naar al die jonge lichamen, buiken als wasborden en een mat van spieren over de
rug. De spiegels achter de bar maakten me bruiner, zo
slecht was het licht, maar ze toonden ook de kale plek
op mijn achterkruin.

Sinds ik de kaartjes voor het headbangersball in
huis had, moest ik alsmaar aan mijn figuur denken.
Zouden ze me niet uitlachen, was ik niet te grijs, mijn
kont niet te dik voor een spijkerbroek? Ik stond een
uur voor de spiegel, broek aan, hemd uit, kraag op,
knoop los, buik in. Laarzen onder of over de broek?
Al passend werd ik jaren ouder. James Dean met pud-
dingbuik.

De bar in de zijbeuk leek me een veiliger plaats, we
konden het podium goed overzien, honderden kistjes
dreunden op de houten vloer, armen flitsten in het
licht, sidderalen. Een van de Bronx-boys sloeg zijn gi-
taar aan splinters.

'Is dat een dure gitaar?' vroeg ik aan Aram.

'Gwgt,' zei hij.

'Wat?'

'Gwgt.' Mijn oor kroop in zijn mond. 'Ge-wo-ne
gi-taar,' schreeuwde hij.

Ik geloofde het langzamerhand wel, maar Aram moest nog moshen, hij haalde diep adem en hopte armenhoog de dansers in. Het barmeisje danste achter de bierpomp en had geen oog voor klanten. Ik leunde tegen de tapkast. Het dreunen werd sterker, de flessen trilden in mijn rug, maar ik voelde ook iets zachts, een ander ritme, een hand over mijn schouders en lager naar mijn zij.

Ik draaide me om en keek in de zilveren neusring van een lang bleek meisje. Ze schitterde in het licht. Witte kleren, witte lippen, ze deinde mee met de muziek, geen enkele uitdrukking op haar gezicht, haar piekhaar schudde hoekig mee, glas leek het, bevroren wit. Ze zei iets, ik kon haar niet verstaan en ze nam niet de moeite het te herhalen. Ze trok aan mijn mouw en knikte naar de dansers.

'Ik kijk liever,' schreeuwde ik en ik keek recht voor me uit. Aram dook op en sprong naar de buitenste rijen, hij straalde van plezier. Hij had misschien de braafste haardos van de kerk, maar zoals hij daar sprong in het brekende licht leek het of er een adelaar boven hem klapwiekte, zo zacht en vertraagd wipten zijn haren op en neer en op en neer. Hij wenkte me, het bleke meisje naast me zwaaide terug, greep me bij mijn arm en trok me aan beide polsen de moshers in. De muziek zoog ons naar het midden van de dansvloer en we sprongen op en neer, de adelaar, de pudding en de neusring, wie het hoogste kon. Mijn onderlip klopte, mijn laarzen sneden in mijn tenen.

De kansel schoot vuurwerk af. Bengaals vuur spoot

over onze hoofden heen, de kruitdamp wolkte in de schijnwerpers. De Bronx-boys zongen over dood en lijkschenners: 'It is a shame you found out too late, reality is when you die.' Het meisje danste met gesloten ogen, ze snoof aan een padvindersfluitje dat aan een leren koordje om haar hals hing, haar dode konen kleurden op. Ze snoof en snoof, tot haar handen het fluitje onder mijn neus duwden. Een zweetvoetengeur gloeide eruit op. Het was een inhaler, mijn hart steeg naar mijn wangen en ik tintelde en zweefde naar het zeepbellicht. De pijn verdween en de stijfheid en de valse schaamte.

De muziek stopte, de lichten vielen uit, we hoorden nog een doffe knars en dansten even in een gat van het lawaai, een stuiptrekking en we stonden stil.

'Kortsluiting,' riep een jongen van de kansel. Na een koor van 'fuck' en 'shit' stak hij een duizendklapper af. Door de rook konden we niets meer zien en de knallen verjoegen elk gevoel voor richting, we hadden geen idee waar de uitgang was. Aram greep me bij mijn hand en we lieten ons met de stroom mee drijven, tot een arm mij tegenhield. Het bleke meisje. Ze leidde ons naar de bar, vroeg om een kaars en schoof Aram een kruk toe.

'Geintje van de lichtbak,' zei ze, 'zo gerepareerd.'

'Ik vond het een beetje eng,' zei Aram, 'ik dacht dat het een aanslag was.'

Ze hield de brandende kaars voor zijn gezicht en zei: 'Zeker je eerste concert.'

'Nee,' zei Aram, 'ik maak zelf ook muziek.'

Ze stelde zich niet voor, accepteerde een glas zonder dank-je en vroeg wat voor instrument hij speelde.

'Hoorn,' zei Aram.

'Wat?'

'Hoorn.'

'Wat is dat?'

Om hem te redden zei ik dat hij in een schoolband zat. 'Metal?' vroeg ze.

'Nee koper,' schreeuwde Aram boven een laatste sliert rotjes uit. Hij vouwde zijn handen tot een scheepstoeter en riep wat in haar oor. Ze lachte en deed hetzelfde bij hem. De wijsneus had me helemaal niet nodig; het meisje sloeg een arm om hem heen.

We besloten met ons drieën een pizza in de straat tegenover de kerk te eten. In het neon bij de Italiaan zag ik dat het meisje een onverzorgde huid had, de binnenkanten van haar armen waren blauw. Ze keek onrustig om zich heen, ze hakkelde nu ze niet meer hoefde te schreeuwen en een pi... pizza wou ze eigenlijk niet. Liever ijs of een zoet drankje. 'Nggrr', ze haalde haar neus op, draaide een rafelig sjekje en vroeg twee keer aan de ober hoe laat het was.

'Heb je haast?' vroeg ik.

'Nai,' zei ze, 'ik moet nog naar een feest aan de andere kant van de stad en ik heb geen geld voor een taxi.'

'Maar het is al bijna twaalf uur,' zei Aram.

'Ik ben niet moe.'

'Ik moet altijd om kwart over negen naar bed.'

'Ik slaap overdag.'

'Altijd?'

'Al... altijd.' Ze wist het, je werd er oud van en het was ongezond, maar ze hield zo van dansen en muziek. Ze haalde nog eens lekker haar neus op, Aram keek haar vol bewondering aan. Hij mocht aan haar neusring voelen en aan haar witgespoten haren.

'Net engelenhaar,' zei hij.

'Je bent een lieve poep,' zei ze toen hij voor haar een punt uit zijn pizza sneed. Aram kreeg een kleur en vroeg hoe vaak ze naar een concert ging. En ze loog over de bands die ze nareisde en de vreemde steden waar ze was geweest, hij schepte op over zijn 'ruim honderd cd's'. Na school zou hij bij het licht gaan werken, zei hij, of leuker nog, chauffeur van de band.

'Vindt je vader dat wel goed?' vroeg ze met een pesterige blik naar mij.

'Die is dan dood,' zei Aram.

'Jij bent ook een kille.'

Aram haalde stoer zijn schouders op. 'Reality is when you die.'

We lachten er maar om. 'Ik vind je nogal grappig,' zei Aram, ze aaide even zijn hand. 'Je bent helemaal niet oud.'

'Dank je,' zei ze zacht. Ze drukte haar peuk in haar aangevroten pizzapunt en sloeg de tabak van haar schoot.

'Ik had ook zo'n jongen als jou kunnen hebben,' zei ze toen ze zijn voorhoofd zoende bij het weggaan. Ze gaf me een por in mijn buik en zei: 'Hé vader, kan ik misschien een geeltje voor de taxi lenen?' Aram klapte dubbel van het lachen. Ik gaf haar het geld, hij hield ook zijn hand op.

'Je kan het toch niet meenemen,' zei ze.

'Ik ben zijn vader niet, hij is mijn neef.'

'O, sorry.'

Buiten tikte ze nog even op het raam. Aram keek me smekend aan en hield nog steeds zijn hand op.

'Je hebt genoeg gehad,' zei ik.

'Nee, ik wil je even vasthouden,' zei hij. Ik legde mijn hand in de zijne. 'Gezellig hè, we waren net een gezinnetje.'

Ik schrok. Hij had me nodig.

Maar dan zijn vader. Twee dagen zonder zijn zoon en de pis koekte om zijn gulp. Zijn eten stond nog in de oven, want hij kreeg het deurtje niet open en hij begreep het niet, begreep het niet, Aram zou toch maar één nacht wegblijven? Hij wilde Aram over zijn bol aaien maar zijn zoon was hem te lang, halverwege klapte zijn hand weer terug.

'Het wás één nacht,' zei ik.

Aram schoof de gordijnen open. Maarten had het hele weekend in het donker gezeten.

Ik warmde zijn maaltijd op, zette koffie en schreef het telefoonnummer van de wijkverpleegster over. Er moest iets gebeuren, zo kon het niet langer. Aram kloste met zijn kistjes naar zijn kamer, zette een metalplaat op en stampte mee met de bas. Maarten zat wijdbeens op de bank en lachte om het gedreun boven zijn hoofd. 'Liever dat dan stilte,' zei hij, 'ik heb hem gemist.'

Zijn vader had hem nodig.

Wat moest ik doen? Ik belde de kruisvereniging: de wijkverpleegster zou voortaan dagelijks komen. Ik maakte een afspraak bij de rector van het gymnasium. Aram had zijn aandacht, school ging matig, drie vijven en twee vieren. Maar zijn vier voor Grieks was met een acht weer goedgemaakt. We moesten het aanzien, zei hij en als het niet meer ging, 'wilt u dan voor hem zorgen?' Ik zei geen nee, geen ja. Zat er spot in zijn stem of was het hem ernst?

Het plan mijn neefje bij mij in huis te nemen liet me geen dag meer los. Ik moest handelen als een volwassen man. Óf ik besloot dat ik het niet aankon, óf ik veranderde mijn leven en accepteerde de verantwoordelijkheid die de opvoeding van een jongen van veertien met zich meebracht. En als ik het niet durfde of te egoïstisch was moest ik daar rond voor uitkomen.

Ik reed weer naar mijn duinen, zonder me af te vragen of dat verstandig was. Van werken kwam toch niets, ik wilde in stilte nadenken. Mijn vriendin had weer eens geen tijd om mee te gaan, toch moest ik ook haar in mijn overwegingen betrekken. Aram was een belasting voor onze verhouding. Ze had nooit kinderen willen hebben en nu drong ik er haar een op. Als ik voor Aram koos, was de kans groot dat zij mij liet vallen. Veel zou duidelijk worden, al kon ik niet alle consequenties overzien.

Het dorp lag er guur en verlaten bij, ik nam een kamer in het kleine hotel, met uitzicht op zee en het achterland. Het veld tegenover ons oude huis was kaler dan ooit, de rozebottelstruiken verloren hun blaadjes en het terrein om de stal van de reddingspaarden bleek een dumpplaats voor strandstoelen en afgebroken strandtenten. Ik liet mijn ogen langs de uitgetrapte paadjes dwalen, de dennen keerden weer terug, en ik zag mezelf klein naast Zeeuwse knollen in het weiland staan. Na een paar uur had ik al spijt van mijn bezoek. Ik moest me juist losscheuren van wat achter me lag en bewijzen dat ik zelf een richting kon vinden. Weg van de zee die met wanhopig fatalisme aan en af bleef rollen. Het moest toch mogelijk zijn met het noodlot te breken. Het leven in eigen hand, besluiten nemen tegen de lijn der verwachtingen in. Een golfbreker wilde ik zijn.

Ik deed mijn best niet langer het verleden in het landschap te zien. Niets leek immers meer op vroeger, zelfs de oude duinen waren weggewandeld. Stormen verjoegen mijn vertrouwde horizon. Kijk hoe het mos in de pannen woekerde, je kon er met stadse schoenen lopen. En hoe smal was het strand en hoe armzalig de opgespoten dijk langs de boulevard. Patatgeur won het van de zeewind en het halve dorp stond zu vermieten.

Vennen en moerassen verdroogden, het grondwater was gezakt. Struiken lagen ontworteld in het duin, de waterleiding legde betonnen buizen aan. Geen drijfzand en verraderlijke vlaktes meer. Pijlen en borden wezen de weg en om de zoveel kilometer vertelden gekleurde kaarten achter glas wat er vloog en groeide. Ik kocht een wandelkaart en hield me aan de regels. Voor mij lag een ontgonnen wereld en alles wat ik zag was nieuw.

Maar nog steeds dansten de kraaien achter het hoge duin. Bijna tweehonderd jaar geleden waren daar tienduizenden Britten en Russen door het Bataafse leger in de pan gehakt, een mislukte poging van de Hollandse koning in ballingschap om zijn land weer terug te krijgen. Om hem te eren verfde de avond het duin oranje. Honderden kraaien pikten in de aarde. Bloed en ijzer hield ze zwart. Ook door de vallei liep nu een wandelpad, geklinkerd en gekaart. En ik stampte op de stenen: Vlieg op, lijkepikkers, voed je niet langer aan de dood.

's Nachts voelde ik een hand langs mijn hand gaan. Hij streelde mijn armen, mijn blonde haartjes rilden en even werd ik opgetild alsof ik mijn eigen lichaam verliet, licht was ik, zonder pijn, ik viel in een diepe duizeling en werd wakker. Ogen en wangen vol tranen. En ik waakte weer de hele nacht, ongerust over herinneringen die ik niet meer beheersen kon. Ik luisterde naar het zand dat tegen mijn kamerraam sloeg – de wind die zijn achterpoten op het strand schraapte – en liep vol tegenzin door de seizoenen van mijn jeugd.

Mijn dorp in het najaar. Een kom vergeten huizen in de mist. Ons huis lag buiten de kern, tegenover het bos en de stal met de reddingspaarden. Het dak was een boei in de duinen, rood en breed. Het klokhuis op de nok had zijn bel verloren, omgesmolten tot Duitse kogels. Als je erin klom zag je de zee en de watertank voor de stoomtram.

De laatste badgast was vertrokken, de zomerhuizen stonden leeg en de zee lichtte voor de laatste maal. Mijn zusters zaten op de middelbare school in de stad en speelden nooit meer buiten. Ook de andere kinderen uit het koloniehuis waren te oud. Mijn vader en moeder kleumden bij de kachel.

In het najaar waren de duinen weer van mij, als de stormen het zand opjoegen – zand dat in je wangen beet en je ogen deed tranen, zodat je alles dubbel zag: twee vuurtorens, twee strandpaviljoens, twee paardestallen, twee keer je eigen voetstap. Een dubbel landschap, met niemand te delen.

Niet lang na de Watersnood plaatste de gemeente een telefoon in onze gemeenschappelijke gang. Het duin naast de grote bunker was te zeer verzwakt, het water kwam al twee keer tot achter ons huis. Voortaan moesten we bij onraad de strandvonder bellen. Er waren drie telefoons op het dorp en al mochten wij de onze alleen bij noodweer gebruiken, toch waren we trots op dat zwarte gewei aan de muur. Soms belden de vuurtorenwachters van het noorder- en het zuiderdorp, met de waarschuwing de paarden en de sloep gereed te maken. Mijn vader had namelijk aangeboden de stal 's avonds en 's zondags in de gaten te houden. Hij lag toch meestal voor het raam en de strandvonder woonde er te ver vandaan. Bovendien, wie wist er meer van paarden? In zijn jeugd had hij uren in de stoeterij van zijn vader doorgebracht, hij kon elk paard de baas, de wildste Arabieren (met een knik in het voorhoofd en een mond zo fijn dat ze water uit een klapperdop dronken), er was in het dorp geen beter man om over zes Zeeuwse knollen te waken.

Bij nood verzamelden de reddingsvrijwilligers zich bij ons in de grote gang; daar stond een kist met vuurpijlen, oliepakken en lieslaarzen, de stal was er te vochtig voor. De sleutel hing aan een rood geverfde haak in de keuken en bij windkracht negen maakte mijn moeder een thermosfles met koffie klaar.

Mijn vader was dus de baas van de reddingspaarden. Dat maakte ik mezelf graag wijs. En liepen er vreemdelingen om de stal, dan waarschuwde ik: Die knollen zijn van ons en mijn vader is een redder van schepen in nood. Wij hebben een telefoon die met vuurtorens praat, een kist vol vuurwerk en lampen met nikkelen spiegels, een vat petroleum en medailles van de koningin.

Maar er spoelde nooit een schip op ons strand, wij hadden geen klippen of zandbanken, onze paarden vraten zich vet aan ingekuild gras en de olielampen besloegen in de kast. Het najaar was een klamme tijd, alleen sluiers zeerook en wrakhout voor de kust. Driftsel waar de grote jongens 's zomers hutten van bouwden. Als het vroor gooide de zee ijsschotsen op het strand, een verre wereld spoelde aan. Schotsen kruiend tot aan het duin. Ik was een Eskimo en zakte tot mijn knieën in het broze ijs.

In het voorjaar kwam het leven terug, als de helm weer groen werd en cirkels kraste in het zand. De strandstoelen gingen naar buiten en de mattekloppers weerkaatsten tussen de huizen. Schilders kropen op hun ladders en een bulldozer schraapte het zand van de boulevard.

En in de zomer kwamen de wezen. Autobussen ronkten over de weg: het Hoge Huis werd in bezit genomen. Dekens en matrassen hingen uit de ramen en de vlag wapperde van het bordes. De jongens droegen blauwe overalls en de meisjes blauwe rokken en jakjes met een rits. Ze waren bleek en arm, de zee moest hun wangen een kleur geven.

De eerste dag bleven ze achter de hekken, ze spuwden door het gaas als ik te dichtbij kwam. Elk jaar stond ik er weer, op veilige afstand, kijkend naar die vreemde gezichten. Ze kwamen uit de grote stad, ze spraken plat en droegen glimmend zwarte rubberlaarzen. Hun komst was een teken van zomer, ook al bleef de zon weg en sloeg de regen putjes in het zand.

De tijd van verboden dingen brak aan: opgetrokken rokken, zwarte onderbroeken en borsten die tegen jakjes prikten. De meisjes klitten aan elkaar, ze neurieden, dansten. Ze kleurden hun lippen rood en lachten naar me met gevlekte tanden. De jongens speelden met hun kam, maakten kippekontjes van spuug en een lok die op hun voorhoofd danste. Ik wou ook zulk haar, blond en sluik; ik haatte mijn krullen, nesten vol zand en touw in de regen. Zelfs een handvol spuug hield ze niet in bedwang.

Als mijn vader weer eens dagen in het donker op de divan lag en ik hem voor moest lezen – met de rug naar hem toe zodat het licht van de schemerlamp hem geen pijn aan zijn ogen deed – draaide hij strakke vlechtjes in mijn krullen, zoals hij ook de manen van de reddingspaarden vlocht. (Tik, tik, zei de liniaal en hij kroop langs mijn nek om de lengte van een uitgerekte krul te meten.) In alles moest ik een man zijn, maar dat gold niet voor mijn haar. Mijn vader hield van mijn krullen.

De weesjongens stoeiden en boksten voor de schijn, ze lieten hun spierballen rollen en vloeken. Als de gepensioneerde majoor met zijn medailles op zijn jas de hond uitliet, bekogelden ze hem met denneappels en als de man van het hoge duin in zijn badjas naar het strand liep, zongen ze: 'Wir fahren gegen England… plons, plons.' Maar dat mocht, omdat hij een NSB-er was. Ze zeiden alles wat ik niet durfde, zonder hun ogen neer te slaan, niet een had een vader die iets verbood.

Binnen een week kenden de wezen de geheimen van het duin. Ze banjerden door mijn moerassen en braken het vlies op het gevaarlijke zand. Ze wisten waar de muien zaten en waar de sleutel van de staldeur hing, ze plukten mijn bramen en pikten mijn schelpen.

's Zaterdagsmiddags moesten de wezen in bad om het vuil van een week uit te koken. De ramen van hun huis besloegen en je hoorde ze buiten zingen. Liedjes voor op het strand. Ik kende de wijsjes en elke winter zou ik de woorden weer vergeten. Ze zongen over de stad en over een toren waaraan ze hun hart hadden verloren. Als ze naar buiten kwamen, hun haren nog nat en de stoersten met een sigaret verborgen in de kom van hun hand, roken ze naar teer. Ook die geur hoorde bij de zomer.

Na het bad liepen ze naar het strand om de zon in de zee te zien vallen. Achter elkaar, neus in de wind, de pas er stevig in. De avond gloeide en het blauw van hun uniformen werd bijna zwart. Ze zongen: 'Glorie, glorie, glorie, gloria en de meisjes van Batavia zijn zwart, pikzwart.' Maar voor ons huis stootten ze elkaar aan, sisten en marcheerden zwijgend voorbij. Het rubber klapte tegen hun kuiten.

Ik stond op de stoep, mijn rug zo recht als een generaal die een parade afneemt. Mijn zusters sloten de gordijnen. Ik snoof de teerlucht op en keek zo boos als ik kon.

Mijn vader haatte de wezen. Elke zomer vroeg hij de leidsters of ze niet een ander lied konden kiezen. Ze beloofden beterschap, ook zij vonden het een gemeen lied en ze hadden het de wezen al dikwijls verboden. Toch zong elke groep het opnieuw, in de duinen achter ons huis, in het bos tegenover, maar nooit – en dat was toch een bewijs van hun goede wil – nooit voor onze stoep; dan slikten ze hun woorden in en stampten ze. De wezen moeten gevoeld hebben dat mijn vader dat nog erger vond. Ze gaven het aan elkaar door en elke nieuwe lichting wist de eerste dag al wat haar te doen stond: Glorie, gloria en de meisjes van Batavia zijn… ssst ssst… stil voor ons koloniehuis. De wezen kenden ons geheim.

Mijn vader beheerste zich, maar als hij hun laarzen hoorde balde hij zijn vuisten. Het was driftsel, afval uit de stad. Het zou voorbijgaan, wegspoelen zodra de herfstwinden kwamen. De jappen hadden hem er niet onder gekregen, de wezen zou het al helemaal niet lukken. Eens kwam de dag dat hij ze mores zou leren. Ook ik vond het voos en vuil wat ze deden, maar de geur van teer was ook een geur van vrijheid, al droegen ze gevangenispakken en woonden ze achter een hek. Wezen stelden hun eigen regels. Ik droomde ervan ook een wees te zijn, een Kleine Lord Fauntleroy. Na heel lang zeuren kreeg ik een blauwe overall. Laarzen kreeg ik niet. 's Morgens waste ik me met Life Buoy soap, dan rook ik ook naar teer. Die geur gaf moed.

Op een morgen zette ik de schaar in mijn krullen. Wat opsprong moest weg, ik borstelde mijn haar naar voren en knipte het recht langs mijn voorhoofd af. Caesar, als ik geen kuif kon hebben, dan de kop van een keizer. Ik had er jongens mee op het strand gezien en een zanger op een kauwgomplaatje. Mijn drie kruinen temde ik met vaseline uit de paardestal. Overall aan, kraag op en ik groeide in mijn rol: ik draaide voor de spiegel zoals mijn zusters voor de spiegel draaiden. Zo wilde ik zijn, onverschillig, van deze jongen hield ik, nu was ik niet meer alleen. Ik spuugde op het glas en vloekte; dit was geen traan die naar beneden biggelde, dit was geil. Mijn overall was een harnas. Opstand schuilde in je haar, voortaan was ik nooit meer bang. Ik waste mijn gezicht met Life Buoy soap en stapte de zitkamer binnen.

Mijn vader zat achter zijn krant, ik liep de kamer door, probeerde zijn aandacht te trekken en draaide een paar keer in het rond. Een zachte wind tikte tegen zijn krant. Hij keek op, zijn ogen vlamden, geen woord, alleen de woede van zijn vuisten. Hij schudde zijn krant op en las verder. Zijn knokkels werden wit als het papier. Mijn moeder liep de kamer uit.

'Wist je,' zei mijn vader onder het avondeten, na een lange middag zwijgen, 'wist je dat dieven in de middeleeuwen hun haar ook naar voren kamden? Om het brandmerk op hun voorhoofd te camoufleren. Dievenkop.'

De volgende dag stopte mijn moeder mijn krullen in een luchtpostenvelop en plakte hem in het familie-album.

De westerstormen kwamen, zomaar op een namiddag laat in de zomer, eerder dan verwacht; mijn zusters waren uit logeren en de blauwe bus had de dag daarvoor de laatste lichting wezen afgeleverd. De pannen klepperden op het dak, de telefoon ging en we wisten wat ons te doen stond. Lampendienst. We vulden de lampen met petroleum, poetsten de nikkelen spiegels op, veegden de pitten schoon en probeerden de vlam. Alle lampen moesten even hoog branden. En als mijn vader niet keek streelde ik de laarzen.

We zaten gespannen bij de radio, de hemel kraakte door de luidspreker. Hoogwater, een windkracht van honderd kilometer per uur, de kustbevolking moest op haar hoede blijven. Ik hoefde niet naar bed en schreef de namen van in nood verkerende schepen op. De Despina, een stomer onder Corsicaanse vlag, maakte slagzij ter hoogte van het lichtschip, de wind draaide naar noordnoordwest en alle reddingsboten en kustvaartuigen werden gealarmeerd.

De loodsdiensten staakten hun diensten. De Mecklenburg, een veerboot, maakte veertig graden slagzij, het ameublement sloeg aan gruzelementen en tientallen passagiers raakten gewond. Honderden kampeerders zagen hun tenten voor hun ogen vernietigd. De dijklegers stonden paraat, hier en daar liepen de buitenpolders onder water. Op de eilanden vloog een jongen met zijn vlieger in zee. De omroeper sprak over 'gluiperige winden'.

De telefoon. De Despina was stuurloos en dreigde naar ons strand te drijven. De paarden hinnikten in de stal. Mijn moeder schonk koffie voor de mannen van de vrijwillige reddingsbrigade. Ze hadden hun zinnen op de Despina gezet, elk wrak was goed – en de bonus die eraan vastzat –, ze jutten elkaar op met sterke verhalen, ze zouden dit, ze konden dat, hun oliepakken kraakten van verlangen. Mijn vader zat hijgend naast de telefoon, de radio schalde door de grote gang. Hij vloekte binnensmonds want hij wist dat hij te zwak was om in deze storm een held te kunnen zijn. Ik moest maar mee de reddingsboot in, zei hij, met zo'n dievenkop zou ik als jong maatje geen slecht figuur slaan. Hij gooide me spottend een oliepak toe. De reddingsmannen lachten me uit, ik kon alleen maar zwemmen aan een hengel.

De stormen hielden aan, stapelstormen, de radio berichtte om het halfuur. De Despina had een houten strekdam vermorzeld, maar was weer terug in zee geblazen, de palen lagen als rammeien voor de kust. De telefoon zei dat geen houten sloep meer uit mocht varen. De reddingsbrigade droop teleurgesteld af. Er lag zand in mijn bed en ik dankte Onze-Lieve-Heer onder de dekens.

De volgende ochtend hoorden we dat de Despina door de sleepboot Holland op touw was genomen. Ons dorp haalde weer de nieuwsberichten niet en sukkelde voort in vergetelheid.

Maar ík zou die storm nooit vergeten. Een reddingspaard was in zijn bovenbeen gebeten: Sjors, de knol met vlechten in zijn manen. Hij lag zwaargewond in de stal, twee pezen door en het schuim stond op zijn lippen. Volgens de strandvonder was er een hondsdolle vos naar binnen geslopen, want de paarden hadden de schotten omgetrapt, een teken van paniek; ze bloedden bij hun schenen. Hij ontdekte het pas laat in de morgen. De staldeur stond wagenwijd open, niemand van het koloniehuis had iets gemerkt, we waren te druk in de weer met een schip dat niet verging. Een onverlaat had aan het slot gezeten, de sleutel hing niet meer aan de haak. Sjors moest met een kogel worden afgemaakt, aan een manke trekker had je niks. De gas-en-lichtman kwam hem dezelfde dag afschieten.

We zochten nog naar sporen, we geloofden niet in hongerige vossen in de nazomer. Maar de wind blies alles schoon, duin en bospad lagen er onbetreden bij.

De N S B -er had de avond van de storm iemand bij de stal zien lopen, maar omdat mijn vader hem ne-geerde, meldde hij het pas de volgende dag aan de strandvonder: de dader droeg een overall.

Mijn vader nam me apart. 'Biecht maar op,' zei hij hijgend. Hij had die nacht nauwelijks geslapen en was met blauwe lippen opgestaan. Ik sloeg mijn ogen neer: 'Nee, nee, ik heb het niet gedaan.' De wezen zongen in de verte. Hij richtte zich op, draaide de stof van mijn overall om zijn vuist en sleurde me naar de weg. De stoet begon te sissen en te stampen. Mijn va-der hief zijn hand op en ging met zijn ogen de rij langs. De laarzen verstomden. Hij kon zo kwaad kij-ken dat mensen er stil van werden. Praten met zijn ogen noemde hij dat. Hij zette zijn sergeantenstem op en beval alle jongens uit de rij te stappen. De leidsters protesteerden, maar mijn vaders ogen zeiden genoeg en ze namen de meisjes bedremmeld terzijde.

'Wie heeft de staldeur open laten staan?' vroeg hij. De jongens zwegen, de brutaalsten lachten voorzichtig. Ik stond klein achter mijn vader. Hij blafte ze een voor een in hun gezicht.

'Jij? Jij?'

Geen kik.

'Antwoord!' schreeuwde mijn vader.

'Nee.'

'Wat nee. Spreek met twee woorden!'

'Nee, meneer,' zei de een, 'nee... meneer,' zei de ander. De stoersten spuugden op de grond en gooiden hun lok naar achter. Ze ontweken zijn ogen niet, maar keken hem ook niet aan, ze keken langs hem heen, naar mij, en stootten elkaar aan. Ze wezen naar de moet in mijn overall waar mijn vaders vuist in stond. Ik wist niet waar ik het bangst voor moest zijn: voor de blauwe horde of voor de blauwe lippen van mijn vader. Ik schaamde me en ze roken mijn schaamte. Ik vond geen steun in de geur van teer.

Mijn vader liep met opgeheven hand langs de jongens, in een bevroren saluut, hij aarzelde bij welke wang te beginnen. De grootste, met een blonde kuif, rechtte zijn rug en deed een stap naar voren.

De meisjes gilden, ze grepen zich aan hun leidsters vast. De blonde jongen hield zijn vuisten voor zijn gezicht en danste als een bokser op ons af. Mijn vader sprong achteruit en begon met zijn armen te maaien. De jongens joelden en vormden een kring, ik kreeg een duw, struikelde en viel tegen mijn vader aan. Ze deden een stap naar voren en dreven ons naar de berm. Mijn vader wankelde, hij trilde over zijn hele lichaam, ik dacht dat hij flauw zou vallen en hield hem vast. Maar hij hernam zich, greep me bij mijn schouders en duwde me tegen een boom.

'Jij,' schreeuwde hij, 'jij hebt de staldeur open laten staan.'

Zijn stem klonk als een schot, hard, en van zo ver, Indisch. Alle klemtonen verkeerd. De wezen barstten in lachen uit. Ze bauwden mijn vader na: 'Pinda, pinda', ze noemden hem een pindaman. Ik probeerde mijn hoofd rechtop te houden. Alles werd blauw in mijn tranen.

'Nee,' zei ik, 'nee.'

'Twee woorden.'

'Nee, pap,' fluisterde ik. En ik voelde de brand in zijn hand. Hij hield niet op, zijn vingers fladderden voor mijn ogen. Ik bukte niet, ik viel en werd aan mijn haren opgetrokken, en terwijl ik in zijn ene hand hing sloeg hij me met de andere. Links en rechts op de wangen, het bloed spatte uit mijn neus. De wezen schreeuwden, de leidsters probeerden hem weg te trekken, maar hij duwde hen van zich af. Ik was zijn eigen bloed, schreeuwde hij, zijn dievenkop, hij had het recht zijn eigen kind te slaan. Ik was zijn boksbal en weer trok hij me aan mijn haar overeind.

Hoe graag had ik niet bekend, maar ik vond de kracht niet om te liegen. Ik viel tegen de boom en zakte in elkaar. Hoe lang ik daar gelegen heb weet ik niet, ik herinner me zijn hand in mijn nek, een hand die me naar binnen duwde, een slappe hand waar alle woede uit geslagen was.

En mijn moeder kamde mijn haren, naar voren,

zoals het bij een Caesar hoort. Zachtjes, zachtjes, ze aaide me en de plukken vielen op haar schoot. Zij huilde en ik niet meer, ik was alleen maar bang dat ik kaal zou worden.

Mijn vader sloot zich op in zijn slaapkamer en ging er hardop tellen. Getallen in het ritme van een klok. 'Hij telt zijn vrienden,' zei ze, 'de vrienden van uit de oorlog.'

Zo'n vriend kon ik nooit worden.

Na de stormen trok de hemel helblauw open, een loden lucht kwam uit het oosten en een grote sloomheid viel op ons dak. Ik was zo moe dat ik mijn fiets niet uit de gang kon duwen, mijn ogen vielen toe en ik struikelde over mijn benen. Ik mocht terug naar bed en mijn moeder gaf me een beschuit met duinaardbeien. Maar geen woord of lekkers kon me troosten, een zware hand trok me naar beneden. De volgende morgen kon ik mijn armen niet bewegen, opstaan lukte niet. Ik was verlamd. Een paar uur later lag ik in het ziekenhuis.

Een geheimzinnig virus, zei de dokter, een zusje van de polio. Ik kon alleen mijn nek nog maar bewegen. De ziekte trof vooral de kust, ook vier wezen kregen het. Zo erg was het dus niet. Alleen mijn poep was gevaarlijk en mijn bloed werd afgetapt en ik mocht geen andere kinderen zien. Ik moest in quarantaine en kreeg een glazen kamer. Geen pijn, want geen gevoel; ik was een hoofd, meer niet.

De eerste dagen heb ik langzaam leren kijken, eindeloos naar het witte plafond, naar de sporen van de kwast, en ik slurpte de geluiden op: zolen op pas geboend zeil en het kraken van gesteven schorten. De zusters droegen monddoeken, de doktoren gooiden na bezoek hun rubberhandschoenen in de ton die buiten voor mijn glazen deur stond. Ik was gevaarlijk en iedereen hield van mij. Mijn zusters kwamen snoep afgeven. Mijn vader stond elke middag voor het raam en gebaarde me moed te houden; als hij wegging, drukte hij een zoen op het glas. Niet eerder voelde ik me zo gelukkig en zo veilig, ik snoof de buitenwereld op en verzon verhalen bij de klanken en de geuren. Al was ik verlamd, mijn hoofd wandelde de hele dag.

Mijn vader nam een zelfgemaakte leesplank voor me mee, een stuk drijfhout dat dwars op mijn bed paste. En hoewel hij tegen plaatjes was, kreeg ik voortaan na elk bezoek een Illustrated Classic. De bladzijden sloeg ik om met een tussen mijn tanden geklemd bamboestokje waar een rubberen aardappelschilvinger omheen zat geschoven. Een idee van mijn vader, gezien op een foto in een boek over mandmensen.

Mandmensen, ik wist niet eens dat ze bestonden. Het waren soldaten die al hun ledematen hadden verloren, mannen die hun verdere leven verborgen voor de ogen van de wereld in een mand moesten hangen. De oorlog had ze voor altijd onschuldig gemaakt. En ik zag mezelf al bungelen, gevoerd, gewiegd en altijd mijn zin. Maar ook, nooit meer Eskimo op het strand en voor altijd de gevangene van mijn vaders ogen.

De helden in de Classics gingen met mij praten en mijn matras werd zo groot als de wereld. De horizon ging mij niet ver genoeg, ik reisde naar het middelpunt der aarde, per raket naar de maan, of twintigduizend mijlen onder zee. Ik deelde de negerhut met oom Tom, werd de man die altijd lachte, een Pip met grote verwachtingen en een Niemand die cyclopen misleidde. Met de Drie Musketiers galoppeerde ik door de Franse velden en hielp de adel aan een schuilplek. Ik sloeg wisselaars de tempel uit en vreesde de Man met het IJzeren Masker. Benjamin Franklin hield mijn vlieger vast, ik waakte duizend-en-één nachten. Tegen het plafond bloeiden zwarte tulpen.

Na een week keerde een tinteling in mijn armen en benen terug. Ik mocht weer zoenen krijgen en mijn moeder begroette me met een traan. Een tijd van oefenen brak aan, 's morgens met een zuster, 's middags met de dokter en mijn vader, zodat er later iemand thuis was die mij kon leren hoe ik verder moest.

Tien keer tikken met de rechterpink. De dokter telde hardop, mijn vader telde mee. Een, twee, drie, mijn pink bewoog alweer. De dokter tilde mijn linkerarm op, ik voelde niets. Een vreemde arm viel naast mij neer. Het rechterbeen. De dokter drukte op mijn enkel, ik moest kracht zetten. Ik beet mijn tanden op elkaar en trok mijn been uit een dikke stroop. Hij tilde mijn linkerbeen omhoog, prikte met een veiligheidsspeld in mijn dij en liet het los. Een vreemd been viel in mijn bed. De rechterkant gehoorzaamde, links was ik nog lui. Daarna de rug. Mijn vader draaide me op mijn zij, de dokter kromde mijn rug en telde de botten in mijn ruggegraat. Mijn vader telde hardop mee. Ze stopten bij nummer zes, de dokter rommelde in zijn tas, ik hoorde ijzer op ijzer schroeven, het gekraak van cellofaan, een nagel tegen glas. Ze tapten water uit mijn rug, maar ik voelde niets.

De dokter en mijn vader legden me weer recht, ze trokken het laken strak en pakten mij tot aan mijn oksels in. Ze duwden een groot kussen onder mijn hoofd, schoven de leesplank over mijn buik, bamboe in de mond en het lezen kon weer beginnen.

Honderden plaatjes leerde ik uit mijn hoofd, tien keer hetzelfde avontuur, en omdat ik zo aandachtig kijken kon, leerde ik elke dag meer. Zo wist ik hoe je op een onbewoond eiland kon overleven en hoe je bijen uit hun nest verjoeg. De Zwitserse familie Robinson liet zien hoe je een hut in een boom moest bouwen en hoe je in de rimboe je eigen kleren maken kon. Ik kende de namen van exotische planten: cassave, sisal, sago, kopra. Een ander Indië.

Ook ik zou later zulke reizen maken en mijn ervaring tonen. Mijn vader gaf me alvast een Zwitsers legermes cadeau, met een ingebouwd vergrootglas en kartelzaagje. Zo konden we als ik weer beter was samen oefenen en hutten bouwen, gras laten smeulen, bamboe snijden en een draagmand vlechten. En hij herhaalde bij elk bezoek een oude soldatenwijsheid: 'Zet door en je wint.'

Na drie weken ziekenhuis kon ik mijn armen en

benen weer bewegen. Mijn zenuwen en spieren kwamen ongeschonden uit hun verlamming, ik kreeg twee krukken, leerde lopen en na een paar dagen kon ik zonder, alleen mijn voeten en mijn rug wilden soms niet mee.

Naar huis en oefenen, met mijn vader in een ziekenwagen in de regen, zo zacht en aardig was hij nog nooit geweest. Hij streelde mijn tintelarmen en we luisterden naar het liedje van natte klinkers onder dikke rubberbanden.

Door de weiden waar geen hekken staan
en de koeien kakkend de weg op gaan
waar de stoomtram langs het water rijdt
wij gaan harder, harder
tegen de regen in
ik win

Langs het natuurbad waar men naar paling poert
en de kinderlokker met zijn hengel loert
op kleine zwemmers in het pierenbad
wij gaan harder, harder
niemand haalt ons in
ik win

Dag eeuwige laan met scheve bomen
waar de rijke kinderen wonen
en het weer verandert na de bocht
wij gaan harder, harder
haal de regen in
ik win

Mijn vader ontfermde zich over mijn oefenprogramma. Elke dag een paar uur. De dokter uit het ziekenhuis had hem een gymnastiekboek meegegeven.

De stok was er voor alles. Om het tafelzeil mee op te rollen, om de rug te rekken als hij kromtrok, om te rennen als een paard, om me aan vast te binden als ik eten moest, om mee te balanceren en om te slaan als ik de moed liet zakken. Het was een mooie rechte stok, glad geschuurd, met langgerekte bruine ogen in het hout en ronde knoppen aan de uiteinden.

Het rollen: Ik plat op mijn buik, mijn vader op zijn knieën en de stok van nek tot bil over mijn rug gerold. Heen en terug, heen en terug, als een bakker die zijn deeg uitrolt.

Het rekken: Mijn vader op een stoel, ik geknield op de grond, de stok door de holtes van de ellebogen en dwars onder de schouders. Optrekken maar. Je voelde de botten zakken. Adem in, borst naar voren en handen plat op de tepels. Wij weefden een taaie jas van spieren, later zou ik biels kunnen tillen.

Het rennen: Eerst een beker sanatogeen, kalkschuim om het beendergestel te voeden. Mijn moeder was te zwak toen zij mij baarde. Dan de stok door de holtes van de ellebogen en rennen. Ik was een knol met een dissel op mijn rug. Mijn spieren hielden mijn groei niet bij en tussen mijn schouderbladen broeide een bochel.

Het vastbinden: Aan tafel en zitten, buik tegen de rand. Stok achter in de broek, als steuntje voor de ruggegraat en een riem om je bast. Rechtop! Buik in en trek die schouders aan! Hoog die lepel en niet knoeien. Ik leerde eten als een edelman.

Het balanceren: Voor de middagslaap een kop ontspanningsthee, de spieren los want de krampen trokken mij scheef. Liggen en de stok dwars op de borst, dansend op mijn adem, in wankel evenwicht. Ik mocht niet draaien of bewegen. Als de stok viel was ik erbij. De ruggegraat moest in balans, zo stond het in het boek. Ruim baan voor zenuwen en spieren. Scheef liggen was funest.

Wij verrijkten de proeven: opspringen terwijl de stok laag over de grond zwiepte, bukken als hij boven mijn hoofd zwaaide. Dit onder het opdreunen van onze verloren eilanden: Sumatra, Bangka, Billiton, Borneo, Celebes, Java, Bali, Lombok, Soemba, Soembawa, Flores, Timor, half-Portugees. Het springtouwlied van mijn zusjes. Voor de pijn kreeg ik een zandloper met zestig korrels. Pijn mocht niet langer dan zestig seconden duren. Wij telden alles zorgvuldig.

Zolang mijn spieren te zwak waren hoefde ik niet naar school. Schrijven en rekenen kon ik al. Levenslessen, daar ging het om. Want er dreigde gevaar in de krant, zorgelijke tijden braken aan: de Russen, de Russen reden naar het Westen en dit keer kwamen ze niet als bevrijders. De kraaien juichten achter het duin. Ik moest fit en sterk zijn voor de vlucht en dagen kunnen lopen, maar mijn voeten waren vormeloos en slap. Daar gingen we wat aan doen.

Een stuiter in de holte van mijn voeten. Mijn vader bond ze vast met dezelfde gele windsels die de reddingspaarden om hun enkels kregen als de strandvonder ermee uit showen ging. De windsels dienden als sok, anders paste ik niet meer in mijn schoenen.Twintig rondjes om de tafel. Mijn vader sloeg het ritme. Tik, tik, tok, tok.

Bij 'au' ging het sneller. Zijn liniaal hijgde in de lucht. Met opgetrokken wreef nam de druk op de stuiter af, maar als hij het zag kreeg ik een tik. Ook lopen op de buitenrand van mijn voeten was verboden, de holte moest gekneed. Ik verborg de pijn in mijn benen, mijn gezicht mocht niets laten zien. Ik won.

Na de rondjes kwamen de baden. Dagelijks tien minuten voetdompelen in de teil. Koud water verhardde de spieren. Ondertussen wreef mijn vader de stuiters tot gloeiens toe op, hij hield ze boven mijn hoofd en liet mijn haren springen. Mijn krullen keerden weer terug. Zo leerde ik wat elektriciteit is en bleef zijn sport een spel.

(Ze zeggen dat pijn geen geheugen heeft. Toch voelde ik wandelend door de straten van mijn oude dorp de stuiters steken. Het was geen herinnering maar pure gewaarwording. Hysterische verbeelding. Urenlang, daar kon geen zandloper tegenop.

Ik zat gevangen in een infantiele geest. Voor gebeurtenissen van de afgelopen jaren moest ik in oude agenda's te rade gaan, maar de stompzinnigste dingen uit mijn kindertijd stonden me helder bij. Het benauwde me hoe ik elk detail kon oproepen: de okergele latjes in de zoldering van ons koloniehuis, de bolle koperschroeven op de kleine trap naar de keuken, de metershoge geraniums voor het raam – o, als kampioenen waren onze geraniums, en hun bloemen als vuisten, bij vollemaan gestekt en met vioolmuziek tot groei opgezweept –, het voegsel tussen de tegels in de gemeenschappelijke gang, vooral daar waar een kleine kiezel tussen het cement glom, de butsen in het zeil – van de ijzeren beddepoten uit het Kinderheim –, de nerven in de kasten en de gezichten die ik daarin las. Al dat oude zeurde in mijn kop. Het was een ziekte, een gezwel dat dagelijks meer ruimte eiste.

Als kind moet ik alles hebben opgezogen en ik hield het vast als een woestijnplant de regen. Het is verbeelding, heb ik lang gedacht, een weefsel van dromen en verzinsels. Het geheugen als toverlantaarn. En toch, ik ben naar ons oude huis terug geweest, heb brutaal aangebeld bij de jongen die daar tafel dekte en alles klopte nog. De nieuwe bewoners waren ook maar arme huurders, nooit iets verbouwd, alleen geverfd en bijgehouden. Blind kon ik de kiezel in het voegsel vinden, de schroeven, de inkepingen in de deurpost naast de keuken waar mijn vader mijn groei op bijhield met Zwitsers zakmes en liniaal. Het klopte allemaal precies. Hoewel, ik vond me kleiner dan ik dacht.)

De oorlogsdreiging nam toe. De gemeente bouwde een sirene bij het station en de Bescherming Burgerbevolking oefende met brancards in de duinen. De communisten zaten overal, ook in het vrije Westen, ze infiltreerden fabrieken en stookten de arbeiders op. Soldaten kregen geen verlof en in Siberië bevroren mensen in de kampen. Ik wist er alles van, Biggles was eroverheen gevlogen. De Russen stonden klaar achter het Gordijn.

Geen tegenspraak. Ik moest gehoorzamen aan het oefenboek. Trainen, trainen, sterke benen krijgen. Er was haast geboden.

De dokter kwam steeds vaker, mijn vader was zo zenuwachtig en zijn hart ging achteruit. Zijn ogen zakten dieper in hun kassen, het blauw van zijn lippen ging niet meer weg. Mijn zusters fluisterden over een operatie, misschien kon hij een nieuwe hartklep krijgen. Er kwam een brief van een professor: mijn vader stond boven aan de lijst.

Mijn moeder bestond niet in die weken, al sprak ze me vaak moed in: 'Hou vol, doe het voor hem.' Ze trok een horoscoop, brak het brood der zieken en fietste twee keer in de week naar het Reformhuis in de stad. Maar geen pil of poeder kon mijn vader rustig maken, de injecties van de dokter hielpen al lang niet meer. De divan werd het middelpunt in huis en het regende bevelen. Wie geen harde woorden wilde horen kon maar beter rennen. Mijn moeder reisde haar familie af en leende geld bij de Waldenzen. Het huishouden werd haar te zwaar, we kregen extra hulp en een mevrouw die eenmaal in de week antroposofisch kwam koken; voor rijsttafel was mijn vader nu te moe. We aten rauwe andijvie met tarwevlokken. Mijn moeder schreef twee lange brieven naar het Academisch Ziekenhuis om de professor te vragen of hij niet eerder kon helpen.

We moesten lief voor vader zijn. Als ik nou maar mijn oefeningen deed, kon ik later veel werk uit handen nemen.

En wat viel er niet te doen voordat de Russen kwamen! De kelder moest uitgemest. Ik bracht de oude kranten boven en veegde het kolengruis bijeen. Daar kreeg je mijnwerkersarmen van en in mijn zakdoek snoot ik zwarte sterren. We leenden twee olielampen uit de reddingskist en verstopten ze zolang een trapje lager. Mijn vader schroefde voor de zekerheid ook nog twintig fietslampjes op een plank, de batterijen lagen klaar. We zouden genoeg licht hebben. Mijn moeder naaide zakken van oude lakens, ik vulde ze met zand en bracht ze naar beneden. Zand hield de atoomstraling tegen. En we moesten eten tot de jongste dag: twintig kilo snijbonen geweckt. Ik droeg een rode rubberring om mijn bovenarm en stapte als een blokhoofd rond. Rood was een gevaarlijke kleur. Er moesten ook nog peertjes in potten en uien in het zuur. De groenteboer bracht twee dozen bruine bonen in blik. Wat zouden we later winden laten, maar niemand kon ons ruiken. Mijn vader legde een kleed op het luik. Niemand wist dat wij in een kelder woonden.

En 's avonds lazen we samen de krant. Hij liet me de foto's zien, ik spelde de koppen zonder hapering. Letters werden spannender dan plaatjes. Volksopstand in Hongarije. Aanval op Boedapest. De bewoners smeerden groene zeep op de bruggen en de straten en Russische tanks tolden in het rond. Prikkeldraad werd uitgerold en tienduizenden Hongaren vluchtten naar het Westen. Een zangeres zong een liedje over Boedapest. Het zou oorlog worden. Mijn vader huilde bij de radio.

De kousevoet-uren braken weer aan. Ssst. Het is verboden in de gang te ballen, pas op, stoot niet tegen de fietsen. Niet te veel licht. Radio uit. Pick-up uit. Niet aanbellen. Stro voor op de weg. Geen bezoek. Niet doortrekken. Laat de kraan niet lopen. Er mag geen boter in de koekepan sissen. De klok moet zijn mond houden. Mijn vader telde hardop de dagen, de uren, de minuten.

Er stond een koffer in de gang, de oproep van het Academisch Ziekenhuis kon elke dag komen.

De kelder was niet diep genoeg, ik moest een betere schuilplaats zoeken, ons rode dak zou te veel de aandacht van de bommenwerpers trekken. Een schuilplaats ergens achter ons huis leek me veiliger. Ik liep alleen de duinen in en zocht een plek bij het mulle zand, daar vond geen tank houvast. Ook het oefenboek schreef kuilen graven voor. Zonder schop, kneden moest ik en sterke vingers krijgen. Ik zou een gat graven zo diep als ik lang was. Het zand koekte onder mijn nagels, hoe dieper ik kwam, hoe kouder en natter het werd. Ik telde mijn zestig seconden. Mijn nagels bloedden, maar dat kon geen kwaad: schoon zand ontsmet.

Na een uur gaf ik het op, ik was nog te zwak en moest weer rusten. Maar de volgende dag keerde ik terug, al begreep ik van mijn vader dat geen schuilplek voor de Russen veilig was, zelfs al zou ik met mijn zakmes helm afsnijden en een kameleondak voor ons vlechten. Want er kwam een dag dat we samen moesten vluchten, de dag waarop ze van alle mannen knechten zouden maken en niemand meer kon denken wat hij wou. En daarom moest ik trainen, ik moest sneller zijn dan het kwaad. Ja, mijn vader ging mij vreemde talen leren, we zouden een globe kopen en een veilige route uitstippelen. Daarna maakten we een grote reis, we lieten achter wat we bezaten, mijn zusters, mijn moeder ook misschien. Zo ging het altijd in een oorlog, je moest hard zijn en je losmaken van je liefste bezit.

Na het graven kwam het rusten, de middagslaap bleef lang verplicht. Ontspanningsthee, stok op de borst en balanceren. Mijn vader rustte ook, 's morgens en 's middags, en als hij niet op de divan lag schuifelde hij door het huis. Hij was zwak, maar niet te moe om op mijn training toe te zien. We renden niet meer met de stok in de rug, maar liepen stapvoets als een rijtuig.

Om mijn spieren tussen rust en inspanning te verwennen smeerde hij me in met tijgerbalsem. Voortaan roken we hetzelfde. En als hij nog kracht overhad gaf hij een massage. Dan liet hij mijn spieren tussen zijn vingers rollen, los van het vlees en op en neer van lies tot hiel, pitjitten tot de tranen uit mijn ogen spoten. Ik gilde het uit, de tijger beet in mijn benen. 'Concentreer je op andere dingen,' fluisterde hij en hij kneedde door, 'je mag wel huilen, maar nooit schreeuwen, je moet pijn in stilte dragen. Denk aan je zandloper.' En als ik huilerig lag bij te komen, troostte hij me met een mooi verhaal, een Classic die hij zelf verzon en die hij als een Sjeherazade tot een sprookje uit liet groeien, duizend-en-één seconde lang.

Mijn vader op de rand van mijn bed. Nog groeien zijn verhalen in mijn herinnering, telkens met andere woorden, al behielden ze de klank van zijn stem.

'Nu ik je tranen zie, vent, schiet me opeens iets te binnen. Wist je dat er in het Oosten een oud geloof bestaat dat zegt dat je een dode met tranen weer tot leven kunt wekken?'

Hij gaf me zijn zakdoek en ik snoot een hand vol laatste tranen.

'Een raar verhaal, ik hoorde het van een oude parlevinker in Port Said. Jij zat nog in je moeders buik, op weg naar Holland met de boot. Het was hem zelf overkomen, geloof het of niet.

Het was warm, onverwacht warm voor de tijd van het jaar, Port Said ja, aan de rand van de woestijn, zelfs een kameel verbrandde zijn zolen. De parlevinker lag in zijn bootje, in de schaduw van een aanleg-steiger, moe maar voldaan. Leeggekocht, zijn buidel geld plakte op zijn borst. Nu moest hij koopwaar vin-den, maar waar? De parlevinker kende de nieuwe stad niet goed, hij kwam uit het Zuiden en was met zijn koopwaar van Suez over de Bittermeren naar het be-gin van het kanaal gevaren.

In Port Said viel meer te verdienen dan in Suez, ie-dereen dreef er handel, het was een bunkerhaven, speciaal voor de aanleg van het kanaal gesticht. Ons schip lag er twee volle dagen om water en olie in te ne-men en het zand van de woestijn van de dekken te schrobben. Het water om de boot kwam zelden tot rust, de hele dag zwommen er gelddduikers om ons heen, roepend en bedelend om een muntje, en 's avonds bestormden kooplui en artiesten de reling.

Na een tocht van sjoelen, ringgooien en scheepsre-vues namen we daar afscheid van de tropen, en toen we weer uitvoeren en de modder van de Nijl de Mid-dellandse Zee geel kleurde, pasten we onze nieuwe warme kleren aan en ijsbeerden over het dek. We kre-gen ook zwemvesten uitgedeeld, met een rood lampje eraan, de zee lag vol mijnen. Maar in Port Said dans-ten we nog onbezorgd, de hele stad was één dansfeest, overal hoorde je muziek. Ja vent, je hebt nog in je moeders buik onder een dak van sterren gedanst.

Het was vijfenveertig graden in de schaduw en de parlevinker zocht naar een lap om het zweet van zijn voorhoofd te wissen.' Mijn vader haalde zijn zakdoek uit zijn broekzak, klapperde ermee in de lucht om mijn tranen eruit te slaan – 'hoor een koppel ganzen vliegt van de delta naar Europa' – en veegde de zakdoek over zijn kale hoofd. Hoe ziek hij ook was, een verhaal kon niet zonder geluiden en gebaren.

'De parlevinker doorzocht de zakken van zijn boernoes, en weet je wat hij voelde? Een natte hand die zijn Zwitserse zakmes wilde stelen. En aan die hand zat een geldduiker, bungelend in het water. Hij glom als modder, zo naakt was hij, op een lendendoek na, en hij had een neus als een bedoeïenentent. De parlevinker hees hem aan boord. Het geldduikertje maakte een buiging en stelde zich voor als Mousapha.

Ze gooiden het meteen op een akkoordje: de parlevinker zou hem niet bij de politie aangeven als Mousapha hem in ruil de weg naar de Arabische wijk zou wijzen en hem hielp met voorraad in te slaan. Mousapha hoefde er niet lang over na te denken, want in Port Said zijn ze gewoon dieven handen af te hakken. Ze maakten de boot vast en klommen aan wal. Maar halverwege de steiger bedacht de parlevinker zich, zijn roeispaan! de polsdikke stok waar hij zo behendig mee langs de grote mailboten laveerde. Mousapha moest zijn roeispaan dragen, zo kon niemand zijn boot stelen, zonder kwam je niet ver.

Al kon het diefje niet lezen, hij noemde alle schepen bij de naam en kende hun dagen van aankomst en vertrek. Eén blik op de schoorsteen zei hem genoeg. Hij was slim en praatte bij vreemdelingen makkelijk een muntje los, en als zijn woorden te kort schoten, maakte hij een dansje om de roeispaan. De parlevinker sloeg hem met plezier gade.

De zon droogde Mousapha's lendendoek en gaf zijn haar een rode glans, hij rook naar zoete modder en zijn nagels waren rood van de henna. Henna ja, een Arabische wortel, ook goed tegen de poeperij. De parlevinker verbaasde zich over de opdringerige kooplui die eendagskuikens in de binnenzakken van hun mantels droegen en vieze boekjes ophielden. Zulke handel zocht hij niet.

Mousapha was een goede gids, hij nam de snelste weg door de Europese wijk en verjoeg de loslopende ezels. Ksst, ksst. Even vergaapten ze zich aan de etalages van het grote warenhuis van Simon Arzt.' (Een naam die ik kende omdat de man met de fez op een doosje platte Egyptische sigaretten stond.) 'Wat een fijne stoffen! Handgemaakte overhemden, hoeden met een zijden lint... helaas, zulke spullen waren de parlevinker veel te duur. Snel naar de soek. De Place De Lesseps sluimerde in de zon, ze meden de speelbanken waar planters in één nacht hun kapitaal verspeelden.

In de straat van de duivenslagers tetterde de Arabische drukte al in hun oren, duizenden kaalgeplukte vogels hingen aan touwen tussen de huizen. Er vielen rode spatjes op hun hoofd. Ook dat was geen handel voor de parlevinker. Mousapha trok hem weg van de bedelkinderen en leidde hem langs een kluwen schreeuwende mannen met sleepkarren. Daar begon de wirwar van overdekte straatjes, elk huis was er winkel en de zon schemerde door een dak van lappen. Mousapha bracht de parlevinker naar de leerlooiers, kleermakers en koperslagers, maar hij zocht kleinere handel, snuisterijen en sieraden, handzame koopwaar die hij makkelijk in zijn kist kon uitstallen en aan een touw omhoog kon hijsen. De scheepslui noemden een parlevinker niet voor niets een kistjesman. Voor kleine handel moest je naar het hart van de soek, een overdekt gebied met verborgen moskeeën en badhuizen. Stoom ja, om de hitte met hitte te verdrijven.

Mousapha stopte voor een armoedige houten deur. "Hierachter wordt al het goud uit de stad verzameld," zei hij en hij ging voor in een doolhof van gangen en trappen. De roeispaan was te lang voor de scherpe hoeken, maar na veel passen en meten wisten ze toch een houten zolder te bereiken. Rrrrr... de spinnen vluchtten voor hun voeten.'

Mijn vader liep de kamer uit om de tijgerbalsem van zijn handen te wassen. Of het nu dit verhaal was of een ander, hij hield er graag de spanning in. Daar lag ik, de roeispaan deinde op mijn borst, mijn wangen gloeiden van opwinding. Vijfenveertig graden in de schaduw.

'Er stonden tien koperen bedden op een rij,' zei mijn vader toen hij even later weer binnenkwam. 'Op de met kleden overtrokken matrassen zaten jongens en mannen zilveren kannen te poetsen, edelstenen uit broches te peuteren, munten te tellen of te snurken. Niet één keek op. De parlevinker was te moe om te vragen waar hij was aanbeland, hij schoof zijn roeispaan onder een bed en viel bekaf in slaap.

Een paar uur later ontwaakte hij op Mousapha's borst. Het was inmiddels donker geworden en er liep een spin langs zijn slaap. Mousapha zei dat de spin een draad tussen hun schouders had gesponnen en dat hij zich niet durfde te bewegen omdat hij zowel hem als de spin niet wilde storen.

"Wat heb jij goede ogen," zei de parlevinker.

"Wij geldduikers moeten wel," zei Mousapha.

Ze moesten lachen en braken de draad. Het was lang geleden dat de parlevinker zich tijd voor vriendschap gunde. Zijn hele leven had hij achter geld aangepeddeld, en soms vreesde hij dat het eelt even dik op zijn hart als op zijn handen groeide. Maar nu hij Mousapha's hart tegen zijn wang voelde kloppen, werd hij zich bewust van het grote gemis geen zoon te hebben. Hij wilde een vader voor de jongen zijn, hem leren lezen en schrijven en hem wapenen voor een eerlijk leven.

Mousapha lachte hem vrolijk toe. Kijk, in de eerste uren van zijn slaap had hij een plat brood gestolen en uien en vette olijven. De parlevinker protesteerde, maar de geur maakte zijn maag gretig en hij sopte het brood tot de laatste kruimel op. De oude man veegde een traan uit zijn ooghoek, hij wist niet of het door de uien kwam of door het sentiment, want hij was niet gewoon dat een geldduiker voor een rijkaard zorgde. Mousapha troostte hem dat tranen het bloed der vriendschap waren en vertelde over het oude geloof dat je doden met tranen tot leven kon wekken.

De zolder lag er verlaten bij, alle jongens en mannen waren verdwenen.

"Waar zijn ze?" vroeg de parlevinker.

"Ze werken," zei Mousapha.

"'s Avonds?"

De jongen lachte om zoveel onnozelheid. Dit was zijn huis, begreep hij dat dan niet. Hij had geen vader en moeder meer, hier woonde hij te midden van zijn vrienden, de beste dieven van Port Said, wisselaars, verhalenvertellers, geldduikers; beter volk was er in de hele haven niet te vinden.

De volgende morgen ontdekte de parlevinker hoezeer zijn kleine vriend de waarheid sprak. Alle bedden waren weer bemand, jong en oud lag in een diepe rust en aan de voeteneinden prijkte de buit van de nacht: munten in alle maten en soorten, ringen, portefeuilles en wandelstokken met een zilveren knop.

Ook de parlevinker bleek slachtoffer van hun ijver, hij miste het geld onder zijn hemd, ja zelfs zijn roeispaan was gestolen, hij had alleen zijn Zwitserse zakmes nog. Hij ontstak in woede en beschuldigde Mousapha en zijn dievenbende. Met tegenzin doorzocht de jongen de buit van zijn vrienden. Volgens hem moest het een dief van buiten zijn, in dit huis stal men niet van elkaar. De boosheid van de parlevinker duurde langer dan zestig seconden…

Na die nacht waren ze samen arm. Ze deelden één bed, aten uit één kom en ook wat ze nog bezaten werd gedeeld: de kieren in het dak, de scheuren in het laken en een zee van tijd. Mousapha wilde de parlevinker de kunst van het stelen leren en de parlevinker bood aan hem te leren lezen en schrijven. Geen van beiden was gelukkig met de pas verworven kennis, en toen de vlooien zich aan de parlevinker hadden volgevreten, verlangde hij naar zijn boot. Maar waar vond hij zo gauw een nieuwe roeispaan? De stad was nog te jong voor grote bomen en de woestijn te droog, ja, hout was een kostbaar bezit.

Nu stond er in de Arabische wijk één boom en wel aan de bron van een oude oase, pleisterplaats voor karavanen van weleer. De stedebouwers hadden de stam als pilaar voor het badhuis gebruikt. Het was een reusachtige plataan en alleen uit de lucht kon je zien hoe zijn takken en bladeren zich boven de koepel verhieven. Wie goed oplette, zag een straal zonlicht tussen stam en dak kieren, niet breder dan twee handen, alleen een kind paste door die spleet. Mousapha zou naar boven klimmen en onderzoeken of er genoeg tak voor een roeispaan groeide. Hij stak het Zwitserse zakmes tussen zijn tanden, zette zijn nagels in de schilfers van de stam en wurmde zich met moeite door de spleet. De parlevinker durfde niet omhoog te kijken, bang zaagsel in zijn ogen te krijgen. Maar hij hoorde geen gezaag en toch viel er even later een polsdikke stok naar beneden. Zijn roeispaan! Zijn handen herkenden de sleetse grepen in het hout. Hij keek op en plotsklaps regende het biljetten. Geld, zijn geld en meer nog, want zijn duimen herkenden niet alle ezelsoren.

Mousapha had boven in de boom een dievennest ontdekt en eerlijk als hij was alles teruggestolen. De parlevinker was rijk, hij kon weer koopwaar inslaan en uitvaren. Uit dankbaarheid bood hij Mousapha de helft van het geld aan, mits hij bereid was zijn bootsmaat te worden.

Het viel Mousapha niet makkelijk zijn zoldervrienden van de ene dag op de andere te verlaten. Eerst moest hij de vreemde dief te pakken krijgen, pas dan kon hij gaan, beunhazen konden ze niet gebruiken, de eer van zijn gilde stond op het spel. En nadat de muezzin zijn vijfde gebed van de minaret had laten klinken, vertrok hij naar de plataan. Hoe de parlevinker hem ook op de gevaren wees, tegenhouden had geen zin. Mousapha stelde hem gerust en zei: "Als straks iemand aan de rechterkant van het bed instapt, dan ben ik het. Stapt iemand aan de linkerkant in, dan ben ik het niet." De parlevinker sloeg geen acht op zijn woorden en viel in slaap. Buiten waaiden de deuntjes van de scheepsmuzikanten tot diep in de nacht over de stad. Red sails in the sunset.' Ik zag de herinnering over mijn vaders huid kruipen. 'Ajò kippevel!

De parlevinker hoorde het niet, maar nog voor de dageraad voelde hij een koele wind in zijn nek. Het bed kraakte aan de linkerkant en een vreemd lichaam schoof onder het laken. Hij wist genoeg. Dit was niet de geur van Mousapha, niet de vertrouwde zoete modder, dit lichaam rook naar bloed. De parlevinker sprong uit bed, stak een kaars aan en scheen de vreemdeling recht in zijn gezicht. En weet je wat hij zag? Een man met een witte hoofdtooi en een sjaal voor zijn neus en mond. Maar eigenlijk zag hij ook dat niet, want er brandden twee moordlustige ogen boven die sjaal, sterker nog dan het licht van zijn vlam.

"Waar is Mousapha?" schreeuwde de parlevinker.

De sjaal antwoordde niet maar hield een bloedende hand op. Zijn vingers ontspanden zich, een voor een, als een zeeanemoon in de deining. Een weeë geur trok over het laken. In de hand klopte een hart. De parlevinker pakte de kalebas die als po onder het bed stond en ving het hart erin op.

In de Arabische wijk werden de minaretten beklommen, de muezzins riepen de gelovigen op tot hun eerste gebed, de zon kleurde de kim en Allahs grootheid werd geprezen. *Al-lâhou akbarou.* De moordenaar drukte zijn vingers tegen zijn oren en vluchtte naar buiten.

De parlevinker was ontroostbaar. Hij dacht aan het oude geloof dat je met tranen een vriend weer tot leven kon brengen en probeerde te huilen, maar hoe hij ook zuchtte en perste, tranen kwamen er niet. Toen de dieven van hun nachtelijk werk naar de zolder terugkeerden, had hij nog geen vingerhoed vol. En de tranen die hij huilde, huilde hij omdat hij niet om Mousapha kon huilen. De dieven zagen het tafereel aan en begrepen wat er van hen verwacht werd. De een na de ander schoof aan en begon vreselijk te huilen. Aan het einde van de dag, kort na het laatste gebed, was de kalebas vol. Ze plengden evenveel tranen als er bloed in een mens zit. *Al-lâhou akbarou.* Geen dief had nog een traan over, ze vielen meteen in slaap. Die nacht werd er in Port Said niets gestolen en er werden ook geen verhalen verteld.'

'En Mousapha?' vroeg ik.

Mijn vader glimlachte geheimzinnig: 'Een goed verhaal heeft een einde dat je zelf mag dromen.'

En ik droomde en hoorde mijn bed aan de rechterkant kraken. Een rug vlijde zich tegen mij aan, een rug die ik beter kende dan de mijne. Tropengeel, gespierd. Tussen de schouderbladen zat een litteken, een snee links, een snee rechts, twee vleugels wild vlees.

En ik schrok wakker en keek in het betraande gezicht van mijn vader. Hij kwam afscheid nemen. De brief van het Academisch Ziekenhuis was al een paar dagen in huis – nee, hij had niets laten merken, hij wilde me niet voortijdig ongerust maken, 'je moet pijn voor je houden, je weet wel, lieve vent' – maar nu was het zover. Notaris Groeneweg stond al bij de auto, hij zou mijn vader brengen.

De Rover ronkte witte pluimen. Er zat sneeuw in de lucht. De notaris opende het portier, mijn moeder deed mijn vader uitgeleide. Ze kusten elkaar, een laatste zwaai en weg reed de zwarte hoed.

Wij stonden voor het raam, Ada, Saskia en ik. Ik huilde niet. Mijn vader ging niet dood, de professor gaf hem een nieuw hart. Mijn moeder liep gebogen terug naar de voordeur.

De wereld werd kleiner, de kranten verdwenen ongelezen in de lectuurbak. Er was nog maar één zorg: mijn vaders hart. Zou de klep het houden, had de professor niet al te veel met zijn handen gebibberd? Mijn moeder was er halve dagen niet, zes keer overstappen voor een retourtje Academisch Ziekenhuis, haar nagels rouwden van de vieze bussen en treinen. Ik moest mijn vader elke dag een briefje schrijven en gebruikte zijn liniaal als lijnbeschermer, Saskia gaf tekeningen mee.

Het was vreemd stil in huis, alsof alle dagen kousevoetdagen waren; geen verhalen onder het eten meer, ook de radio bleef uit. Alleen Ada trok zich niets van de bedrukte stemming aan. Ze speelde blokfluit in de huiskamer en studeerde een *valse russe* in.

De ijsbloemen bloeiden op de ramen en de peertjes bevroren in hun fles, dus aten we ze maar op. De Russen bleven achter het Gordijn. Mijn vader kwam voorlopig nog niet thuis, het was te guur aan zee, hij ging eerst naar de Waldenzen om aan te sterken.

Mijn korte broek verdween in de kast en ik vergat wat pijn en blauwe plekken waren. De oefeningen schoten erbij in, niet langer op de fiets naar school maar met de winterbus. Mijn spieren werden pap en ik trok weer met mijn linkerbeen.

De strandvonder fietste dagelijks met berichten op en neer tot we van de gemeente toestemming kregen de telefoon op de gang voor onszelf te gebruiken. Als mijn moeder belde, moest ik de wekker in de gaten houden en na één minuut het signaal tot ophangen geven. Voor het eerst hoorde ik mijn vaders stem door een telefoon: 'Hallo vent, ik ben niet dood, mijn motòr tikt opperbest.'

Hij zou weer alles kunnen doen, koken en dansen, Solex rijden, ja, hij beloofde mijn moeder zelfs werk te zoeken, zijn eerste burgerbaan; er kwam geld in overvloed. Mijn moeder lakte haar nagels parelmoer en ging een week bij hem logeren. We leefden er allemaal van op. Een nieuw hart, een nieuwe vader.

De post bezorgde een groot pakket, een globe met een lamp erin. Een cadeau van mijn grootvader en er zat een briefje van mijn vader bij: 'Lieve vent. Als ik straks helemaal beter ben, gaan we trainen voor een grote reis. Vet de riemen van je rugzak maar vast in.'

Het was al bijna lente toen mijn vader bij ons terugkwam, mijn moeder plukte de eerste winterakonieten uit de tuin en poetste de wadjang op. De Rover reed voor en daar stapte hij uit, mager en gekrompen, zijn hoed zakte op zijn oren en er zaten knikken in de vouw van zijn broek. Ik stond voor het raam, bang dat als ik op hem af zou lopen hij mijn slepend been zou zien, ik zoog zijn ogen op, maar hij omhelsde eerst mijn moeder, zoende mijn zusters en keek niet naar het raam – kijk naar me, kijk naar me, fluisterde ik in mezelf, maar hij liep de tuin in, keurde het stro om de rozestronken, ik tikte op het raam, hij reageerde niet, hij hurkte en porde met zijn vinger in de aarde, ik vroeg een engel of ze zijn kin een zetje wilde geven… kijk op, kijk op… maar mijn vader zag me niet.

En ik liep naar buiten en hield me vast aan de deur: 'Pappie, pappie,' riep ik. Hij draaide zich om en zei: 'Zo, spijbelaar, kom je je nu pas melden.' Hij lachte, spreidde zijn armen en we renden op elkaar af, en toen ik zijn wangen kuste trok hij me aan mijn oor.

'Loop eens voor me uit,' zei hij. Ik liep zo lenig als ik kon. 'Je trekt met je been. Vanavond oefenen.'

Binnen bewonderden we zijn litteken en ik hield mijn oor tegen zijn hart... doef, doef, het klonk als nieuw. Mijn vader was gezond en sterk, hij kon weer bevelen geven zonder te hijgen: Niet met je lepel zwaaien! Op je tenen en twintig rondjes om de tafel! De tijgerbalsem werd uit de medicijnkast gehaald en het pitjitten leverde boze ogen op: mijn linkerbeen was dunner dan het rechter. De liniaal kreeg een ereplek naast zijn bord, ik kreeg mijn eerste tik, de rijststoom besloeg de ramen van de keuken en Ada speelde fluit in de badkamer. Alles was als vroeger.

De stok bleef in het tafelzeil, mijn vader had een ander boek gelezen, de antroposofen zouden mij beter maken. Letters dansen, dat was de remedie, lichaam en ziel moesten samen groeien. Euritmie: de ruimte voelen en de N lopen, twee driehoeken en de armen wijd en nnnneuriën... de N van nee, njet, no, nein en non, een letter die zich niet laat aanraken. Spring op van het zeil, en spreid en span de spieren in de lucht en vermijd het contact met de vloer. De liniaal zwaaide er vrolijk op los. Ik moest mijn lichaam voertuig maken van mijn wil. En we dansten de A, de T, de H, de A, de N. Au, de laatste N was slordig. Nog een keer. Mijn vader schreef mijn naam in de lucht, en meer, gedichten: Goethe, Morgenstern, Nietzsche; en vormen: vijfpuntige sterren, cirkels, lemniscaten; ik danste het onzegbare zichtbaar tot ik erbij neerviel. En wat ik niet kon uitbeelden moest ik voelen. Flip, flap, een tik op beide wangen.

Mijn vader herwon zijn krachten en ik had de mijne verloren. De harmonie tussen hoofd en lichaam kwam niet tot stand, ik dreigde te verpappen, kijk maar: vrouwenvlees. Hij zette mij voor de spiegel en trok mijn hemd op, ja, er blubberden zelfs al kleine borsten. Hij kneep erin en liet ze schudden. Misschien zou bomenklimmen helpen. BOOM, wat zei het euritmieboek over de boom? De B was een stootklank en symboliseerde de groei, het boren van wortels door aarde, en de M was een zacht mijmeren, mmm, een groeien zonder ophouden en de O de bewondering, de omarming. We staken de weg over en zochten een boom waar mijn vader zijn armen om kon sluiten. We kozen de vetste uit het bos. 'Klim,' zei hij. De stam was te dik en de eerste tak te hoog, het lukte me niet, ik was geen Mousapha.

Hij ging me voor, zonder hijgen, maar zijn gezicht vertrok van de pijn. Zijn ribben waren nog te stijf, de professor had ze uiteen moeten buigen om beter bij zijn hart te kunnen komen. Hij hees me op de eerste tak en duwde me naar de tweede.

'Hoger,' commandeerde hij, 'trek jezelf op.'

Mijn armen gaven me geen kracht, mijn knieën schaafden tegen de stam. Ik durfde niet omhoog, niet omlaag. Mijn vader liet zich weer zakken en keek woedend omhoog, zijn ogen vraten mij op: 'Toon dat je een vent bent.' Hij draaide zich om en liep weg.

Ik zat wijdbeens op de tak en wachtte. Eekhoorns sprongen van boom naar boom, kropen naderbij, krabden zich en sprongen weer door. Na een uur, of was het langer? ik was te bang om seconden te tellen, kwam hij terug.

'Ben je een vent?'

'Ik weet het niet.'

Hij greep me bij mijn enkels en trok zich aan me op. Mijn ballen drukten tegen de bast en ik moest haast overgeven van de pijn. Hij duwde mijn benen naar voren en naar achteren en schuurde mijn kruis over de tak.

'Weet je het al?'

Ik schreeuwde.

'Dat zijn je kloten, een vent heeft kloten. Weet je het nu?'

En ik wist: als mijn moeder straks mijn onderbuik met zalf insmeert, ben ik ongelukkig gevallen.

Ik hield van mijn vader, juist toen, ik wilde zijn respect afdwingen, mijn pijn wegtellen als een oorlogsvriend. Maar wat ik ook deed, hij zag alleen mijn fouten. Wat moest ik doen om hem van mij te laten houden? Ik begreep dat hij een ridder van me wilde maken en dat ik nog vele opdrachten moest vervullen voor hij mij als zijn gelijke accepteren zou. Maar waarom kon hij me niet één keertje prijzen? Het leek wel of de operatie hem gemener had gemaakt, had de professor hem een slechter in plaats van een beter hart gegeven?

's Nachts in bed, krom van de pijn tussen mijn benen, gaf ik mijn globe een zetje en staarde naar de brandende sneeuw op de Himalaya en de geel-groene continenten... reizen zou ik, weg van de vernedering. Hoe durfde hij mij voor een vrouw uit te maken terwijl ik elke dag voor vent trainde, mijn Caesarhaar een dievenkop te noemen terwijl in zijn verhalen dieven met de eer streken.

Die avond voelde ik voor het eerst een diepe haat, een haat die uit mijn zwarte ballen kwam. De bloody limit was bereikt, míjn bloody limit. Maar het was geen haat tegen mijn vader en geen haat tegen mijn moeder, die een striem een schram noemde en elke bult mijn stomme schuld, en ook geen haat tegen mijn zusters voor wie ik lucht was, nee, daarvoor vond ik mezelf te slap, te min, te weinig vent met kloten. Ik haatte mezelf. Ik kon maar beter dood en van de aardbol verdwijnen. Mijn ogen deden pijn van het licht in de globe, mijn hoop was ergens in een blauwe oceaan getorpedeerd, ik zou nooit als een groot en rijk man naar huis terugkeren en mijn ouders in de armen sluiten. De rol van trotse zoon was te zwaar voor mij, ik had gefaald, ook de helden in mijn Classics keken op mij neer.

Ik trok het laken over mijn hoofd, beet in mijn kussen en telde... ik hoorde een hond in de verte janken, lange uithalen, secondenlang... en ik dacht aan drijfzand, aan de hond die ik daar redde. Om zo door de aarde te worden opgegeten, om weg te zakken in een koele pap. Ik stond op, keek uit het raam: donker, geen beweging, alleen het ruisen van de zee. Ik sloop in mijn pyjama naar de keuken en nam de sleutel van de reddingskist van de rode haak. Het was donker in de gang, mijn ouders luisterden binnen naar de radio, ik durfde geen groot licht te maken en het duurde even voor ik het hangslot van de kist vond. De olielampen klonken leeg, de lieslaarzen voelden klef. Ik vulde een lamp en er liep een straaltje over mijn blote voeten. Na lang wroeten vond ik een doosje lucifers onder in de kist, bij een klein vlammetje zocht ik een oliepak en een paar lieslaarzen uit, ik sloop naar buiten en kleedde me achter het huis aan. De lieslaarzen zaten me te ruim en lubberden om mijn dijen, ik moest een knoop in de bretellen leggen, de zalf kleefde aan mijn oliepak. Ik draaide de pit op en nam het pad naar de waterleidingvlaktes. Naast me liep mijn groter zelf, ik was niet bang, mijn schaduw groeide in de nacht. Ik was een reus.

Het janken hield niet op, maar de tussenpauzes werden langer. Ik kon slecht bepalen waar het geluid vandaan kwam, waren dat stemmen? of zong er een echo in de duinen? Het drijfzand lag in het noorden, daar moest ik heen, voorbij de grasmoerassen, niemand bracht me daarvan af. Alles leek veel groter in het donker, struiken werden bomen en de kleinste bocht tastte mijn gevoel voor richting aan. Ik draaide de pit lager, het janken kwam van twee kanten, toen ik me omdraaide zag ik een lamp flitsen. Was er alarm geslagen, had iemand mijn vlucht opgemerkt?

Verwarring zaaien, zigzag door het zand en snel naar het verharde moffenpad, daar liet ik geen sporen achter. Het licht naderde en ik hoorde nu duidelijk stemmen, twee donkere stemmen, het kon geen verbeelding zijn. Ze zaten achter me aan. De hond hield zich koest.

De lieslaarzen lieten me niet sneller lopen, ze zakten telkens af en de rubberflappen tussen mijn benen brachten me uit mijn evenwicht. De lamp klotste tegen mijn buik, de vlam flakkerde en dreigde uit te gaan. Ik moest de pit hoger zetten. Gevaarlijk, maar zonder licht kon ik weinig zien, maan en sterren zaten achter de wolken. Ik wilde naar de zeereep lopen, naar de kant van het ruisen toe, daar lag het moffenpad dat naar de bunkers leidde en waar ik zolang kon schuilen. De pisgeur zou elke neus misleiden. Voelde ik maar harde grond onder mijn voeten, dan zou het sneller gaan. Mijn linkerbeen deed pijn en mijn laarzen maakten zo'n kabaal dat ik de zee niet goed kon horen. Stond ik stil, dan bonkte mijn hart te luid in mijn keel. Ik kreeg het warm, mijn oliepak schroeide tegen mijn borst... mijn hart, zelfs mijn hart was zwakker dan dat van mijn vader. Mijn jas smeulde, ik hield de lamp er te dicht tegen aan. Ik blies hem uit en liet me door het wit van de duinen leiden.

De stemmen kwamen naderbij, het gejank leefde op. Dit was Eliza's vlucht, ik vluchtte voor mijn meester en de witte vlakken zand waren mijn ijsschotsen, de stemmen joegen me op, een hond gromde. De grond onder mijn laarzen zakte weg, gras, nat gras, plassen en opgewaaide duintjes, hier begonnen de waterleidingvlakten, ik was toch goed gelopen. Een knal en nog een, ze schoten in de lucht. 'Halt,' riepen ze. De hond blafte. 'Halt.'

Ze zouden me niet levend in handen krijgen, nog één schots, één sprong en het drijfzand was bereikt. Ik sprong… struikelde over mijn laarzen en viel in een cirkel licht. Een hond kwam blaffend op me af, hij hijgde en steigerde, een riem trok hem terug en boven zijn kop scheen een zaklantaarn en ik keek in het gezicht van de gas-en-lichtman. Geweer in de hand, dikke tas om de schouders, een dikke staart eruit. Hij zou me zeker schieten. Achter hem stond de strandvonder. Ze hadden de vos gevangen, zo dol als wat, mooi met z'n poot in de klem en janken dat-ie deed, verskrikkelijk, eindelijk die moordenaar te pakken, een halfjaar naar gezocht. Die schoten waren genadeschoten, ze gaven hem ieder een kogel. Maar ze hadden onraad in het duin gezien, een lampje dat naar het driftzand wandelde en kijk nou toch daar zat die kleine uit het koloniehuis. Bijna in het zeik en nog wel in pak en laarzen van het reddingswezen. Wat wou hij nou? die kleine dief, zo laat nog uit zijn bed. Ja, ja, nou wisten ze wel wie de staldeur 's nachts had open laten staan. Kom op, mee naar huis.

De strandvonder rukte mijn laarzen af en nam me op zijn schouders. De maan brak door de wolken, de mooie ronde schil van het laatste kwartier, ik keek om en zag het drijfzand als een witte schots uit mijn ogen vloeien. Voor ons lag ons huis, licht brandde achter alle ramen. Veilig baken tegen wil en dank. Er werd op me gewacht.

En zo liep ik door de seizoenen van mijn jeugd. Langs de stal, het verlaten weeshuis, door de duinen, over de onbetreden waterleidingvlaktes waar de regen putjes in het zand sloeg en waar je een vos kon horen janken. Voor mijn moeder plukte ik een zeedistel uit eigen tuin, een overlever, net als zij, grijsgroen met een strooien hart.

Ik had de woede van me af gewandeld, mijn drift tegen de wind in laten verwaaien. Ik kon rustig met mijn vader lopen, ontspannen, niet in het gelid. Geen kind meer, maar een man die niet bang was op zijn vader te lijken.

Zo dacht ik toen en in die overmoed besloot ik Aram te vragen of hij bij me wilde komen wonen. Hij moest weg uit de schaduw van zijn zieke vader, ik gunde hem een betere jeugd. Ik kon het aan. Ik wilde het en ik zou mijn zwakke kanten overwinnen.

Ik reed naar zijn school en wachtte hem bij het uitgaan op. Hij wervelde naar buiten, voorop, twee meisjes achter hem aan. Onze ogen ontmoetten elkaar, maar hij deed alsof hij me niet zag en liep naar het fietsenhok. Hangen, grapjes maken, een sigaret verborgen in zijn hand, en pas toen iedereen weg was

liep hij naar me toe. Hij schaamde zich te worden af-
gehaald.

'Hai, gaan we weer moshen?' zei hij. Zijn kistjes
tikten op de stoep, hij droeg ze elke dag. De metal-
avond was hij niet vergeten, of ik dat meisje met die
ring in haar neus nog had gezien? Nee? 'En ze was op
je,' zei hij.

'Ik heb toch een vriendin.'

'Maar je bent altijd alleen, ze was niet eens op de
begrafenis.'

'Mag ik niet alleen zijn?'

'Je bent al zo oud.'

'Waarom kom jij dan niet bij me wonen?'

'Ik woon toch bij mijn vader.'

Ik bloosde en moest even slikken om moed te vinden. 'Een andere omgeving zal je goeddoen en dan
gaan we 's zomers verre reizen maken.'

Aram keek me verbaasd aan. 'Samen met Maarten?'

'Nee, met mij, voor Maarten zoeken we een huis
waar ze goed voor hem zorgen.'

'Nooit,' zei Aram fel, 'ik wil voor hem zorgen. Papa
heeft me beloofd het tot na mijn eindexamen vol te
houden.'

'En daar vertrouw je op?'

'Natuurlijk. Ik zal er zelfs voor blijven zitten als het
moet.'

Ik schaamde me voor mijn gebrek aan tact. We
dronken ergens thee en aten flinke punten taart.
Aram vroeg nog een portie en wikkelde de punt in
een servetje voor zijn vader.

'Maar hij kan nauwelijks slikken. Je moet hem nu al voeren.'

'Ik prak het, ik zorg veel beter voor hem dan een verpleegster.'

'Als je zo wilt leven, dan is het jouw keus.'

'Ja,' zei hij koel, 'je hebt niets over mij te zeggen, je bent mijn vader niet.'

Ik bood hem mijn excuses aan en zei dat als het niet meer ging er altijd een bed voor hem klaarstond.

Idioot die ik was. Dromer van zonen en vaders die elkaar nooit zouden vinden. De autoradio aan en de hele lange weg naar huis een waas voor de ogen. Misschien moest ik het nog eens met een hond proberen.

6

OP HERHALING

We zouden het allemaal nog eens overdoen. Een begrafenis zonder lijk, maar wel met muziek en woorden. Saskia stak een kaars aan en zette een foto van Ada op tafel. Mijn moeder legde een kussen op haar stoel en keek tevreden om zich heen, het gezin verzameld... ja, goed dat ik gekomen was! Toch naar mijn innerlijke stem geluisterd, want wees eerlijk, hield ik niet meer van mijn familie dan ik toe wou geven? Ik las mijn toespraak voor en de violen sijpelden uit de cd-speler. Jana moest het ook beleven, of ze nou wilde of niet. De meegebrachte video bleef steken, meneer Korsts geste paste niet in Canada, ander systeem. 'Jammer, we stonden er zo prachtig op,' zei mijn moeder.

Vertellen dus, van kist tot rozentuin... de rouwadvertentie, de bloemen, wat we droegen, het weer, geen detail werd Jana bespaard. 'Hebben jullie die twee regenbogen gezien?' vroeg Saskia, 'op het mo-

ment dat de stoet het plein van de begraafplaats op-
reed verschenen er twee regenbogen boven de aula.
Toen we na afloop wegliepen, verdwenen ze op slag.'

Was het niet wonderlijk? Er stond me niets van bij,
maar Saskia had nu eenmaal een fijn zintuig voor wat
zich boven onze hoofden afspeelde. Mijn moeder
keek onwillekeurig naar buiten, grijze poollucht...
tja, mogelijk, niks van gemerkt die dag, maar nu ze
het achteraf hoorde zag ze het toch als een teken. Hoe
dan ook, het was een droeve maar mooie bijeenkomst
geweest, jammer dat Jana er toen niet bij kon zijn.
Ook ik keek het raam uit, om mijn ergernis te verbergen; moest ik nou echt twee volle weken tussen deze
gekken zitten?

Na de cake – surprise, surprise, in Hollandse boter
gebakken, die Saskia toch, ze dacht ook aan alles –
kwamen de rouwlinten, de kaartjes en het condoléanceregister op tafel. Wie had die onsmakelijke souvenirs meegenomen? Saskia stak een klein vingertje op:
Het gaat om de evocatie, om het samen beleven, dit
maakt het compleet. Jana bladerde door het condoléanceregister, toe maar, wat een namen. Kreeg je zo
makkelijk vrij voor een begrafenis in Nederland? Wat
waren we toch een rijk land geworden. De meeste namen zeiden haar niets... Tante Nikki, Els, ja, ze zou ze
eigenlijk eens moeten schrijven, maar wat? Op papier
ging je zo gauw klagen.

Er gleden een paar foto's uit het register. Ada opgebaard in haar pyjama, het flitslicht had een aureool
op het glas achtergelaten. 'Wat een scharminkel,' zei

Jana, 'arm kind, had ik je maar kunnen voeren.' Nee, zo zou zij niet sterven. Jana zwol alleen maar op. Ze nam de laatste twee plakken cake en propte ze tegelijk naar binnen. Haar nylonpruik bewoog op het ritme van haar kauwen. Eten gaf tenminste nog iets van vreugde, het huis kwam ze niet meer uit, of het moest op en neer naar het ziekenhuis zijn, en zelfs dat hoefde niet meer. Opgegeven, ook de chemo was gestaakt. Verder zat ze maar de hele dag, hoog op een kussen, krakend in de pampers.

Wat ze innam hield ze vast, ondanks het plaskruid van mijn moeder. Haar benen waren pilaren vol water en de gezwellen in haar lies klopten als een pad. De kanker brak aan alle kanten door. 's Morgens werd ze uit haar bed achter een tafel geplant, 's avonds hees haar man haar met de stoeltjeslift naar boven. Lopen kon ze niet meer, haar beide heupen waren kapot, en liggen wou ze niet, ze moest leven zien, vogels, wolken, en de laatste planten, de rode bomen en de heuvels ver weg. Errol had speciaal voor haar een glazen erker achter aan het huis gebouwd en daar zaten we – de zieke met haar moeder, broer en zus.

Zitten en vervelen en hardop zeggen wat je ziet. 'Gut, een zeemeeuw, vliegen die zo ver landinwaarts?'

'De meren zijn hier zeeën.'

'Maar niet zout.'

'Nee, dat niet.'

En toen de buitenboel was dood gekeken, haalden we herinneringen op. Het koloniehuis, de eerste jaren aan de kust, en later, langzaam en onwillig, kwam eindelijk Indië ter sprake. De eilanden, de tijd van de buitengewesten, van groen licht in de rimboe, vliegende eekhoorns, wilde katten en olifanten op het terrein. Saskia bleef er maar naar vragen, haar zuster had nog een echte jeugd in Indië gehad en daar wist ze eigenlijk niets van: hoe vaak verhuisd? hoe was het op Bali in die tijd en de Koeboes, heb jij ze ooit in het echt gezien? Jana krabde aan haar pruik, denken maakte haar moe. Maar samen met haar moeder kwam er toch nog heel wat boven. Gut, weet je nog, gut, weet je nog, en dat de hele dag. Ik hoorde niets nieuws, ook al kende ik de namen van de streken en de vulkanen niet en de smaken van vruchten en siropen.

Saskia wilde de oude fotoalbums nog eens inkijken. 'Waar heb ik ze?' vroeg Jana zich vertwijfeld af. Na een strooptocht door de kasten legde Saskia ze mopperend op tafel. Hoe kon haar zus er zo nonchalant mee omgaan, het waren erfstukken, foto's die voor de oorlog naar Holland waren opgestuurd, om de Waldenzen gerust te stellen hoe vredig en exotisch het leven in de kolonie wel niet was. Jana had de albums bij haar emigratie meegekregen – 'ingepikt,' zei Saskia – vroeger keek ze er nog weleens in. 'Maar het deed ook pijn, weet je. We moesten hier voort, met omkijken redde je het niet.'

De eerste fotobladen sloeg Jana ruw om, het spinnewebvloei scheurde tussen haar vingers. Ze leek niet tevreden met wat ze zag: de huizen op de buitenposten vond ze klein en primitief, en ze stond overal stom op, in haar hoofd was het groter en mooier. Maar halverwege vertraagde haar hand en droomde ze weg boven de zwart-wit vergezichten. Zeker, een tropenjeugd kroop onder je huid, zoiets bepaalde je hele leven, alleen, wat moest ze er nog mee? Wie kon na haar dood in deze herinneringen delen? In Canada hadden ze nog nooit van Nederlands-Indië gehoord. Ze werd zich plotseling bewust dat met haar ook de verhalen bij de foto's zouden sterven. Errol stond niet open voor die dingen. De schaar erin. Ze zou de boel eens mooi verdelen. Dit was haar erfenis. Ze graaide naar de schaar die op de stapel kranten naast haar lag en knipte even in de lucht. 'Hier Sas, je vader bij de resident en een tijger met een stok onder zijn kaak, door hem persoonlijk geschoten. En deze, mijn wasbeer die zo aan je kleren sabbelde, geef die maar aan Aram, kan hij op school laten zien.' Ze lachte luid haar dromen weg en knipte om de kartels en ovalen. Blad na blad ging eraan.

'Stop het Jana, stop het,' riep mijn moeder, onbewust mengde ze Engels door haar woorden, want waar ze ook zat, ze paste zich aan. Maar Jana wilde van geen stoppen horen: 'Ik wil niet dat die foto's later bij de vuilnis liggen.' Saskia trok ze uit haar vingers en zocht hebberig de mooiste uit.

'En je kinderen dan?' vroeg mijn moeder.

Die? Te jong, te onverschillig, nee, die wilden niets van het verleden weten, history, old stuff.

O, die kinderen, ze stonden ingelijst op het dressoir, dik en lelijk. School mislukte en het werk eveneens: haar zoon zat in het leger en stond ergens op een basis parachutes te vouwen, haar dochter werkte in een supermarkt in de buurt. College niet afgemaakt, geen enkel diploma, geen kinderen om trots op te zijn. We zagen ze nauwelijks, Jana hield ze liever op de achtergrond sinds wij er waren. 'Ze willen Canadees zijn, weet je, hetzelfde als iedereen, ze schamen zich een beetje voor onze achtergrond en zo.'

Maar de keren dat haar dochter na werktijd langskwam, vet van een baby die nog een maand op zich liet wachten, wilde ze juist alles van ons weten. Ze hing om mijn moeders nek... granny voor en granny na, ze wilde graag familie hebben... en keek jaloers naar de foto's die in stapeltjes voor ons lagen.

'Wie is die neger?' vroeg ze.

'Je grootvader,' zei mijn moeder, 'en hij is niet zwart maar bruin, een Menadonees.' Het kind graaide in de foto's, wel, dit had ze nooit geweten... tijgers in Indonesië? Een huis op palen? Haar moeder als meisje met een varken aan een touw. En oei, wat eng, drie bruine militairen achter een kanon, luitenant Van Cappellen kijkt trots toe.

'Natives,' zei ze.

Saskia sloeg haar handen voor haar ogen. Hoe kon haar nichtje zo onnozel zijn, had haar zuster dan nooit iets verteld? 'Hoe is het mogelijk, het belangrijkste deel van je leven.'

Jana knipte onverstoorbaar verder. Mijn moeder trok stilletjes het karton achter de foto's los.

'Mammie en jij zijn alle twee hetzelfde,' zei Saskia,

'jullie gaan elke confrontatie uit de weg. Als je de problemen uit het verleden niet oplost, sleep je ze later als een loden last mee.'

'Zo lang zal het niet meer duren,' zei Jana.

'Je zult nog meer pijn lijden.'

'Daar zijn pillen voor.'

'Dat dacht ik vroeger ook.' Saskia rechtte haar rug en deed haar best minachtend te kijken. 'En het kamp? Je hebt ze toch wel iets over het kamp verteld?'

'Nee niks,' zei Jana fel, 'wat moeten ze ermee?'

'Kijk naar je dochter,' riep Saskia, 'hoe ziet ze eruit? Een halve Chinees, heb je haar dat uitgelegd? Je ontneemt je kinderen hun achtergrond.' Ze slikte haar tranen weg.

'Dit land is een mishmash, alle kleuren, alle soorten, dat maakt ons Canadees.'

We vielen in herhaling.

De schaar kliefde door de lucht, vroeger was verknipt. De verwarming ging wat hoger en het laatste mapleleaf viel. De wereld kromp om ons heen. Tja, wat kon je verder doen, een kopje thee, wat vijgekoek erbij en stil naar buiten kijken. En nog meer knippen, natuurlijk. We hadden de smaak nou te pakken. Lekker zitten en knippen. En er viel zoveel te knippen: stapels kranten vol couponnen, voordeelkoopjes uit de ingestoken kleurenfolders. Alle wensen binnen handbereik, spaar met uw schaar: 'Tuinstoel twee dollar korting.' 'Tweede pak zeeppoeder gratis bij inlevering van deze bon.' Jana greep haar laatste buitenkansen en mijn moeder knipte mee.

De kaars bleef branden, Ada's portret kreeg een ereplaats en Saskia uitte haar verdriet door keer op keer de vioolfantasieën op te zetten. De papieren zakdoeken vlogen de doos uit.

Elke ochtend tegen elven kwam de verpleegster langs: wassen, pillen, schoon verband en weg. Jana's benen stierven langzaam af, haar tenen waren al zwart. Hoe lang nog? Niemand kon het zeggen, ook Saskia kreeg geen duidelijke datum door. Om haar ongeduld te verhullen stortte ze zich op haar oude vak. Ze wikkelde haar zuster in zachtere luiers, pelde het rotte vlees af en kocht lavendelwater om de nare geuren weg te wassen. (Met korting, aan couponnen geen gebrek.)

Maar luiers en liefde waren haar niet genoeg, nu haar zuster zichtbaar zwakker werd en haar weerbaarheid verloor, wilde ze ook de wonden van de ziel uitwassen. Het kamp. Ze moest erover praten. Saskia voelde zich zo schuldig, zei ze, die versleten heupen, kwam dat niet door het kamp? Jana had haar altijd moeten dragen. Ze had zichzelf te weinig ontzien: koken, water dragen, de kleintjes bezighouden, haar moeder verplegen. Jana was de sterkste toen en nu moest ze tol betalen.

'Weet je nog die keer dat we van de Boei naar de trein moesten lopen?' vroeg Saskia. 'We mochten alleen maar meenemen wat we konden dragen, ik kreeg de kan, maar hij was zo zwaar. Jij hielp me, jij nam het oor, ik hield de bodem vast en zo telde ik toch nog mee. "Mammie, ik moet zo plassen," zei ik. "Doe maar in je broek." We moesten door, de natte stof schuurde tussen mijn benen. Jij tilde me op en zette me op je heup. En je droeg al zoveel. Na de trein, in Sawahloento, moesten we verder in vrachtwagens. Ik kon jullie nergens vinden en was naar voren toe gelopen. Mammie in paniek, maar jij vond me, spelend tussen de wielen, bijna verpletterd onder een oprijdende vrachtwagen.' Hoe kon ze Jana daarvoor bedanken?

Praten, praten, tot het laatste pus was uitgelepeld. Mijn moeder keek meewarig naar haar jongste dochter, ze had Saskia het verhaal zelf verteld en nu werd haar verweten dat ze zweeg.

Ik zag het een week aan en het verbaasde me dat ik nog niemand had vermoord, ik overtrof mezelf in geduld oefenen. De eerste dagen zat ik nog vreemd en eenzaam tussen mijn familie, maar de ergernis ebde langzaam weg en ik voelde mezelf zachter en liever worden. Zitten, luisteren, geen verzet, misschien was het een vorm van houden van.

Mijn moeder en Saskia klampten zich aan me vast, ik moest ze rijden, met ze ontbijten en dineren. We sliepen in hetzelfde motel, een kwartier rijden van Jana's huis, ze woonde te klein voor drie logés en we wilden haar met het eten niet tot last zijn. Bovendien kon geen van ons haar man goed uitstaan. De paar jaar grote vaart hadden Errol er niet fijnzinniger op gemaakt, tegenwoordig deed hij iets in scheepsapparatuur en hij was gewend boven motoren uit te schreeuwen. Als hij 's morgens naar zijn werk ging losten wij hem af; na zessen trokken we ons terug in het motel. Hij wantrouwde onze aanwezigheid, we zaten hem te veel op Jana's dood te wachten. En omdat hij met zijn boosheid geen raad wist, vloekte hij maar op onze taal. Hij weigerde Nederlands te praten: 'Dutch is useless, it doesn't bring you anywhere in Canada.' Soms verstonden we zijn Engels niet.

Jana schikte zich in de grove manieren van haar man, sinds hun eerste kind spraken ze ook onderling geen Nederlands meer. Ze had het allang opgegeven zijn uitspraak te verbeteren. Vreemd, er vielen steeds meer gaten in haar Engels, soms wist ze de gewoonste woorden niet, en ze bezat zo'n goed oor voor vreemde talen. Alleen de vertrouwde klanken bleven hangen, door de verhalen over Indië kwam ook haar Maleis weer terug en ze vond het heerlijk om mijn moeder met petjo te pesten, het Indo-dialect waar de Nederlander op neerkeek, maar dat mijn vader verdacht knap sprak ('Alleen voor de lol, ja'): 'Dokter mij gevoeld. Mijn buik nog ziek, bloedendé, adoeoe-oeoe-óeh, de obat maakt mij maloe. Haha haha, je lâh je kripoet.' Ze hield van die melodie en als ze moe was klonk het in haar Nederlands door: klemtonen met sint-vitusdans, klapperklinkers, net als mijn vader. Overdrijf ik niet? vroeg ik mezelf weleens af als ik hem nadeed, maak ik wat klein is niet te groot, leugenbek die ik ben? Maar nu ik Jana hoorde, wist ik dat mijn geheugen me niet in de steek had gelaten, haar accent was onder een stolp bewaard gebleven. Het enige aan mijn zus dat niet was aangetast. Een stem

die aardige herinneringen wist op te roepen – afwas-
liedjes en sprookjes voor het slapen gaan – er bestond
ook een verleden dat me niet beklemde.

Mijn familie mocht dan ingenomen zijn met mijn
aanwezigheid, zuiver waren mijn motieven niet, ik
kwam niet voor een afscheid, maar voor een begin; ik
wilde voor het eerst van mijn leven een serieus gesprek met mijn oudste zuster voeren. Maar hoe? Ik
kreeg geen kans haar onder vier ogen te spreken. We
zaten elkaar in de weg en hingen maar in die verdomde erker. Ik betrapte me erop ook couponnen uit te
knippen. Als het om koopjes gaat, moet je echt in Canada wezen.

Op een avond klopte mijn moeder bij mijn kamer
aan: 'Ik word gek van Saskia, ik ben nog geen moment met Jana alleen geweest.' Even later kwam ook
Saskia zeuren. Ik hakte de knoop door: allemaal een
dag alleen met de patiënt. Saskia mocht het eerst.

Opgelucht nam ik mijn moeder mee voor een
tochtje door New Brunswick. Op de heenreis had ik al
gezien dat Canada geen land voor mij was. Bergen,
meren, weidse vlakten, de natuur bood hier nog een
onbezoedelde horizon, maar je moest hem wel met
de bewoners delen en zo lelijk kwam je ze zelden tegen: vet, geblokte overhemden, haarmatje in de nek
en een stompzinnige baseballcap op hun harses. Een
arbeidersparadijs, nergens een boekhandel te vinden,
hooguit één literair tijdschrift, wel duizend bladen
over het buitenleven. Wildlife, daar hielden ze van, in

een modderige pick-up rijden, kano op het dak, blikje bier in de hand en als het op was in de vuist platknijpen, kleine krachtoefening als voorbereiding op het houthakken, zalm vissen of Indianen vermoorden. Als je in een museum langer dan een minuut voor een schilderij stond, keken ze je aan alsof je homoseksueel was.

Na een tocht onder een grijze hemel, de airco op warm en een 'mieters' gesprek waarin al het pijnlijke werd vermeden, vroeg mijn moeder of ik haar ergens bij een ijzerwinkel wilde afzetten, nee, het Walvismuseum hoefde ze niet te zien. De kameleon, dacht ik nog, haar manier om de cultuur te eren, want het barstte van de ijzerwinkels in New Brunswick. Of misschien wilde ze een cadeautje voor mijn zwager kopen. Ik moest voor de etalage wachten, even later riep ze me toch naar binnen.

'Hoe zeg je "magneet en vijl" in het Engels?'

'Wat moet je daarmee?' vroeg ik.

'Onder Jana's voeteneind leggen. Dat trekt het vocht uit de benen, sta je makkelijker op.' Thuis op de televisie gezien, meteen uitgeprobeerd en hoe goed liep ze niet voor haar leeftijd. Ze liet de boel inpakken en keek me onderzoekend aan... nee, ik was niet boos, ik glimlachte... een por en we liepen giechelend de winkel uit.

De hemel werd een vuil schoolbord, zwartgrijs, er zat sneeuw in de lucht en het duurde niet lang of de eerste vlokken klonterden op de ruitewissers. Mijn moeder voelde de winter in haar tenen gloeien. Jana zou een ander uitzicht krijgen.

Terug in het motel flitste er een rood lampje op mijn telefoontoestel. De receptie: 'Uw zuster heeft gebeld, dringend.'

Ik belde en kreeg Jana aan de telefoon. Gekrijs en gehuil op de achtergrond.

'Wat is er aan de hand?' vroeg ik.

'O, het is verschrikkelijk,' huilde Jana, maar voor ze haar verhaal kon doen werd de hoorn uit haar hand gerukt. Saskia.

'Kom me halen, alsjeblieft.'

'Waarom, wat is er?'

'Ik wil hier niet meer blijven, haal me hier weg, haal me hier weg!' Ze smeet de hoorn erop.

Ik trok een paar droge schoenen aan, liep naar mijn moeders kamer en klopte op haar deur. Ik hoorde haar met iemand praten en ging naar binnen. Ze gebaarde me op het bed tegenover haar te gaan zitten.

'Ja, ja,' ze luisterde bezorgd naar een stem aan de andere kant van de lijn. 'O god.' 'Met dit weer?' 'O, o. Ja, ja.' Ze legde de hoorn neer en keek me vertwijfeld aan. Jana had haar zojuist door de telefoon gezegd dat Saskia het huis was uitgerend, zonder jas de sneeuw in. 'Heb ik het dan allemaal fout gedaan?'

'Doet er niet toe.'

Ze wilde huilen, haar schouders schokten, maar er kwam geen traan. Ik ging naast haar zitten en sloeg mijn arm om haar heen. 'Voel je niet schuldig,' zei ik, 'je kon niet anders.' En ik wiegde haar als een kind, klapjes op haar rug, aaien over haar bol. 'Je kinderen zijn oud genoeg om het zelf op te knappen.'

'We hadden die twee nooit alleen moeten laten.'

'Wat is er precies gebeurd?'

'Ze heeft Jana de hele dag over het kamp doorgezaagd, vol verwijten en vragen. Jana wilde niet praten en toen kregen ze ruzie. Ik weet het niet, ze heeft de foto's verscheurd. Errol kwam vroeger van zijn werk thuis en trof ze allebei huilend aan. Hij is uit zijn vel gesprongen en heeft Saskia de les gelezen. Het was allemaal zijn schuld, zei ze, en toen heeft ze hem geloof ik gekrabd en voor alles en nog wat uitgemaakt. Wat moeten we nou doen?' vroeg ze wanhopig.

Ik belde Jana en kreeg een tierende Errol aan de lijn. He was very sorry, maar mijn hele verdomde familie werd bedankt, we joegen zijn vrouw de dood in, ze was totaal overstuur. Hoorde ik haar niet huilen?

Ik probeerde hem uit te leggen wat er met Saskia aan de hand was: 'Ze heeft last van de oorlog.'

'Welke?' vroeg hij, van verbazing was hij weer Nederlands gaan praten.

'Het jappenkamp, ze is onder behandeling.'

'Dat kan alleen maar bij jullie,' zei Errol.

'Waar is ze nou?'

'Geen idee, ze loopt ergens buiten. Take Grand Falls Road.'

De parkeerplaats lag een duim dik onder de sneeuw en het duurde even voordat ik mijn huurauto terugvond. Er vielen droge dikke vlokken, mijn wielen slipten en ik reed stapvoets de weg op. Beide raampjes halfopen om geen stuk berm te missen, de sneeuw koekte op de zitting.

Geen mens waagde zich meer buiten, zoutstrooiers lieten zich in deze buurt niet zien, zelfs vrachtwagensporen werden in mum van tijd weer toegedekt. Het personeel van de Burger King probeerde met een kleine tractor de op- en afritten open te houden en mijn koplampen zogen de sneeuw van alle kanten naar zich toe. Ik naderde de rand van de buitenwijk, braakliggende terreinen, berm en weg golfden in elkaar over. Hoe vaak had ik dit stuk al niet gereden? Als Saskia naar het motel was teruggelopen, moest ze hierlangs komen, misschien had ik haar ergens gemist.

Op het hoogste punt stapte ik uit, liep de berm in en tuurde de weg af, naar beneden, tussen de grote loodsen, omhoog, de heuvels in. Stil, alleen het gekraak van mijn zolen.

Een ijzige kalmte overviel me. Iedereen was gek, maar mij kregen ze er niet onder. De grote Eskimo zocht zijn zuster.

Ook bij Jana's huis geen spoor. Misschien had Saskia zich in de tuin verstopt. Ik liep achterom, naar de erker, en zag Jana met uitgestrekte armen over tafel hangen, kaal, de pruik verlept in haar handen. Haar dikke dochter was toegesneld en probeerde haar recht op haar stoel te krijgen, Errol tierde door het glas heen. Ze schrokken toen ik op het raam tikte. Had ik die gekkin nog niet gevonden? De dochter wees verwijtend naar een hoopje verscheurde foto's.

Binnen, met mijn schoenen op een krant tegen de lekkende sneeuw, zag ik dat Jana geen woord kon uitbrengen. Ze hijgde, haar opgezwollen wangen waren vuurrood, haar adem floot pijnlijk. De dochter probeerde haar de pruik weer op te zetten, maar Jana schudde hem telkens af. 'Hebben jullie nu je zin?' zei ze. Haar kassavingers trilden van emotie.

'O wat een fiasco,' jammerde Jana nadat ik haar met een paar knuffels enigszins had gekalmeerd. Ja, Errol was moody en niet altijd even aardig, maar ik moest rekenen dat ze altijd erg op zichzelf leefden. En Saskia was zo gemeen geweest: 'Ze heeft Errol een schoft genoemd. Ik verloor bijna mijn temperament.'

'And schoft means bastard isn't it nietwaar?' vroeg Errol. Er liepen twee rode krassen over zijn wang en zijn overhemd was bij de kraag gescheurd. Saskia was een kenau. 'I kill her when she comes.' Granny was nog welkom en dan was het afgelopen uit. 'Opsluiten moesten ze zulke gekken.'

De dochter greep naar haar buik. Ze keek me aan of haar vliezen elk moment konden breken.

Ik leende Errols verrekijker en reed de Grand Falls weer op. Zusje, waar zit je?

De sneeuw ontnam elk zicht en dat ik minder kalm was dan ik dacht, merkte ik toen ik met de verrekijker de bermen afzocht. De vlokken doken als witte wieven op mij af, ik viel haast achterover van de schrik. Roepen, toeteren, waar ik ook reed, geen antwoord. Ik begon me ernstig zorgen te maken en haastte me naar het motel om de politie te waarschuwen.

Er zat een wit hoopje onder het reclamebord op de parkeerplaats: Saskia, de hysterische sneeuwvrouw.

Klonters in haar haren, doorweekt en ontroostbaar. Ik probeerde de sneeuw uit haar haren te vegen, maar ze deinsde terug, bang dat ik haar zou slaan. 'Ik ben toch teruggekomen?' zei ze, 'ik verdwaal nooit.'

Ik nam haar mee naar mijn kamer en terwijl ze daar op mijn bed lag bij te komen en ik voor haar twee flesjes cognac uit de minibar in een glas goot, voelde ik een grote behoefte naast haar te gaan liggen, mijn arm om haar heen te slaan en in haar oor te fluisteren dat ik van haar hield, dat ik voortaan aardiger voor haar zou zijn, dat ze dapper was, mijn enige en liefste zus. Maar ik kon het niet en ik zette het glas met een bons op het nachtkastje en zei: 'Hier, knap je van op. En morgen neem ik je mee naar huis.'

De receptioniste had op eigen initiatief een dokter gebeld. Hij gaf Saskia een injectie en schreef een recept uit. Saskia sliep onmiddellijk in.

Mijn moeder wist nog van niets, maar toen ik op haar kamer kwam lag haar koffer al wijdopen op bed.

'Laten we maar gaan pakken,' zei ze na mijn verhaal. Ze zag asgrauw en slaakte een diepe zucht: 'Altijd weglopen.'

'Doen we dat niet allemaal?'

'In het kamp ook al. Ze is erg onrustig.'

'Zeg maar gewoon gek.'

Ze keek me bestraffend aan.

'Ze is in de war, mam, ernstig in de war,' zei ik.

'Denk je dat ze kan reizen?'

'Ik zal haar stevig vasthouden.'

'Geen denken aan, jij maakt haar alleen maar ze-
nuwachtiger. Ze gaat met mij mee terug. Samen uit,
samen thuis. Jij wou toch nog naar New York?'

'En Jana dan?'

'Ik heb al afscheid genomen.' Ze liep naar de laden-
kast en begon haar ondergoed op te vouwen. 'Ik hoef
niet meer, ik ben op.'

'Hou vol.'

Ze veegde een traan met een kous weg. 'Een heel
oud traantje,' zei ze met een pijnlijk lachje, 'eentje uit
een vorig leven.' We klopten elkaar liefkozend op de
rug. Ik had nog nooit zoveel aan mijn familie gezeten.

Het was een heel gedoe mijn moeder en Saskia op een
eerder vliegtuig van de Stichting Wij Komen te krijgen. De computer kende weinig souplesse en het zag
ernaar uit dat we het volle bedrag van een lijnvlucht
moesten betalen. Maar na eindeloos getelefoneer
bleek er de volgende dag toch een charter te vertrekken, met gekte kreeg ik ze niet op de wachtlijst, maar
een verzonnen sterfgeval deed wonderen: moeder en
dochter konden morgennamiddag vertrekken.

'Weet je dat jouw vader mij de eerste jaren nooit wat
over het kamp heeft verteld,' zei mijn moeder terwijl
ze de damp van haar spaghetti wegsloeg, 'dat begon
pas na 1950 toen hij op een antroposofische bijeenkomst werd aangesproken door een man die hem
herkende van de verscheping van Java naar Sumatra.'
Ze nam een hap en knoeide op haar vest.

'Maar je wist toch dat hij van de spoorweg kwam?' vroeg ik.

'Van kennissen in Palembang, ja. Hij praatte niet. Ik las wel in zijn ogen dat hij het een en ander had meegemaakt. Maar die man vertelde hem over de torpedering en over de Britse officier die je vader redde. Pas toen kwam het bij hem terug. Gek hè? straal vergeten.'

Saskia lag op mijn bed, in een diepe slaap, en ik zat met mijn moeder onder een waslijn Italiaanse vlaggetjes. Het motel hield een pastaweek. Mijn vongole smaakte naar levertraan. We dronken wijn en mijn moeder was zo overmoedig een tweede glas te nemen. Het leek wel of we stiekem iets vierden, wij de sterken onder elkaar. Goed dat ik het voortouw had genomen, ik was de flinke zoon op wie ze bouwen kon. Als ze doodging moest ik ook alles regelen, Ada had dat moeten doen, omdat ze zo precies en zuinig was, maar nu kreeg ik de eer. 'De sterren geven me nog een paar jaar,' giechelde ze, 'en je moet ook betere muziek uitkiezen. Jij hebt tenminste een goede smaak.' Ze paaide me, werkelijk, ze verloochende haar gekke dochter en lachte om haar eigen bijgelovigheden omdat ze wist dat dat bij mij in goede aarde zou vallen. Mimicry. Ze zou zich tot in haar kist aanpassen.

'Wat zag pappie eigenlijk in de antroposofie?' vroeg ik.

'De opvoeding, de idee dat je een kind alles kon leren. Je moet niet vergeten dat hij zelf nooit kansen had gehad. Hij wilde zo graag dat jij het ver zou schoppen.'

'Slaan hoort daar niet bij.'

'Nou, dat viel wel mee.'

'Hij sloeg elke dag.'

'Niet elke dag.'

'Kom nou!'

''s Zondags hadden we het toch altijd gezellig, rijst-tafeldag, dan was hij echt in zijn sas…'

Gezeur, daar ging het me niet om, een gemenere vraag brandde op mijn lippen: Waarom liep je de kamer uit als hij sloeg? Al dagen wachtte ik het moment af dat ik haar dit verwijt kon maken. Maar ik durfde niet. Kinderachtig als ik was begon ik voor te rekenen hoe vaak ik werd geslagen. Tijdens de schrijfles, onder het eten, na tafel, elke dag te laat van school… ik hoorde het mezelf zeggen en schaamde me dat ik me zo liet gaan… 365 min zoveel zondagen… mijn moeder schrok zichtbaar van mijn rekensommen. Na lang gekissebis werden we het met elkaar eens: midden in de week maar 's zondags niet. 'Ben je nou gek, mens,' beet ik haar toe, 'is zes dagen slaag vergeeflijker dan zeven?'

Ze vond dat ik overdreef.

En de liniaal?

'Ja, ja, gut ja,' zei ze. Mijn vader hechtte nu eenmaal aan tafelmanieren.

En de stok?

'Dat heeft niet lang geduurd.' En was dat niet voor mijn eigen bestwil? Ik had toch maar niets overgehouden van die verlamming.

Welke pijnlijke herinnering ik ook oprakelde, mijn

moeder vergoelijkte alles. Ze probeerde eerlijk te zijn, maar loog er flink op los. Het ging me niet om een pak slaag meer of minder, het ging me maar om één ding: Waarom liep je weg? Als kind moet ik het me al hebben afgevraagd, maar omdat ik later al mijn haat op mijn vader richtte, kwam de vraag nooit aan bod.

Ik dronk me moed in, mijn rol van flinke zoon was gespeeld, ik zat als een kleine jongen tegenover haar, een pestkop met berouw, en dat jongetje wilde haar voor een vernedering beschermen. Als ik op iemand leek, was het wel op mijn moeder.

Dus veranderde ik van onderwerp en legde het kwaad bij anderen, ik vertelde vol smaak en overdrijving over de verzwegen dood van mijn vaders eerste vrouw en het gesjoemel van daddy Van Bennekom als advocaat van kwaaie zaken. Ze reageerde er nauwelijks op, alsof ze het allemaal wel vermoedde.

Maar mijn obsessie bleef: Waarom liet je me in de steek? Het antwoord moest boven tafel komen, mijn geduld raakte op, ik was gehaast en ongedurig. Moe van de tocht en de emotie, de rekening al op het schoteltje, veranderde ik mijn vraag in een constatering: 'Volgens mij was je bang voor hem.'

'Hoe kom je erbij?' riep ze verontwaardigd uit. 'Ik was zelf een driftkikker. Als hij weer eens tekeerging zei ik: "Als het je niet bevalt, daar is het gat van de deur." Dat zei ik gewoon.' Ze kneep in de steel van haar vork en trok het gezicht dat bij deze kranige woorden hoorde.

Aangestoken door haar ferme blik gooide ik het

eruit: 'Er liep er maar één de deur uit en dat was jij!'

Mijn moeder kromp ineen, kneep haar ogen dicht en haar hele lichaam wiegde langzaam nee... Ik greep haar hand en probeerde haar te troosten. Het bevrijdend gevoel waar ik op gehoopt had uitte zich in golven spijt. 'Nee, nee, nee,' zei ze haar hand terugtrekkend, 'als ik wegliep, dan was het om in een andere kamer te gaan bidden, om kalmte over hem af te roepen en de geesten in zijn hoofd te bezweren.'

'De paus bidt de joden uit de gaskamers.'

'Dat is een schandelijke opmerking.' Ze veerde op en wist zich geen raad met haar boosheid. Geagiteerd stootte ze haar glas water om. 'Je vergroot jezelf,' zei ze met luide stem, 'je zwelgt in zelfmedelijden. Wat heb jij nou meegemaakt? En dat bespot zijn zusters. Hoe durf je, aansteller!'

Ik verstopte mijn schaamte in een grote bel cognac. Mijn moeder veegde de ijsblokjes uit haar glas bijeen. Buiten raasde de poolsneeuw, maar de diensters bleven hier ijs in je drinkwater donderen. Vreemd land.

'Je vader was een goede minnaar,' zei mijn moeder toen het laatste blokje in de asbak gesmolten was.

'Wie is hier nou onkies.'

'Ik vind het belangrijk dat je het weet. Je vader kon heel teder en lief zijn.'

'Zou Jana er ook zo over denken?'

Pats. Ze antwoordde met een klap, een ouderwetse mooie klap op mijn linkerwang, met vlakke hand. Japanse slag. Er zat nog voor jaren leven in haar oude vingers, de vlaggetjes boven ons hoofd waaiden ervan op.

'Dat deed ik bij je vader ook, als hij te ver ging.'

Nooit gezien, dacht ik. Ze pakte haar tas en ik tekende de rekening. We liepen door de zuinig verlichte gangen en zwegen ongemakkelijk.

'Vergeet nooit,' zei ze voor haar kamerdeur, 'je was zeer gewenst, we verlangden allebei naar een jongen.' Ze gaf me een moederlijk tikje op mijn wang.

Het sneeuwde niet meer. De lucht was helder en vol sterren, er hing een gelig licht aan de horizon. Ik liep naar buiten en waste mijn gezicht met sneeuw.

De receptioniste overhandigde me een lange fax van mijn vriendin. 'Lief ventje,' stond erboven. 'Straks…' Ze hield van me, hoe verder van elkaar verwijderd, hoe meer ze in woorden van me hield. Ik moest haar toch eens zeggen dat ik geen vent was, nooit meer iemands vent.

Saskia ademde zwaar, er stond een tweede bed in mijn kamer en ik ging er met kleren aan languit op liggen. Haar aanwezigheid ergerde me, waarom toch? zelfs haar slaap kon ik niet uitstaan. Ik moest proberen haar aardig te vinden, niet zielig. Rugspieren strekken en ontspannen, de denkbeeldige stok op mijn borst balanceren en zoeken naar een sprankje vertedering… samen met mijn zusje in een kamer, voor het laatst in het houten ledikant op de boerderij van onze grootvader.

'Ik weet een geheim,' zei ze toen.

'Wat dan?

'Zeg ik niet.'

'Hè, toe nou.'

'Als ik het verklap brengt dat ongeluk.'

'Ik hou het heus voor me.'

'Beloof je het? Echt waar? Zweren.'

'Ik zweer het.'

'Vóór jou is er nog een jongetje geboren.'

'Wanneer?'

'In het kamp.'

'O,' zei ik verbluft. 'Waar is hij dan?'

'In de hemel van Indië. Hij is dood geboren.'

'Zit hij in opa's fotoboek?'

'Mammie heeft jou naar hem genoemd.'

'Leek hij op mij?'

'Nee, hij was ons echte broertje.'

Het geheugen is kieskeurig, alles wordt ingeschreven maar veel vervaagt. Ik had nooit meer aan dit voorval gedacht, mijn moeder bracht het nimmer ter sprake, geen dagboek of kamptante repte erover. Straal vergeten. Toch miste ik mijn voorganger. Had ik vroeger zijn aanwezigheid niet gevoeld? Misschien proefde ik zijn herinnering nog in mijn moeders buik en is daar mijn verlangen naar een gedroomde broer ontstaan. Mijn moeder zou ik niks meer vragen, misschien kon Jana…

Quebec was sneeuwvrij, de grote wegen waren schoongeblazen. Niets stond een vertrek in de weg. Het was vijf uur rijden naar het vliegveld. We hadden alleen de morgen om afscheid te nemen. Ik zou als eerste gaan, alleen langer blijven trok me niet, het had geen zin dagen op Jana's dood te wachten, de vliezen van haar dochter bleken taai en dan nog kon het sterven tijden duren: alleen een slechte dokter voorspelt wanneer je aan kanker doodgaat, had de verpleegster ons gezegd. Mijn moeder zou wat later komen. Saskia was niet te vermurwen, ze wilde haar zuster nooit meer zien, ze kreeg een pil in de yoghurt en zo hielden we haar koest in het motel. Als het erop aankwam konden we reuze praktisch zijn.

Jana vond het moeilijk in zo'n korte tijd: 'Mammie had er zo naar uitgekeken en ik vanzelf.' Ze had het allemaal fout gedaan. Te veel spanning, Errol en zij waren niet zulke praters. 'Ook ik ben hier schuldig aan en er is geen excuus voor mij.' Alles kwam zo bij elkaar en ze geneerde zich voor de wijze waarop ze ons ontvangen had. 'Ons leven is hier niet zo grand.'

We dronken slappe thee en ik liet haar praten: 'Fijn dat we even met Ada samen konden zijn, je speech was op en top Ada, haar eigen gang, haar eigen leven, maar o zo moe van het zorgen. Dan merk je toch dat je afgesloten bent, alleen, maar het is een weg die ik zelf gekozen heb. Waarschijnlijk de weg van de minste weerstand, iets wat je in je jongere jaren doet, maar ouder vraag je je af of je er echt op vooruit bent gegaan. Misschien moest het zo.' Ze beet dapper op haar onderlip.

'Waarom ging je naar Canada?'

'De vooruitzichten hè, de jobs lagen voor het opscheppen.'

'Els Groeneweg zei dat je vluchtte.'

'Ach, Els, hoe gaat het toch met haar?'

'Is er iets gebeurd?'

'Ik was onnozel, een groentje.'

'Heeft hij…'

'Ach, je weet toch…'

'Nee.'

'Ik was de flinke thuis, hij steunde ook op mij.'

'Zwak hart.'

'Ja, dat soort dingen. Je beseft het niet.' Ze wees naar buiten. 'Hé, wat zijn dat nou? Geef me de verrekijker eens?' Ze draaide in haar stoel en volgde het zwarte snoer dat tegen de besneeuwde heuvels trok. 'Zwanen, wilde zwanen, die zien we zelden hier, dat moeten de laatste zijn.'

Er vloog nog meer voorbij. Ze keek alle kanten op, behalve de mijne. 'Ja, broertje, dat is het leven,' zei ze.

En zo was het, geen oude lijken uit de kast, geen kruisverhoor en treiterijen meer. Ik stond op en ging met mijn handen in mijn broekzakken voor het raam staan. Had zij mij het sprookje verteld van de prinses die haar in zwanen betoverde broers bevrijdde door een kleed van zelfgesponnen brandnetelgaren over hun vleugels te werpen? 'Bedankt voor alle verhalen die je me vroeger voorlas,' zei ik.

Een auto toeterde, de taxi van mijn moeder. Omdat ik niet wist hoe ik afscheid moest nemen, maakte ik een spuugkruisje op haar voorhoofd. Daar werd je rustig van volgens mijn moeder. 'Deed ze in het kamp ook altijd,' lachte Jana.

Ik maakte de deur voor mijn moeder open en toen ze langzaam aan mijn arm de serre binnenliep, riep Jana vanuit haar stoel: 'Je loopt precies zoals je vader. Voeten naar buiten, schommelend als een olifant.' En toen beet ík op mijn onderlip, ik bloosde, ook al bedoelde ze er niets naars mee, ik schaamde me, hoezeer mijn verstand zich ook tegen dat gevoel verzette. Mijn vader was mijn kornak, ik had hem van me afgeschud, maar Jana zette hem weer terug op mijn nek.

Saskia wachtte met de koffers in de hal, we hadden afgesproken alleen maar voor te rijden, mammie erin en weg. Geen afscheid meer. Maar Jana kon het niet over haar hart verkrijgen haar zus zonder groet te laten gaan. Ze stond voor het raam, steunend op haar dikke dochter, met een van pijn vertrokken gezicht. Saskia keek de andere kant op.

'Hebben jullie het nog ergens over gehad?' vroeg ik op de highway richting Quebec.

'Nee,' zei mijn moeder, 'we waren uitgepraat.'

'Wat hebben jullie dan gedaan?'

'Couponnen geknipt.'

Op weg naar New York overnachtte ik in Albany, gesterkt door een ontbijt van pannekoek en maple syrup besloot ik het zuiden voorlopig rechts te laten liggen en sloeg af naar het oosten. Zomaar, uit balorigheid, lekker langs de Atlantische Oceaan rijden, ik had genoeg lelijkheid gezien. Een paar uur later deinde ik over de toppen van de laatste heuvels voor de kust en passeerde een bord met een pijl naar Cape Cod. Dat was mijn signaal! De naam was een klank bij een beroemde foto: een jonge Kennedy wandelend in de brede duinen van Cape Cod. Duinen... daar kon ik uitwaaien, mijn kalmte herwinnen en de geur van luiers en dood van me afspoelen. De zeewind kroop ongeduldig door het raampje en in de verte schitterde een landtong in een baai, jachten en zeilboten dobberden aan houten pieren. Ik nam de afslag en ratelde over een ijzeren brug. Cape Cod bleek een eiland.

Op de kaart had het de vorm van een gebogen arm met opgeheven vuist, Popeye na een blik spinazie. De brede weg voerde langs bossen, rotsen, poelen en kreken, duinen kreeg ik niet te zien. Pas voorbij de elleboog, toen het landschap platter werd, tekende zich een belofte van zand en klei op de afgestompte heuvels af – banen roest, lood en ivoor golfden met me mee; de zeewind gaf de bodem hier een vlag. De witte hekken van de buitenplaatsen waren gesloten, de luiken voor de oude zeemanshuizen glommen van de verf. De beau-monde was vertrokken, hier en daar slenterde een bejaarde in een roze ruitjesbroek.

Een visarend scheerde over een moeras en vloog met een prooi in zijn klauwen de dennen in. De zon scheen, de herfst beheerste zich die dag, een zachte zuidwestenwind trok over het eiland, de takken deinden zwaar van denneappels.

Tot eindelijk het eiland kaler werd: struiken met een kromme rug, taaie grassen, schuren en werven, aangevreten door zout en wind. Armoedig, zoals het aan de kust hoort. Ik naderde de vuist, de weg werd smaller en ik sloeg op goed geluk wat zijpaden in, op zoek naar duinen en een houten hotel met uitzicht op zee. Maar de paden liepen dood of cirkelden in het rond en kwamen weer uit op de weg. Waren hier wel duinen? Misschien was die foto maar verbeelding en waar verstopte zich de zee? Ik kon haar horen, ruiken, maar nergens zien. Het was al laat, de zon verdween achter de struiken en de eerste vuurtorens flitsten aan, drie vingers streken langs de hemel. Ik reed naar de dichtstbijzijnde vuurtoren, verboden terrein, sprong over het hek en liep de glooiing op. De zee zwol aan en pas op het hoogste punt zag ik haar spatten, diep onder mij: de Atlantische Oceaan, woest en schuimend. Ik had in een kom rondgereden, de randen van het eiland lagen hoger dan het midden, en pas op dit punt ontdekte ik dat het eiland nog een lager gelegen duinrand had, breed, vol grillige kartels en baaien, donker en dreigend in het nalicht van de ondergedompelde zon. Alles was groot en hevig, hier was de zee de baas en hakten de stormen kliffen in de wand. Morgen lag hier mijn strand.

Het zand was hard en onbetreden, ik liep met een hoge rug vol wind. De herfstkou gierde door mijn kleren. De vloed trok zich terug, vlokken schuim rolden me tegemoet. Achter elke bocht vond ik nieuwe vergezichten.

Plotseling steeg er een bruine wolk uit de duinen op, de wolk krijste, trok naar zee, steeg op en viel boven de branding uiteen. Duizenden vogels daalden voor mijn voeten neer. Hele regimenten vlokten bijeen, snippen op doortocht naar het zuiden, geland voor een maaltijd en een rustplaats. Er zat een orde in hun chaos, duizenden hersentjes besloten hier een paar uur door te brengen en ze gingen niet voor mij opzij. De voorste rijen schrokken nog, stoven op en landden weer achter mij, maar na een paar meter herwonnen de snippen moed en vormden een gesloten front. Sommige stonden op één been en keken mij dromerig aan. Ze wachtten daar vredig en klein en toch maakten ze mij bang. Een enkele vogel probeerde op mijn schouder te landen, voor hem was ik een boom die bewoog. Ik draaide me om en liep op mijn tenen terug.

'Doorlopen,' zei mijn vader, 'de rimboe zit vol wilde dieren, sluit je af, richt je ogen op oneindig.' Het was broedtijd en de meeuwen vlogen voor ons uit. We wandelden met volledige bepakking, de rugzak was met zand gevuld. Rug recht, spieren spannen en óp dat linkerbeen. Ik wil, ik win. Bij pijn moest ik dat tien keer zeggen. Niet lopen als een meid. Een zware stap gaf kracht aan de benen. Mijn vaders zolen stempelden het strand.

Zo liep hij ook op patrouille, dagen moest hij voort, met een gewonde soldaat op zijn rug. Klagen kon niet, de gewonde moest mee, anders was hij een gemakkelijke prooi voor de vijand en zou hij de boel verraden. Het zand op mijn rug was een gewonde. Stop. Nog een paar handjes erbij. Nat zand dat een spoor over je billen lekt, zand dat je binnendijen schuurt. Bloed, denk aan het bloed van een gewonde.

We trokken de duinen in, hoe muller het pad, hoe beter. Laat de helm maar zwiepen, pan in, heuvel op. De mannetjes cirkelden boven ons hoofd. Ik keek angstig naar omhoog. Ze krijsten, scheerden rakelings langs en probeerden ons te pikken. We liepen dwars door een meeuwenkolonie, ze zaten overal, nieuwe escadrilles vlogen op, laag en venijnig in de aanval. Ik moest bukken en hoorde hun vleugels tegen mijn rugzak slaan. De wind die ze in hun duikvlucht maakten klapte in je nek.

Mijn vader trok een helmplant uit de grond en begon de duikers te verjagen, zwaaiend en schreeuwend. Maar ze hielden niet op en pikten naar de sprieten in zijn hand. 'Die vogels zijn de vijand,' riep hij boven hun gekrijs uit, 'dit is een afleidingsmanoeuvre, we moeten doorzetten. Ze willen verwarring zaaien.' Zijn lippen zagen paars.

We liepen door, handen op het hoofd en ogen op oneindig. Ik wil, ik win. Mijn vader liep hijgend achter me, we klommen hoger, naar de zeereep terug, weg van het groen waar de nesten zaten, ik hoorde zijn adem schuren, keek om en zag dat hij zich aan de helm naar boven trok.

Hij pakte me uitgeput vast en leunde op mijn rugzak. Ik maakte de riem om mijn middel los en liet me in het zand vallen. 'Hup,' hijgde hij, 'niet uitrusten. Trap de moeheid van je af! Op het moment dat je toegeeft slaan ze toe, als ik toen bij de pakken neer was gaan zitten stond ik hier niet naast je. Zet door en win.'

Ik liep het duin op. Mijn vader steunde op me, en de 'last werd lichter. De gewonde was een engel die boven mijn rug zweefde.

De moeder had haar dochter begraven. In de sneeuw, in een kuil die met pikhouwelen was opengehakt. De tulpen uit Holland lagen glazig op de kist. Verdoofd van de kou stond ze voor de groeve, de ijswind sneed haar adem af, de liefde en de warmte die ze haar dochter mee wilde geven stolde in haar hoofd, ze kon geen zin meer bedenken of zeggen. Dat ze nou met wintertenen van haar dochter afscheid moest nemen. Een kind in de hitte gebakerd liet ze achter in bevroren grond... Jana had het er vast om gedaan, zo liet ze zich balsemen door de vrieskou en hield de natuur haar langer vast.

Jana was in de serre overleden, haar bed stond al weken beneden, ze lag tussen twee straalkachels in, een broeikas leek het wel, de sneeuw smolt onder het raam en de vogels warmden hun poten op het glazen dak. De tuin bleef haar tot het laatst boeien. Ze viel weg terwijl ze naar een eekhoorn wees die de aaneengeregen olienootjes gapte. De verpleegster wilde haar net verschonen, Errol zat op de fabriek, het duurde hem te lang, hij kon er niet meer tegen duimendraaiend op haar dood te moeten wachten.

Het zou een bescheiden begrafenis zijn, niet de moeite van het overkomen waard. Het deksel zat al op de kist. 'Het is te koud voor je,' zei Errol door de telefoon. Te koud? Dat maakte zij wel uit! Ze trok wel wat warms aan, truien genoeg gebreid in haar leven. Bovendien, lag er niet een baby in de wieg, haar eerste achterkleinkind? Nee, ze liet zich niet weerhouden, er viel nog iets goed te maken. Nog één keer haar dochters hand vasthouden, dat kon je een moeder toch niet ontzeggen? En geen kind hoefde haar te vergezellen, liever niet zelfs, als ze zich schuldig voelden mochten ze de reis betalen. Verdriet verwerkte je het best alleen.

Het speet haar dat ze niet waardiger van Jana afscheid had kunnen nemen. De oudste kwam altijd te kort. 'Ik zal je vasthouden als je gaat.' Met die belofte was ze de vorige keer naar Canada afgereisd, het zinnetje dreunde in haar hoofd. Wat kon je anders doen dan je kind zachtjes naar de donkere tunnel leiden, de angst wegnemen, zoals ze ook tijdens Jana's geboorte had gedaan; een weerloos wezen troosten, naar het licht toe helpen, de verlossing lag aan de andere kant, bij geboorte moest je ook een tunnel door, zoveel verschil was er niet tussen begin en einde. Maar het lot beschikte anders. Saskia eiste alle aandacht, en de keus was snel gemaakt: haar jongste dochter mocht er niet óók aan onderdoor gaan. Het leven ging voor.

Saskia maakte het nu beter, al waren het een paar moeilijke weken geweest. Veel verwijten en boze woorden. Moeder kreeg van alles de schuld. Ze had zich niet verdedigd, als je je kind kon helpen slikte je veel.

Er stonden weinig mensen om het graf, een stuk of tien, de naaste familie, buren en een vreemde verloofde. Jana's zoon las iets uit de bijbel voor en struikelde over zijn woorden. Zijn zuster hing met haar volle gewicht om haar nek. Poor granny! Nog even en granny zou zich voorgoed van deze last verlossen. Ze wist dat ze die dag niet alleen van Jana afscheid nam... schoonzoon, kleinkinderen, het waren volstrekte vreemden voor haar geworden. Aanvankelijk had ze zich nog op de nieuwe baby verheugd, maar toen ze hem in haar armen hield, een kleurloos, onbestemd jongetje, deed het haar niets. Ze vroeg niet eens naar zijn geboorteuur, wat moest zo'n schepsel met een horoscoop.

De volgende avond zat ze weer in het vliegtuig. Ze had om een plaats bij het raam gevraagd, dan kon ze nog eens goed naar de witte meren kijken. Het zicht was prima, de wind veegde de hemel schoon, vorige keer zat de lucht potdicht. Ze bestudeerde de vliegroutekaart in de rugleuning voor haar, dit was haar laatste vlucht.

Ze was geoefend in het afscheid nemen. Niet dat het geen pijn meer deed, maar het hoorde zo bij haar bestaan. Haar moeder verdween al op haar vierde uit haar leven, gestorven bij de geboorte van haar broer. Die jongen kon geen goeddoen in zijn vaders ogen, hij werd vol verwijten opgevoed, en zíj stond ertussen. Ze was moeder, zuster en scheidsrechter tegelijk, aan verdriet kwam ze niet toe. Die gebeurtenis had haar gevormd: je kon wel veel van mensen houden, maar ze konden ook zo weer uit je leven verdwijnen. Je had het niet zelf in de hand, zo werd je op de proef gesteld. Karma, dat was je lot, de grote lijnen lagen vast. Daar geloofde ze heilig in en zag ze er niet genoeg bewijzen voor?

Neem haar eerste man nou: net voor het uitbreken van de oorlog voorspelde hij haar dat zij alleen met de meisjes naar Holland terug zou keren. Een scheiding, dacht ze, hij wil van me af, en ze sprak hem niet tegen want hun huwelijk was ernaar. Later, in het kamp, toen langzaam duidelijk werd dat de zwelling in haar buik geen oedeem was maar een baby, wist ze meteen dat ze te zwak was om een levend kind te baren en die zekerheid maakte het afscheid een stuk draaglijker.

En dan Just 11, ook zo'n sterk staaltje. Hij was ervan overtuigd dat hij op zijn tweeënveertigste zou sterven, een ziener in het kamp voorspelde dat. Daarom toonde hij ook zo'n haast met de opvoeding van zijn zoon. Ze zou nooit vergeten dat hij een dag na zijn tweeënveertigste verjaardag met een grote doos enveloppen thuiskwam en zich achter de tafel zette. Zo overtuigd was hij van zijn eigen dood. Toeval? Wat je toeval noemt. Er was al eerder een voorspel-

ling in zijn leven uitgekomen. Justin zou vóór zijn negende een auto-ongeluk krijgen, nou, iedereen was
gewaarschuwd! Hij mocht geen stap zetten zonder
begeleiding. Altijd naar school gebracht en weer op-
gehaald. Op de dag van zijn negende verjaardag slaakte de hele familie een zucht van verlichting. Ze lever-
den hem af bij school, loodsten hem door de poort en
reden weg. Justin draait zich om, sluipt de poort uit,
steekt de straat over en wordt zo door een auto ge-
schept. Daar had hij ook die littekens op zijn rug aan
overgehouden!

De riemen mochten los, de stewardessen deelden
drankjes uit. Hè, gut, nou was ze de meren vergeten.
Ze boog naar het raampje en keek in een donker
gat... geen ijsvlakte te zien, alleen dat vreemde gele
schijnsel aan de horizon, dat kon de maan toch niet
zijn? Of reisde ze de zon al tegemoet?

Hoe heerlijk zou het niet zijn daarbuiten weg te
mogen zweven... naar het licht, verlost van haar
aardse taak... Ze sloot haar ogen en zag Ada voorbij-
komen, toen Jana... ze riepen haar, ze wenkten. Nee,
zo mocht ze zich niet laten gaan, Aram was er ook
nog, haar lievelingskleinkind, slim en gevoelig. Dat
ventje rekende op haar. Ze nam zich voor hem elke
woensdagavond op te zoeken, lekker knuffelen en
zijn oren controleren; kwam mooi uit, de bejaarden-
bus reed die dag toch gratis.

Ze haalde een foto uit haar handtas, Jana had hem
in een envelop voor haar achtergelaten, een van de
weinige die aan Saskia's scheurwoede waren ont-

snapt, er ontbrak alleen maar een hoekje aan. Ze zou er een lijst voor zoeken en hem thuis een ereplaats geven. Het gezin op een duintop: zij, Justin en de vier kinderen. Wie kon hem toch genomen hebben? Ze kende deze foto helemaal niet. Waar had ze haar loep? Toch eens goed kijken... zonsondergang... je zag het aan de lauwe schaduw die zich over de duinen vlijde, vader in het midden, de zoon veilig tussen zijn benen, de meisjes met opgetrokken knieën naast hun moeder. Allemaal even bruin in de avondlucht, gelijk en geborgen, een kruimel geluk aan het eind van een zomerdag. Haar arm hing over Justins schouder. Ze dacht aan zijn nekhaartjes, die zachte krulletjes waar ze zo graag met haar vingers door kroelde. Wat was ze gammel in die dagen, ze begreep nog steeds niet wat hij toen in haar had gezien. Justin kon in Palembang elke vrouw krijgen die hij wilde, iedereen vond hem knap en charmant, toch koos hij voor haar, een uitgeteerde weduwe met losse tanden. Ze zou hem altijd dankbaar blijven, hij had haar haar trots weer teruggegeven... geen man liet haar zo vrouw zijn.

Hoe kon die jongen zijn vader haten? Ze waren gek op elkaar, je zag het op die foto, ze straalden allebei! Al die verhalen waar hij iedereen mee lastigviel... het slaan, die stok... Er waren grote fouten gemaakt, zeker, maar wanneer kwam hij daar nou toch eens van los? Ze zou hem eigenlijk moeten vertellen dat hij na tafel zélf die stok aandroeg: 'Gaan we oefenen, pap?' Híj trok zijn vader mee naar buiten, híj wilde bomen leren klimmen, hoewel zijn vader er veel te ziek voor was. Ze maakte zich vaak zorgen dat al dat gewandel door de duinen slecht was voor zijn hart. Als zij haar zoon 's winters met de slee naar buiten nam, stampte hij van drift, hij wilde niet met een vrouw, er ging niemand boven zijn vader. De driftkikker, dat zag je wel meer bij kinderen die met rood haar waren geboren. Vroeger was ze weleens bang dat hij verliefd was op zijn eigen vader, een soort verwarde Oedipus, wie weet bestond dat wel. Hij hing zo aan hem. Misschien wees Justin hem daarom af en wist hij zich geen raad met zoveel aanhankelijkheid.

Ze borg haar loep op en staarde naar de foto. Haar kinderen renden door de duinen, ze hoorde huilen, lachen, fluisterstemmen, ze troostte, redderde, sjouwde en baande zich een weg door naamloze gezichten... muziek, dansen onder een sterrenhemel, op klompen in de wei, met blote voeten in de dessa, buigen voor nippon, buigen voor een graf... Ze bladerde als een gek door haar leven en alle beelden scheurden voor haar ogen.

De stewardess klapte het tafeltje uit en zette een dienblad met een lauw broodje voor haar neus. 'Waren we aan het dromen?' vroeg ze toen ze de koffie inschonk. 'En kan dit weg?' Ze hield een handje snippers op. De moeder stopte ze verbouwereerd in haar tas.

De gezagvoerder zei dat Nederland nu voor hen lag, het vliegtuig zette de landing in. Iemand had de luikjes naar beneden gedaan, het ochtendlicht kierde langs de randen. De moeder wilde de kust zien, ze schoof haar luikje op en keek omlaag. Ze zag alleen maar golven.

Aantekening van de auteur

Voor de beschrijving van de torpedering en het leven aan de Pakan Baroe-spoorlijn heb ik in het bijzonder gebruik gemaakt van het baanbrekende werk van Henk Hovinga, *Eindstation Pakan Baroe 1944-1945* (Amsterdam, 1982).

Andere bronnen die mij inspireerden waren: *Als ik later groot ben wil ik kind worden*, een uitgave van de werkgroep 'Kinderen uit de Japanse Bezetting en de Bersiap 1941-1949' (Amsterdam, 1990); Mieke Hille, *Blubberpap met geiteblaren* (Kampen, 1992); C. van Heekeren en 100 anderen, *Het pannetje van Oliemans. 500 krijgsgevangenen onder de Japanners, Zuid-Atjeh, 1944* (Den Haag, 1966). Ook dank ik dr. S.A. Speyer te Amsterdam voor de inzage van zijn kampbrieven.

Het hoofdstuk 'Driftzand' is een bewerking van mijn eerder verschenen novelle *Classics*, in een speciale, niet voor de handel bestemde uitgave (Utrecht, 1993).

Adriaan van Dis
Casablanca

Casablanca, in 1986 verschenen als opvolger van Van Dis' debuut *Nathan Sid*, bevat acht verhalen met één toon: die van een buitenstaander die registreert, en die niet in staat is werkelijk aan de gebeurtenissen deel te nemen. Van Dis verhaalt van zijn reizen naar Marokko en New York, waar hij gefascineerd wordt door figuren die de samenleving niet accepteert. Ook zoekt hij zijn heil bij de rijken der aarde, maar daar is hij evenzeer vreemdeling als in de holen van hen die een leven aan de zelfkant verkiezen. De toon in *Casablanca* is luchtig, de sfeer weemoedig, ironisch soms. In de kortere verhalen overheerst de eenzaamheid.

• Het hoge en lage, het geciviliseerde en verdorvene, het geregelde en ongeregelde ('spannende') leven, normale mensen en menselijke rariteiten, het deklaagje en het gekrioel van emoties daaronder: over deze schijnbare tegenstellingen gaat het steeds in de verhalen van Van Dis. – Carel Peeters in *Vrij Nederland*

• Intelligente, smaakvolle, welbespraakte reizigersverhalen. – Rob Schouten in *Trouw*

Meulenhoff Quarto

Adriaan van Dis
In Afrika

In Afrika (1991) is het verhaal van een reis door een
verkwanseld land: Mozambique. Het is ook het verhaal over een chaotisch continent: Afrika. De burger-
oorlog in Mozambique heeft onder de bevolking en
in de steden en dorpen gruwelijke sporen nagelaten.
Adriaan van Dis is bij toeval in de oorlog beland. Eenmaal geconfronteerd met de dood en met de misda-
den van de bandieten stort hij zich in een aantal avonturen om zo het verhaal van deze vergeten oorlog te
kunnen schrijven. Hij ontmoet revolutionairen en
conservatieven en beschrijft de mentaliteiten die
Afrika verscheuren. Adriaan van Dis toont zich een
onverschrokken reiziger, onafhankelijk, wars van
ideologieën die de verslaggeving over Afrika zo dikwijls geweld aandoen. *In Afrika* is een van zijn ontroe-
rendste en spannendste boeken.

• Van Dis is in *In Afrika* zo overtuigend omdat hij on-
gegeneerd en intelligent waarneemt: zichzelf en alle
anderen, van alle partijen. Hij is gebiologeerd door
Afrika en de lezer wordt het ook. Mede dank zij zijn
stijl, die zorgvuldig terughoudend is – en lyrisch
werkt. *In* Afrika, letterlijk. – Doeschka Meijsing in
Elsevier

Meulenhoff Editie